Eu, empregada doméstica
*a senzala moderna é o
quartinho da empregada*

Preta-Rara

LETRAMENTO

Copyright © 2019 by Editora Letramento

Diretor Editorial | **Gustavo Abreu**
Diretor Administrativo | **Júnior Gaudereto**
Diretor Financeiro | **Cláudio Macedo**
Logística | **Vinícius Santiago**
Assistente Editorial | **Giulia Staar e Laura Brand**
Preparação | **Lorena Camilo**
Capa | **Gustavo Zeferino**
Projeto Gráfico e Diagramação | **Luís Otávio Ferreira**

Todos os direitos reservados.
Não é permitida a reprodução desta obra sem
aprovação do Grupo Editorial Letramento.

Dados Internacionais de Catalogação na Publicação (CIP) de acordo com ISBD

P942e	Preta-Rara
	Eu, empregada doméstica: a senzala moderna é o quartinho da empregada / Preta-Rara. - Belo Horizonte : Letramento, 2019. 212 p. ; 15,5cm x 22,5cm.
	ISBN: 978-85-9530-289-1
	1. História do Brasil. 2. Trabalhadoras domésticas. 3. Empregada doméstica. 4. Direitos trabalhistas. I. Título.
2019-1386	CDD 981 CDU 94(81)

Elaborado por Vagner Rodolfo da Silva - CRB-8/9410

Índice para catálogo sistemático:
1. História do Brasil 981
2. História do Brasil 94(81)

Belo Horizonte - MG
Rua Magnólia, 1086
Bairro Caiçara
CEP 30770-020
Fone 31 3327-5771
contato@editoraletramento.com.br
editoraletramento.com.br
casadodireito.com

Grupo Editorial
LETRAMENTO

Dedico esse livro a todas as trabalhadoras domésticas que existem e resistem diariamente. E em memória de todas àquelas que perderam suas vidas em cumprimento da função.

Em especial, em memória de meu querido padrinho Anísio Joaquim dos Santos. Saudades mil, padrinho.

Nas pequenas historietas da vida
Venho recitar as minhas rimas
No sol nascente em Santos
Me preparo para tomar um banho
Sempre disposta
A não me render aos encantos

De que... Esperar em Deus
Vai melhorar...
Quem acredita sempre alcança...
Nem acredito!
Logo perco as esperanças

Mas, na labuta diária
Eu sei quem sofre
Lavo louça, roupa, faço comida
Meu salário acaba igual essa correria

Estuda menina
Era o que me diziam
Estudei, mas estou aqui
Eu não entendo

Oportunidade de serviços
Tive um monte
Cozinheira, doméstica, babá, passadeira...
Por que que não me contratam no shopping?
Eu não entendo...

Esforcei-me tanto para pagar um curso de secretária
E nunca entrei em um escritório
Opa! Desculpa!
Cometi um erro
Já entrei sim!
Pra arrumar tudo e lavar o banheiro.

Os dias voam
Os meses passam
E os anos se vão
E eu aqui na mesma situação:
D.O.M.É.S.T.I.C.A

Se fosse por opção
Tudo bem
Tenho várias amigas
Que já se conformaram, mas
Eu não!
Eu necessito sair dessa condição
Quero conquistar outros ares
Me encaixar no mercado de trabalho

Por favor, moço
Me dê uma chance
O Sr. não irá se arrepender
E ele me disse: "tudo bem."
A senhora vire a esquerda
Entre naquele quartinho apertado
Que a vassoura está a sua espera
Seja bem-vinda

#EuEmpregadaDoméstica
#PretaRara

D.O.M.É.S.T.I.C.A., PRETA-RARA

Em 2016, um dia após criar a página "Eu, Empregada Doméstica", minha caixa de entrada não parava de receber *e-mails*. Na real, as pessoas enviaram para todas as minhas redes sociais. Até teve gente que descobriu meu telefone e me ligou ou enviou seus relatos via *sms*.

Lembro que eu já era professora de História, estava de férias, e passei o restantes dos dias dando entrevistas e lendo dezenas de relatos. Ao mesmo tempo, pensei que deveria coletar alguns e arquivar para poder publicá-los em um livro futuramente. E assim fiz. Aqui está o resultado.

Os relatos que selecionei para este livro são inéditos. O editorial da Letramento e eu optamos por deixá-los na integra, assim como eu os recebi, sem edição e/ou cortes, para darmos voz àquelas que sempre foram silenciadas. Para mim isso é bastante importante, até porque todos esses relatos foram enviados pela trabalhadora ou por alguém próximo a ela. No processo de selecionar os relatos, foi bastante doloroso para mim reviver algumas opressões que eu já tinha vivido, ou sentir sensações que jamais vivi ao ler cada uma das palavras.

Admito que entrevistar a minha mãe foi o ápice da elaboração desse livro, pois ela falou sobre coisas que nunca havia contado para a nossa família. A volta que ela deu no mundo só aumentou o meu amor e minha força de vontade para vencer, apesar das adversidades de ser mulher preta em um país racista. E para registrar o legado da profissão, também há o relato de minha avó.

Esse livro mostra o quanto o Brasil ainda bebe em fontes coloniais se banhando na servidão desde a escravidão. Que a típica fala de que a trabalhadora é "como se fosse da família", mas que tem seus direitos anulados e não é tratada com humanidade pelas pessoas em seu ambiente de trabalho, apenas reforça o padrão da "tradicional família brasileira".

É preciso ter excesso de perseverança e sagacidade pra sair dessa condição, e eu espero que a leitura desse livro gere muito incômodo nx leitorx, porque eu acredito que através do incômodo nós conseguimos mudar aos poucos essa antiga narrativa, que é de uma escravidão não conclusa.

Esteja de mente e peito aberto para receber esses relatos. Espero que a cada momento da leitura, você pare, repense e converse com as pessoas ao seu redor, pois elas podem ser a patroa ou a empregada doméstica.

É importantíssimo registrar também que o atual presidente do Brasil foi *o único* que não assinou a PEC das Domésticas, constituição que assegura o direito trabalhista da profissão.

E você está fazendo o quê para alterar essa condição das trabalhadoras doméstica?

Boa leitura!

Preta-Rara

é uma grande responsabilidade apresentar ao mundo um livro que tem o poder de transformar e sensibilizar as pessoas, principalmente por ser fruto de um trabalho engajado e comprometido com as lutas contínuas pela liberdade. Tarefa árdua, às vezes dolorosa, mas indispensável.

Sendo quem eu sou, a leitura desses relatos não pôde ser menos do que sensível. Exercício de revisitar minha própria história, que não é ensinada na escola, nem transmitida na televisão e que, pelo menos, metade da população gostaria de esconder, ou porque tem vergonha de admitir os ocorridos ou porque são egoístas demais para compreender a complexidade.

A discriminação racial, ferida aberta na sociedade brasileira para qual poucos tem coragem de olhar, tem sido tratada com muito rigor pela produção e pelo pensamento de mulheres negras dedicas a construção de um futuro melhor. Protagonistas na elaboração de uma série de tecnologias sociais e estratégias fundamentais para sobrevivência do povo negro, as mulheres negras têm dado respostas importantes às tentativas de genocídio que têm sido postas em prática contra nós.

Entre tantas ações de valentia a serem destacadas, começo este texto falando sobre os caminhos de construção, experiências e debates que resultaram na elaboração deste livro. Processo que pude acompanhar observando e, em muitos momentos, sendo interlocutora do trabalho de minha querida amiga Joyce Fernandes, mais conhecida como Preta-Rara.

A partir da criação da *hashtag* #EuEmpregadaDoméstica, a rapper e historiadora passou a denunciar nas redes sociais episódios dilacerantes do seu dia a dia enquanto trabalhou como empregada doméstica na cidade de Santos (SP). Após a viralização da *hashtag*, Joyce criou uma página com o mesmo nome no Facebook, a partir da qual vem recebendo e compartilhando relatos escritos em primeira pessoa que dizem respeito ao cotidiano de trabalho das domésticas que atuaram e atuam em diferentes regiões do Brasil entre o final do século XX e os dias atuais. Em meio a tantas histórias não contadas, Preta-Rara teve a brilhante ideia de transformar os relatos em livro e eis aqui o resultado.

Os episódios relatados pelas mulheres que exercem o ofício de empregada doméstica podem ser acessados, também, a partir de histórias contadas por amigas(os), filhas(os), irmãs(ãos), sobrinhas(os) e netas(os) dessas trabalhadoras que dedicaram suas vidas/lições para proporcionar condições de sobrevivência para as suas famílias. Além dessas narrativas, outras histórias são contadas a partir das reflexões de patroas e jovens que cresceram sob os cuidados das babás e cuidadoras. Homens e mulheres que, historicamente, estiveram posicionados em lugares de privilégio, mas que não devem se isentarem de rever as próprias ações, comportamentos e estabelecerem um compromisso ético com o combate ao racismo, ao machismo e, principalmente, com a valorização do trabalho doméstico enquanto ele existir.

A proposta de publicação desses relatos é ainda mais interessante, quando observamos que pouco se fala sobre as trabalhadoras negras nas ocasiões em que se tematiza a História do Brasil. Isso não é à toa. Uma das maneiras mais ardilosas de fugir de certos problemas é fingir que eles não existem. Assim se fez e, por incrível que pareça, ainda se faz, frente às adversidades que o racismo relegou à população negra.

As narrativas hegemônicas sobre esses sujeitos que estão presentes nos livros didáticos e nos grandes veículos de informação associam a escravidão à história de homens e mulheres de pele escura como se essa fosse a única forma de experiência possível de vida em um passado menos distante do que parece. Esse uso parece ingênuo, mas cabe muito bem para justificar a desigualdade no tempos atuais. A responsabilidade sobre a cidadania precária que dificulta a vida de gente negra no presente é transmitida para um Brasil remoto, com a finalidade de nos isentar de posicionamento perante os problemas que têm acometido a população negra agora, nos tempos atuais. Momento em que não existe mais o senhor de engenho, a chibata, a senzala e a casa-grande. Porém, atualmente, ainda encontramos as patroas que separam as louças que podem ser utilizadas pela empregada, que mandam limpar com cândida todos os objetos da casa depois de serem cados pela "moça da limpeza", ou que alimentam as mulheres que trabalham nas suas residências com o que sobra das refeições do dia

Frente a esse dilema, quais caminhos podemos percorrer para compreender as formas pelas quais as hierarquias sociais têm se reformulado mantido as mulheres negras na base da pirâmide social e sendo objeto de tratamentos medíocres? A análise dos processos de acomodação do racismo na estrutura da nossa sociedade e nas formas de nos relacionarmos é uma ferramenta fundamental. Acabada a escravidão, novos mecanismos de diferenciação são utilizados para formulação de padrões e parâmetros de *status* social baseados na raça, no gênero e nas diferenças de classe.[1] Essas distinções são elementos determinantes na constituição do mundo do trabalho: meio decisório para as condições de sobrevivência numa sociedade capitalista.

Diante desse cenário, é importante ressaltar que o Brasil é o país que abriga o maior contingente de empregadas doméstica no mundo. Existem aproximadamente, três trabalhadoras domésticas para cada grupo de cem habitantes, número que cresce ao longo dos anos, principalmente quando se trata da presença de mulheres negras. Em 2015, elas correspondiam a aproximadamente quatro milhões, enquanto as mulheres brancas contabilizavam dois milhões no ramos. Em 2017, o trabalho doméstico correspondeu a quase 15% dos empregos formais exercidos por mulheres.[2] O que faz dos relatos a seguir boas lições para a compressão das bases que organizam as relações de trabalho nosso país. Muitas das práticas mencionadas nas breves histórias ainda e, infelizmente ainda são vistas como algo comum e permissível e não como elemento de uma cultura na qual o racismo impera, opera sob a nossa cognição sob o nosso repertório e nossos referenciais de humanidade.

Quadro em que as experiências de mulheres negras relatadas em primeira pessoa se torna um recurso importante para desestabilizar o imaginário de grande parte da população brasileira apegada ao *ethos* senhorial. Também traz à tona as consequências e as estratégias ado-

[1] Existe uma vasta bibliografia sobre o assunto, mas aqui indico um livro para quem quiser saber mais: GOULD, Stephen Jay. *A falsa medida do homem* São Paulo: Martins Fontes, 1991.

[2] INSTITUTO DE PESQUISA ECONÔMICA APLICADA; SECRETARIA ESPECIAL DE POLÍTICAS PARA MULHERES; ONU MULHERES Retratos da desigualdade de gênero e raça. Disponível em: <http://www.ipea.gov.br/retrato/apresentacao.html>. Acesso em: 26 ago. 2019

tadas pelas trabalhadoras domésticas para lidar com esse problema no cotidiano, provocando quem lê a pensar sobre sua responsabilidade nessas relações que estão enraizadas nas formas como todos nós nos relacionamos com o trabalho e com as tarefas que permitem todo o resto ser possível.

Em conexão com as histórias e ações do movimento negro e de mulheres negras, este livro nos faz lembrar que a luta histórica por direitos não é de hoje e nem, apenas, de tempos temerosos, evidenciando que o racismo no mercado de trabalho brasileiro tem sido alvo de questionamento há pelo menos um século.[3] Dos tempos que precederam Dona Laudelina[4] – até os últimos anos, as trabalhadoras domésticas têm protagonizado lutas pela validação dos direitos trabalhistas básicos para a categoria, a garantia da dignidade, do respeito, e da formalização deste tipo de trabalho. Ações que tiveram como resultado mais recente a conquista da PEC das domésticas que garantiu os direitos

3   Basta visitar alguns arquivos históricos e folhear os jornais do século XIX para encontrar anúncios de trabalho em que se ofereciam vagas para pessoas brancas. Foram muitos os debates e denúncias que a população negra levantou nesse sentido. Abdias do Nascimento e Beatriz Nascimento, por exemplo, sistematizaram alguns deles. Cf.: NASCIMENTO, Abdias. *O quilombismo*. Brasília/Rio: Fundação Cultural Palmares; NASCIMENTO, Maria Beatriz. A mulher negra no mercado de trabalho. In: RATTS, Alex. *Eu sou atlântica:* sobre a trajetória de vida de Beatriz Nascimento. São Paulo: Instituto Kuanza; São Paulo: Imprensa Oficial. p. 102-106.

4   Laudelina de Campos Melo nasceu em 1904, na cidade de Poços de Caldas (MG). Ao completar 20 anos de idade foi trabalhar como empregada doméstica em Santos (SP). Lá iniciou sua trajetória como ativista política passando a integrar o Grupo da Frente Negra. Em 1936 criou a primeira associação em defesa dos direitos das empregadas domésticas que, posteriormente, ganhou uma sede em São Paulo. No início dos anos 1950, Laudelina mudou-se para Campinas, onde travou novas batalhas pois eram muito comuns os anúncios de jornal que davam preferência às empregadas brancas. Em 1961 entrou para o Movimento Negro da cidade que foi umas das últimas a abolir a escravidão e funda a associação de empregadas domésticas. Em 1988, a associação transformou-se no Sindicato das Empregadas Domésticas e continuou empreender ações importantes na luta por direitos. Ela faleceu em maio de 1991, em Campinas. Pesquisadoras e pesquisadores de diversas áreas têm se dedicado ao estudo da vida e das redes de que Laudelina articulava e/ou fazia parte. Deixo aqui um indicação de leitura: FELIPE, Roniel. Laudelina de Campos Mello. In: FELIPE, Roniel. *Negros Heróis*: histórias que não estão no gibi. São Paulo: Editora Loyola, 2012.

que a maioria dos outros trabalhadores já podiam usufruir.[5] Muitos dos caminhos e impactos desse processo podem ser acompanhados a partir das histórias contidas aqui. Desde as consequências subjetivas e materiais que conformaram a vida dessas mulheres como, também, o terror que a realização dessas garantias mínimas causou na vida de patrões, mas, principalmente, das patroas. O que nos mostra o quanto o trabalho doméstico reitera e constrói hierarquias e lugares sociais.

Para além das denúncias em relação aos abusos a que são submetidas as empregadas domésticas, devemos reparar nas condições das mulheres no mercado de trabalho em termos gerais. Muitas das trabalhadoras que optam por migrar do trabalho doméstico para outros tipos de ocupações continuam em condições de trabalho precários, com jornadas exaustivas e remuneração extremamente baixa. O que revela a profundidade do problema da pobreza no Brasil, situação em que as possibilidades de mobilidade social são reduzidas e nos mostra grandes desafios a serem enfrentados como a democratização e universalização da educação pública, de qualidade e gratuita em todos os níveis – uma das vias importantes para o processo de profissionalização. As pesquisas mais recentes apontam que a população com ensino superior completo ganha 140% a mais do que àquela que concluiu, apenas, o ensino médio.[6]

Além de uma ferramenta importante de denúncia, a publicação desses relatos se constitui como uma fonte histórica importante para os estudos sobre gênero, raça, trabalho e desigualdades no Brasil contemporâneo. Desvela dimensões importantes da vida de mulheres em uma das regiões de maior concentração da população negra fora do continente africano.

---

5   Confira o texto completo da prosposta de emenda constitucional em: CÂMARA DOS DEPUTADOS. PROPOSTA DE EMENDA À CONSTITUIÇÃO No, DE 2010 (Do Sr. Carlos Bezerra e outros). Disponível em: <https://www.camara.leg.br/proposicoesWeb/prop_mostrarintegra;jsessionid=CE44B787A5F15D80CBF523DC19872E6C.proposicoesWebExterno1?codteor=755258&filename=PEC+478/2010>. Acesso em: 26 ago. 2019.

6   ORGANIZAÇÃO PARA A COOPERAÇÃO E O DESENVOLVIMENTO ECONÔMICO. Repensando a garantia de qualidade para o ensino superior no Brasil. Disponível em: <http://download.inep.gov.br/acoes_internacionais/ocde/Repensando_a_Garantia_de_Qualidade_para_o_Ensino_Superior_no_Brasil_PT.pdf>. Acesso em: 26 ago. 2019.

Eu, sendo parte desse povo em diáspora, não posso negar o fato de muitos desses relatos dizerem respeito sobre minha história, histórias de gerações de outras mulheres da minha família e vida, a minha constituição enquanto mulher negra. Histórias muito parecidas com aquelas que eu ouvia da minha mãe enquanto ela trançava os meus cabelos crespos tarde da noite na sala da nossa casa. Ou outras histórias que me foram relatadas naqueles dias que a encontrava no caminho para o nosso bairro depois de ter trabalhado nos apartamentos chiques, localizados no Morumbi e nos Jardins. Também ouvi coisas muito parecidas vindas de minhas tias nos encontros familiares de finais de semana ou nas visitas casuais. As histórias, aqui contadas por mulheres anônimas se entrelaçam com aquelas que me fizeram revisitar situações que eu mesma vivenciei acompanhando a Dona Solange nos seus trabalhos de babá, doméstica, diarista e cozinheira ao longo da minha infância e adolescência. Situações de trabalho mal remunerado, informadas por uma série de violências sistêmicas atualizadas pelo exercício das relações de poder balizadas no ímpeto de manutenção das desigualdades. Neste livro, também vi a minha trajetória sendo descrita: a vida de uma criança e, posteriormente, uma jovem de periferia que contava com poucas oportunidades, mas que teve os caminhos abertos pela mãe para que rompesse a hereditariedade do trabalho doméstico. Talvez, tenha sido no chão daquela sala, onde me foram transmitidos os primeiros ensinamentos da resistência ancestral inerente a experiência de nossas mulheres. Entre eles, a esperança que veio do incentivo, do amor de alguém para quem a minha vida importa.

Finalizo aqui o meu convite a uma leitura indispensável para entender o Brasil. Que seja feito um ótimo proveito desse trabalho valente.

Taina Aparecida Silva Santos

Articuladora política sobre assuntos educacionais da Mandata Quilombo de Erica Malunguinho, deputada estadual de São Paulo, Mestra em História Social pela Universidade Estadual de Campinas (Unicamp).

Eu comecei a trabalhar aos 14 anos. Todas as minhas patroas foram boas pra mim, não teve muita ruindade não.

Só aquelas coisas, né? De poder comer quando todos já comeram Já teve vez que eu passava o dia todo trabalhando, e ela só me dava dois salgadinhos.

Eu trabalhei num apartamento que era no oitavo andar, e ela exigia que eu limpava muito bem as janelas. Então eu ficava pendurada com a cintura pra fora da janela. Uma amiga dela viu aquilo e achou um absurdo. Ela chamou a atenção da minha patroa. Eu tinha 17 anos quando isso aconteceu. Ela era boa, não era ruim não.

As patroas me davam muitas coisas pra mim, todas elas gostavam muito dos meus filhos e mandavam presentes pras eles. Eram brinquedos usados, mais davam.

Eu trabalhei dos 14 até os 44 anos como empregada doméstica. E não lembro de nenhum abuso forte não. Eu só parei de trabalhar porque eu tive que cuidar da minha mãe doente.

Mas eu e meu marido trabalhamos muito para construir essa casa que moramos até hoje, e para criar bem nossos quatro filhos, que hoje nos deram 12 netos e 4 bisnetos. Tudo bem criados pela graça e honra de Deus.

Nôemia Caetano Fernandes
Avó da Preta-Rara

Trabalhei em diversas casas, minha primeira casa eu tinha apenas sete anos de idade. Eu morava com a minha vó Helena, pois minha mãe tinha problemas de alcoolismo e sempre nos abandonava. Então vire e mexe eu e meus irmãos voltávamos para a casa da minha vó. Era muito difícil, porque meus avós já eram mais de idade e com pouco dinheiro para sustentarem tanta gente em casa.

Uma vez uma mulher passou na rua dos meus avós procurando alguma criança pra brincar com os filhos dela, bateu lá em casa perguntando se minha vó não queria ganhar uns trocados, se ela deixava eu ir brincar com os filhos dela pra ela poder trabalhar em casa em paz.

Minha vó disse que eu era muito novinha pra trabalhar como doméstica mas a moça afirmou que não era esse trabalho, que era só pra eu brincar com os filhos para ela poder fazer as tarefas sossegadas. Minha vó perguntou se ela morava em Uberaba (MG), e a moça afirmou que sim, e que em troca ela pagaria meus estudos, alimentação e roupas. Minha vó confiou na mulher que nunca tinha visto na vida e ali começou o meu tormento.

A mulher não morava em Uberaba. No dia seguinte viajamos muitas horas e chegamos na casa dela que era em Campinas (SP). Ela já foi pedindo pra eu descarregar as coisas do carro e preparar a janta que todo mundo estava com fome.

Eu não sabia cozinhar, a única coisa que fazia na casa da minha vó era arrumar a cama e varrer o quintal. Assim a mulher começou me explicar e falou que seu errasse ela me batia muito.

O fogão dela era elétrico e se tivesse descalça tomava muito choque. Ela fazia eu cozinhar descalça de propósito, mesmo e falava que o choque era pra eu ficar mais esperta.

Eu era obrigada a dormir em uma casinha de madeira ao lado da casinha do cachorro, no qual ela jogava o resto de comida no meu prato no chão igual o do cachorro. Foram momentos muitos ruins, as crianças me chutavam, me mordiam, me batiam tudo dando risada e a moça falava que lugar de preto era assim porque preto não era gente. Ela cortou meu cabelo dizendo que era pra eu ficar menos feia.

Se eu não lavasse a louça direito, não estendesse a roupa do avesso, eu apanharia muito, mesmo com o marido dela me defendendo. Ela foi uma mulher muito carrasca muito maldosa comigo.

Eu fui muito humilhada e quando eu precisei de alguém pra cuidar de mim não tive. Eu só consegui sair dessa situação quando eu virei mocinha, quando desceu a menstruação eu achei que tava morrendo! Ninguém nunca me explicou nada.

Naquele dia meus patrões tinham ido viajar e me deixaram trancada no quintal na casinha que eu dormia. Acordei e tinha sangue nas minhas pernas, logo comecei a gritar pedindo ajuda. Um vizinho subiu no muro e me viu e começou a me chamar de neguinha ladrona, perguntando o que eu estava fazendo lá. Eu disse que morava naquela casa. Ele me desmentiu, dizendo que já tinha ido varia vezes naquela casa e nunca tinha me visto. Foi quando expliquei que quando chegava visita me trancavam no quartinho e dizia pra não gritar se não iria me bater muito.

Esse moço chamou o bombeiro e fui resgatada. Me levaram até a casa da minha vó, que já estava em prantos sem saber do meu paradeiro.

Tempo depois aos 17 anos cheguei em Santos (SP) a convite da irmã da minha mãe, que falou que tinha uma mulher precisando de uma doméstica. Como eu não arrumava emprego, fui. Fiz as malas me despedi dos meus avós e fui acompanhada dos meus traumas de infância.

Cheguei até a casa da Dona Dulce, já na primeira semana achava tudo muito estranho, uma pessoa cuidando de mim como se eu fosse filha dela.

Primeiro acordávamos eu fazia o café e ela sempre exigia que eu tomasse com ela na mesma mesa. Depois íamos caminhar na praia e na volta ela me ajudava a preparar o almoço. Eu me sentia muito bem. Ela me ensinou muitas coisas da vida, assuntos que minha vó nunca me explicou. O marido dela se queixava dizendo que pagava pra eu fazer as coisas ela me ajudava no serviço e levava para a praia.

Quando eu conheci o Jairo, o homem com o qual que eu me casei, que é pai da Preta-Rara, a Dona Dulce me ensinou como se comporta perante um homem, o que eu podia ou não fazer.

Ela gostou tanto dele que falava sempre pra eu fazer o prato preferido dele, pra gente ficar em casa e não sair porque ela tinha medo da violência policial pra quem era preto, lá no final da década de 80.

Já fui muito humilhada em outras casas. Nessa primeira tratada como escrava. Eu tô fazendo força pra lembrar do nome daquela mulher, mas que eu não consigo lembrar. Na minha cabeça eu apaguei muita coisa dessa história ruim, só estou falando pra você minha filha, porque eu sei que vai ajudar muitas pessoas.

Graça a Deus, Ele colocou a Dona Dulce que foi a minha verdadeira mãe. Ela que me ensinou tudo, e assim e que eu não reproduzi aquela revolta toda quando tive meus filhos. Muito pelo contrário, criei da forma que eu queria ser criada, com muito amor, zelo, carinho e atenção.

Acho eu o único trauma que ficou foi eu não conseguir aprender a ler e escrever. Já me matriculei em várias escolas, mas toda vez que eu tento, me dar uma dor de cabeça muito forte, as letras se embaralham, e eu acabo desistindo.

Mas tenho muito orgulho de ter ajudado minhas filhas nas tarefas escolares mesmo sem saber ler. Hoje tenho duas filhas professoras, uma empreendedora e meu menino mega inteligente.

Joyce, Raquel, Jaqueline e Lucas, a mãe ama vocês.

Maria Helena da Silva
Mãe da Preta-Rara

Comecei a trabalhar em casa de família já não querendo estar naquele lugar, pois a vida inteira percebi como a minha mãe chegava em casa, cansada e às vezes triste. Eu sabia que ela não compartilhava conosco seu dia de trabalho, até porque isso causaria uma tristeza coletiva lá em casa.

Desde muito nova eu já acompanhava a minha mãe nas faxinas, e querendo que ela acabasse rápido, ia ajudando nos serviços.

Lembro que o único lugar que eu podia sentar era na mesa da cozinha ou na área de serviço. Porém, como sempre fui mega curiosa, questionava a minha mãe dizendo o por que a gente não comia na sala, por que não podia usar o banheiro deles. Minha mãe só falava para eu parar de ser enxerida e ficar quieta.

Nasci e me criei em Santos, cidade do litoral de São Paulo, e assim que acabei o ensino médio fui atrás de emprego com registro em carteira.

Lembro que sonhava ser secretária, vendedora de loja de roupa, recepcionista ou qualquer função que eu pudesse ir de salto alto combinando com uma bolsa bem bonita.

Meus pais se esforçaram ao máximo para pagar um curso profissionalizante, já que eles não teriam condições de pagar uma universidade. Naquela época, por volta de 2002, eu sai do ensino médio sem saber que existia universidade pública, que mesmo com meu estudo defasado eu poderia tentar prestar vestibular. Nenhum professor da escola estadual que me formei falou isso para a classe.

Sendo assim, agarrei essa oportunidade do curso profissionalizante e fiz na maior seriedade, como se fosse a única oportunidade da minha vida para não ter o destino de lavar banheiro dos outros. Terminei o curso e comecei a entregar meu currículo bem escrito e digno de uma vaga de trabalho excelente.

Eram dias mega cansativo, de sair com pouca grana e andar o dia inteiro do centro da cidade de Santos até o bairro Gonzaga entregando currículo. Isso virou uma dura rotina e nenhum telefonema voltava desse esforço todo. Por diversas vezes eu tinha que optar por ir a pé, que dava uma caminhada de uma hora, pegar o valor da passagem e comer algo; ou ir de ônibus e não comer nada.

Uma vez me convidaram para ir em uma palestra sobre mercado de trabalho na Educafro, que é um cursinho pré-vestibular para afrodescendentes e carentes. Chegando lá o palestrante falou algo que me acertou como um alvo, justamente sobre o momento que eu estava vivendo: "Preto no Brasil não pode enviar currículo com foto, habitamos em um país racistas, meu povo. Entreguem currículo sem foto aí vão chamar vocês para entrevistas. Façam esse teste."

Eu saí de lá muito arrasada, pensando em quanta besteira aquele cara havia falado. Lembro de tê-lo achado super preconceituoso.

Mas foi passando os dias, e eu em minha rotina de acordar cedo para entregar currículo, até que resolvi fazer o teste. Na vaga de emprego que pedia uma boa aparência, tirei uma foto e enviei. Quatro dia depois choveu de telefonema marcando pelo menos uma entrevista. Aquilo me deu uma angústia tão grande. Foi ali que eu entendi o peso de ser preta em uma país racista.

Chegando na entrevista as pessoas tomavam um susto ao perceberem que eu era preta. Faziam a entrevista, e pediam pra eu aguardar em casa.

Já cansada de não conseguir nada, uma amiga me falou que a tia dela estava precisando de alguém que fizesse uma limpeza leve três vezes na semana. Essa minha amiga disse que a tia dela limpava a casa todo dia, que queria alguém mais para manter a limpeza, e que não seria um serviço pesado. Fiquei pensando se ia ou não, até que resolvi ligar e marcar de ir até à casa da tia dela.

Chegando lá, ela me apresentou a casa, falou quais eram as tarefas e falou o salário.

Na época, desempregada, querendo comprar minhas coisas e pagar um curso de inglês, fiquei um pouco chateada porque não era o que eu queria, mas acabei aceitando.

Cheguei em casa e contei para minha mãe. Ela ficou muito triste e disse que poderia fazer faxina aos domingos (único dia de folga dela) para que eu não fosse trabalhar em casa de família. Eu disse que não, pois ela já andava muito cansada e que eu iria sim, pois precisava daquele salário e já era maior de idade.

Fui trabalhei naquele lugar, que na primeira semana o serviço era bem leve mesmo. Na segunda semana já estava arrumando dentro do guarda-roupa, descongelando a geladeira. Na terceira semana já estava passando roupa.

Quando me dei conta, estava indo todos os dias, fazendo tudo na casa com o salário de quem era pra ir três vezes na semana. E assim aconteceu em todas as casas em que eu trabalhei. Combinávamos as tarefas, o horário pra entrar, o horário pra sair, o dia do pagamento, mas minhas patroas nunca cumpriam.

Foram sete anos convivendo com pessoas que eu não queria conviver. Pessoas que mataram meus sonhos um pouquinho a cada dia, mesmo elas insistindo que eu era "quase" da família.

A Dona Sueli, professora universitária, gostava que eu secasse o chão de joelho, pra deixar bem sequinho o rejunte do piso. Eu limpava a casa toda, deixava para lavar a cozinha por último, secava com o pano no rodo, e ao acabar ia trocar de roupa para ir embora. Nessa casa não tinha banheiro de empregada, então eu não podia tomar banho. Mas só quando eu estava pronta para ir embora, ela lembrava do tal rejunte.

Na casa da Fátima, ela adorava me dar o resto das coisas dela. Roupa manchada que ela jurava que dava pra usar, bolacha já aberta, móveis capengas e adorava me chamar de "secretária do lar". Quando chegava alguém na casa dela sempre falava que eu era educada, sabia falar bem, que eu era um anjo na vida dela, além de já fazer parte da família. Eu comia na mesa com eles, e ela me incentiva a estudar, mas dizia para eu procurar um curso à noite, pois aos sábados ela precisava de mim na casa dela em período integral.

Na casa da Regina, lá eu já gostava de trabalhar. Era uma casa, a Regina era advogada e o marido surfista. Eles me tratavam bem, e a gente trocava uma ideia bem legal sobre tudo. Nessa casa eu arrumava tudo deixava a estante de livros para o final, porque na hora de tirar o pó eu lia a contracapa de vários livros. Foi assim que li o livro *Olga*, de Fernando Morais.

Anos depois eu fui trabalhar na casa dos pais de uma dessas patroas e vivi um episódio horrível. Era aquela época em que uma tal marca de leite estava contaminada com soda cáustica. O pai da minha ex-patroa pediu para que eu comprasse leite para o café da tarde, e eu desci até a padaria para comprar.

Na minha casa, pelo baixo salário dos meus pais a gente comprava tudo do mais barato, e já tinha esse hábito, assim fiz. Peguei o leite e fui acabar de preparar o café. Quando esse homem viu a caixa de leite na pia, teve um surto e gritou tanto que eu deixei o saco de pão cair no chão. Ele disse: "Sua neguinha petulante, quem você pensa que é pra comprar essa porcaria pra minha casa? Se no muquifo da sua favela lá onde você mora, cês tão acostumado tomar esse lixo, leva pra sua casa. Eu não vou tomar isso."

Eu fiquei tão nervosa que me tremia toda. Eu nunca tinha respondido as grosserias dos patrões antes dele. Eu respondi à altura para ele. Joguei o leite todo no chão e disse: "Se não serve pra você, que é um lixo de pessoa, com certeza não servirá pra minha família, seu bosta." A esposa dele que era deficiente visual, ficou gritando para ele se acalmar, e me chamando, dizendo para eu não ir embora.

Nesse dia fiquei tão nervosa que não troquei de roupa. Peguei minhas coisas e fui me arrumando pelo caminho do prédio e chorando muito. Tinha dedicado a minha vida para cuidar daquela duas pessoas, que nem da minha família eram. Liguei para o Ricardo, meu ex-marido chorando muito, perdida no espaço e no tempo. O Ricardo foi me acalmando para que eu pudesse voltar pra casa. Nunca mais pisei naquele lugar e nem quis voltar pra receber o salário que faltava.

Nessa época eu já era casada. Fiquei um bom tempo desempregada até conseguir outro serviço. Eu só conseguia serviço rápido como doméstica, porque para isso sempre tem vaga.

Fui trabalhar, no que seria meu último emprego como doméstica, no começo de 2009. Dessa vez fui contratada para ser cozinheira em um apartamento chiquérrimo no canal 3, em Santos, na casa de uma família que domina a indústria de material de segurança

Dona Jussara foi bem séria em nosso primeiro contato. Ela me apresentou a cozinha, trouxe o cardápio da semana e perguntou se eu sabia fazer aqueles pratos. Alguns era o trivial, outros eram mais requintados pois ela fazia reuniões de negócios em sua casa. Ela já chegou falando o salário e pedindo meus documentos para assinar minha carteira. Eu fiquei feliz, porque seria meu primeiro emprego com registro. Eu só pensava na hora de tirar férias, algo que eu nunca tinha feito nesses quase sete anos de profissão.

Preparava todos os dias quatro refeições, e como eu amava cozinhar estava gostando muito do serviço. Era corrido, parecia que eles passavam o dia todo só comendo.

Num certo dia, passado um mês que eu estava trabalhando, ela me perguntou se eu almoçava na casa dela. Respondi que sim, que enquanto eles comiam na sala eu comia na cozinha. Ela achou o cúmulo e disse que comprava comida cara para a família e convidados dela, e não para empregados fazerem a farra.

Eu, que sempre fui bem irônica, fingi não entender e disse que não estava fazendo farra, mas sim me alimentando aonde eu trabalhava; e que muitas vezes comia o que sobrava na panela, que era o que eles não iriam comer, já que não repetiam o menu.

Ela ficou brava, me chamou de sonsa e disse que era para eu levar marmita de casa, igual os funcionários dela da fábrica. Eu fiquei furiosa mas comecei a levar marmita todos os dias, mesmo achando aquilo um absurdo, já que ela não me pagava vale alimentação e também eu não tinha hora de almoço.

Uma vez, umas das convidadas dela, na hora do almoço, inventou de ir na cozinha. Eu não entendi isso até hoje. A convidada me viu comendo em uma vasilha, em pé na porta da área de serviço, e achou um absurdo. Aí fui desabafar com ela. Só que essa moça contou para a minha patroa, e na mesma semana ela me mandou embora dizendo que eu estava avacalhando e envergonhando o nome dela perante as pessoas.

Esse foi meu último trabalho, pois nesse mesmo ano eu consegui ingressar na Universidade Católica de Santos, no curso de História. No segundo semestre consegui em um estágio para trabalhar no Monumento Nacional Ruínas Engenho São Jorge dos Erasmos. Até nesse estágio uma vez trabalhando como educadora, uma das pessoas que eu iria dar visita técnica achou que eu era a "tia da limpeza". Não mais!

Em 2016 eu já estava formada e lecionando no Colégio Exemplo em São Vicente. Estava num momento muito feliz, tinha acabado de lançar meu disco o *Audácia*, estava na correria louca de conciliar show e minhas aulas. Em um momento de férias, morando sozinha em frente à praia, comecei analisar tudo que eu estava vivendo e a minha mente automaticamente foi para um momento do passado, que eu fazia questão de esquecer, porém ele ainda era recente na minha cabeça.

Por conta da correria ainda não tinha parado para analisar que já tinha sonhado com o que estava vivendo. Era meu sonho morar em frente à praia, gravar um disco de rap e ser professora de História. Tudo aquilo eu já era, tinha conseguido.

Foi então que eu lembrei da minha fase de ser empregada doméstica, que na época já se faziam sete anos, que eu tinha me livrado daquela situação.

Como eu já escrevia algumas reflexões com viés político em meu perfil do Facebook, resolvi postar minha última experiência como doméstica e inventei uma *hashtag*. Falei para as pessoas que tiveram e tivessem experiências como a minha, escrevessem e me marcassem, assim eu poderia ler também. Reforcei que não esquecessem de colocar #EuEmpregadaDomestica, pois assim eu conseguiria acompanhar os relatos. Isso aconteceu no dia 19 de julho de 2016.

Lembro que fiz essa postagem, limpei a minha casa e fui para o estúdio ensaiar, pois tinha um show grande pra fazer. Quando cheguei no estúdio já era umas 21h e os caras da minha banda começaram a falar: "Meu, você mexeu num vespeiro. Tá todo mundo falando sobre isso, já tem até matéria em *site*."

Fiquei sem saber do que eles estavam falando. Foi quando um deles me mostrou o *post* no Facebook com quase 10 mil *likes* e mais de 5 mil compartilhamentos. Aquele meu *post* tinha viralizado no Brasil com menos de 24 horas.

Os dias seguintes foram uma loucura. Naquela madrugada pós-ensaio eu resolvi criar uma página e postar todos os relatos recebidos. Aconteceu tudo tão rápido que me lembro que passei o restante dos dias da minhas férias lendo todos os *e-mail* e os relatos postados na página.

Dois dias depois eu dava a minha primeira entrevista internacional para a BBC Londres falando sobre minhas experiências como doméstica e como era o serviço no Brasil.

as, quem esteve e estava à frente dessa luta bem antes de mim. Cheguei em nomes como o de Laudelina de Campos Melo, uma mulher preta que criou o primeiro sindicato das trabalhadoras domésticas no Brasil; Cleide Pinto, Presidente do Sindicato de Trabalhadoras Domésticas de Nova Iguaçu (RJ); Nair Jane de Castro Lima, uma líder histórica que reivindicou os direitos para a categoria, além de ser a primeira líder internacional a participar ativamente na construção da Central Única dos Trabalhadores (CUT); Benedita da Silva, outra mulher de extrema importância na conquista da Pec das Domésticas.

Então fui estudando e pesquisando quem chegou antes de mim, pois sabia que a mídia trataria aquilo como algo inovador, como se eu fosse a primeira a falar sobre o assunto e, infelizmente, invisibilizando quem já estava na luta há anos.

Dito e feito. Três dias depois eu estava no programa da Fátima Bernardes e fiz questão de falar o nome de algumas dessas mulheres, e afirmar que eu não estava fazendo algo novo, mas sim postando nas redes sociais para que outras pessoas conhecessem o que a maioria fingia não ver. Aliás, eram relatos das condições precárias que vivenciávamos dentro das casas, do nosso ambiente de trabalho.

Depois de ir no programa da TV Globo, aumentou ainda mais o alcance da minha postagem e passei o ano inteiro falando em diversos tipos de mídias. Até que no final do ano de 2016 comecei a pensar em outras ações concretas para que pudesse ter atitudes diretas com as trabalhadoras.

A convite do Coletivo ComunaDeusa e do Observatório dos Direitos e Cidadania da Mulher lançamos o *Guia de Direitos das Trabalhadoras Domésticas*.

Fui convidada a ir em diversos lugares do Brasil, assim como na Colômbia e na Argentina para falar da real situação das domésticas. Lançamos o *Guia* em Salvador e Cubatão (SP) com oficinas de autocuidado, fizemos palestra e contamos com a presença de profissionais da saúde. Até fui convidada para ser garota propaganda de um aplicativo que visa auxiliar as trabalhadoras domésticas sobre seus direitos.

Ainda no final de 2016, minha ex-produtora Talita, que estava na correria de dar conta de agendar tanta entrevista, preparar material pra soltar na página, mandar nota para o contratante do show... Enfi uma série de tarefas! Em meio a isso tudo ocorreu que recebemos um e-mail que me fez ficar estarrecida.

Era a Elena Crescia me convidando a ser palestrante do TedxSP. Eu recusei na hora, pois ainda havia uma velha mania de achar que coisas grandes não eram pra mim, que eu jamais conseguiria palestrar pra uma multidão de pessoas.

Lembro que a Elena não aceitou a minha resposta e agendou uma reunião comigo. Ela veio até Santos pra me convencer e me explicar como funcionava. Conversamos e ela disse que eu teria um treinamento de oratória e síntese, assim eu conseguiria organizar as ideias para apresentar em apenas 15 minutos.

Fiz os treinamentos e no dia da palestra me lembro que, no camarim, eu tremia muito. Só que em minha cabeça eu lembrava que não estava fazendo aquilo por mim, mas sim por seis milhões do domésticas. Que eu, Preta-Rara, podia naquela oportunidade convencer centenas de patrões que estavam presentes a terem uma relação humanizada, respeitando os direitos trabalhistas das domésticas.

E assim foi. Lembro que fiquei muito feliz e orgulhosa. No final da palestra veio à tona tudo o que eu já tinha passado com a Dona Margarida, que era professora universitária, que certa vez disse que eu tinha que ser feliz no que já estava predestinado para mim, que era servir. Toda a minha história, assim como as das outras mulheres passaram como um *flash* em minha mente, e eu desabei em lágrimas.

Atualmente, agora, em agosto de 2019, o vídeo da minha palestra no YouTube já ultrapassa mais de duzentos mil visualizações, e a cada dia mais essa mensagem chega em muitos outros lugares.

Finalizo esse livro dizendo que tudo que aconteceu não foi meritocracia, até porque se fosse por mérito, eu e várias domésticas já tínhamos alcançado voos mais altos e rápidos. Tudo é resultado de muita disposição para chacoalhar as estruturas da família brasileira elitista branca que ama um ranço colonialista racista.

Porque ser empregada doméstica não é apenas limpar, mas e sim servir. E ser alguém inferior já está no imaginário coletivo da elite brasileira. É necessário romper os laços dessa profissão que, infelizmente, ainda é um grande resquício de uma abolição não conclusa. Romper esses laços é um grande ato político.

Segundo o Dieese de 2016 somos seis milhões de trabalhadoras domésticas, e 78,6% são mulheres pretas e esse não pode ser o nosso único lugar. Não podemos aceitar que esse trabalho seja hereditário para as mulheres pretas.

Hoje posso dizer que na minha família eu fui a última mulher preta a ser empregada doméstica, e que fico muito feliz em saber que minhas irmãs e primas não passarão pelo o que eu, minha vó, mãe e tias passaram. O trabalho doméstico, como muitos dizem por aí, é um trabalho como qualquer outro, porém eu não conheço ninguém que deseje isso para seus filhos.

Desejo muito que esse livro chegue e toque a empatia das pessoas que têm profissionais domésticas trabalhando em suas casas, pessoas que criam as leis nesse país que realmente, pessoas que possam garantir os direitos das trabalhadoras domésticas. Porque a maioria dos relatos que eu recebi, que hoje conto sendo mais de quatro mil, as trabalhadoras domésticas nunca desejaram serem domésticas, mas por falta de opção acabaram honrando essa profissão e desempenhando um ótimo trabalho, que quase sempre não é reconhecido.

Estamos na luta por dias melhores, para garantir nossos direitos trabalhistas até sermos respeitadas dentro do nosso local de trabalho. Estamos na luta em busca de uma relação trabalhista na qual humanizam nossa existência.

Relembrar minhas dores e vivenciar as dores das trabalhadoras em cada relato que leio diariamente é uma dor profunda, porém é necessário fazer isto para que a nossa voz possa ecoar.

Então, mulheres trabalhadoras domésticas desse Brasil, foi tão difícil chegar até aqui, quantas de nós já perdemos a vida dedicando a nossa existência em prol de pessoas que querem somente a nossa força de trabalho? Peço para que continuem existindo e resistindo e, principalmente, cobrando nossos direitos.

Força na luta, pois ainda chegará o dia em que o nosso trabalho será reconhecido. E nesse dia o quartinho da doméstica deixará de ser a senzala moderna.

Um grande abraço a todas as domésticas do Brasil.

Fui fazer uma faxina na casa de uma mulher que mora perto do meu bairro. Essa foi a quarta vez e ela insistiu para que tirasse o tapete para limpar debaixo. Ao tirar o tapete encontrei muito dinheiro. Fiz a faxina normal e coloquei o dinheiro de volta, exatamente no lugar onde estava. Quando terminei a faxina disse que não iria mais. E ela perguntou por quê? E eu respondi: Que não iria porque sabia que o dinheiro estava lá para me testar. Ela ficou sem graça e inventou uma mentira, mas já trabalhava como doméstica há 5 anos, não era boba. Hoje em dia faz 36 anos e não me arrependo de ter largado esse trabalho e ainda creio que as intenções eram as mesmas que me levaram a parar de trabalhar naquela casa na época.

*

Eu era pequeno, não me recordo a idade exata mais se fosse chutar diria que tinha 8 anos. Minha mãe teve que arrumar emprego (pai ausente, três filhos pra criar, você conhece a história), então ela arrumou um de doméstica num casarão na área burguesa da cidade, uma semana antes do dia das mães. E adivinhem quem foi obrigada a trabalhar no dia das mães a troco de nada? (troco de nada por que os direitos das domésticas a 20 anos atrás eram iguais a zero), sim, ela mesma, mamãe. A mesma que chegou em exausta e faminta pois ficou de pé fazendo e servindo o almoço das 8h da manhã até as 17h da tarde quando pode enfim tirar a mesa do almoço e limpar tudo pra depois ir embora (ir embora com fome pois as sobras do almoço não compensava arriscar perder o ônibus em pleno domingo/feriado do dia das mães).

Nesse dia ela chegou em casa, abraçou os filhos e disse trabalharia o quanto fosse necessário para dar um futuro digno para os filhos. Hoje eu sou pós graduado graças a ela. A empregada Venceu.

*

Olá, sempre fui empregada doméstica e passei por muita coisa desde comer comida estragada e abuso psicológico. Trabalhei em uma casa em que dormia no serviço e a patroa abusiva gritando me humilhando e as criança nem encostavam em mim com nojo por eu ser negra, e os pais riam ,só de interior ,negra e não tenho nenhum emprego de domésticas q guardo boas lembranças ,mas por falta de oportunidade tenho q me sujeitar a isso ,tenho vinte e sete anos e estou no segundo ano da faculdade de Letras ano que vem me formo e sempre quando estou pensando em desistir lembro de todos esses fatos que me machucaram nesta profissão de doméstica e envio a cara nos livros pois penso comigo eu não posso mudar o passado ,mas vou fazer dele ponte para o futuro e meus filhos não vão passar por isso e nenhuma sinhá vai me fazer abaixar a cabeça a todos os empregos de domestica que eu tive e que tentaram me calar eu posso eu quero e vou formar... um dia vocês ainda vão ser apenas um passado triste na minha jornada profissional.

Por quer desistir e a saída dos fracos insistir e a saída dos fortes pobre e negra não nasceu só pra ser domestica não podemos ser o quisermos.

*

Gostaria de contar a história da minha avó. Ela começou a trabalhar em casa de familia com 12 anos, teve que crescer rápido demais. Hoje com 60 anos, continua sendo doméstica e se orgulha de sua faxina!

O que aconteceu com a minha avó me deixou extremamente abalada, primeiro porque ela é uma das melhores pessoas que já conheci! Humilde, simpática, engraçada, sem preconceito, etc, etc e etc e segundo... Porque não esperava uma atitude dessa de um ser humano.

Pois bem, minha avó trabalhava para uma sinhá, entrava as 09:00 e saia as 19:00 -ás vezes 20:00, 21:00. Um dia, no horário do almoço, a sinhá almoçou enquanto minha avó teve que comer arroz gelado e cascas de tomate.

E a sinhá não ofereceu um prato de comida para ela, para a mesma pessoa que ela dizia ser da familia. Espero que essa luta continue! Você me inspira muito!

*

Todas terças, durante seis meses.

Era terça-feira dia da Jaque comer bife de alcatra com salada (quem disse q a empregada não comia bem).

Dia de chegar mais cedo porque é dia de lavar roupa, dia q não dá tempo de tomar café porque tem que servir o café da manhã de todo mundo e limpar a casa toda, deixar tudo organizado porque chega os amigos pro bife de terça, todo mundo adorava o bife da Jaque.

Era o dia de começar o almoço mais cedo e a roupa ja tinha que estar toda no varal antes de começar a fazer o almoço.

Dia q cada bife era feito um por um, e todos os seis amigos mais os 4 da família comiam muito. Mas o meu era o primeiro de todos, a patroa boazinha já deixava eu por o meu separado e fritinho na geladeira as onze horas. Depois era só cuidar do resto, mais de 4 kg de bife frito um por um, porque fritar dois bifes juntos muda o gosto, deixa duro e frita demais...

Dia que a Jaque comia duas e meia da tarde quando todo mundo estava satisfeito e se retiravam depois do cafézinho.

Dia q a Jaque comia o bife requentado das onze horas com a salada q sobrava.

*

Uma patroa minha me trancava dentro do apartamento dela quando saia, com medo de eu roubar as suas coisas!!! Isso me entristecia muito mas precisava do emprego 1986 gracas a Deus não lembro do nome dela kkk

Uma outra não nos dava nada pra comer somente um prato de comida que ela mesmo tirava não podia comer mais nada só tomava agua e tínhamos que almoçar no quartinho dos fundos do lado de fora da casa tinha que sentar no chão. Isso foi no ano de 1987.

*

Fazia de tudo nessa casa, era empregada e babá, certo dia o filho mais novo da patroa nao queria comer, então ela partiu uma maçã e o deu, deixando a outra metade na pia. Doa nada a maçã sumiu e ela me perguntou onde estava a METADE DA MAÇÃ. Disse que não sabia e daí ela riu sarcasticamente, dizendo ser impossível eu não saber, que era pra eu confessar que tinha comido, faltou pouco me bater, me humilhando, acusando de ter comido METADE DE UMA MAÇÃ. Até que o marido dela, que ja havia chegado em casa sem a gente notar e brincou "nossa, se fosse um ladrão você estaria perdida, porque entrei, fui no banheiro, fui no quarto, vi os meninos, vim aqui, comi uma maçã cortada que estava aqui…"

Nisso senti que ela ao mesmo tempo que ficou com vergonha, ficou furiosa, porque a vontade dela, era mesmo me acusar e o marido sem querer, a desmascarou. Foi meu ultimo dia ali, nunca mais voltei. Me senti tão humilhada, que minha mãe quem foi receber pra mim.

*

Sou filho da dona Mirian.

ex-empregada doméstica. Ela começou a trabalhar aos 8 anos de idade, cuidando de uma outra criança. Essa era a única forma de ajudar sua mãe, minha avó, nas despesas de casa. Já nessa idade sentiu o peso da profissão. Ao decorrer da vida trabalhou em diversas residências como empregada doméstica. Em todas elas, com excessão de uma, foi humilhada e tratada como subverniente.

Irei listar apenas algumas situações que ela enfrentou, pois são muitas.

1. Em uma das residências ela cozinhava e limpava. Chegando a hora do almoço ou jantar nunca podia comer no mesmo horário que os patrões. Eles diziam: "tem que nos servir primeiro, depois você come, e só come na cozinha, tá?".

2. Já trabalhando em outra casa. Em um belo dia sua patroa fez uma festa, comprou vários doces. No final da festa, ela chamou minha mãe e disse:

   "Leva o resto dos doces e aperitivos pros seus filhos, eles vão gostar, nunca comeram isso, né?".

3. Essa foi uma das situações mais humilhantes. Já em outra casa, minha mãe trabalhando como doméstica. Certo dia sua patroa foi até sua geladeira, pegar um vidro de doce de pêssego, ao procurar

o mesmo, não encontrou. Ela foi perguntar ao seu filho se tinha comido o doce. Ele negou. Descaradamente ele disse:

"Não, eu não vi esse pote, nem comi, foi a empregada que comeu".

Ele acusou minha mãe. Ela chorou muito neste dia.

4. Quando estava trabalhando como passadeira de roupa em uma residência, nunca pôde se alimentar de nada de lá. A sua patroa nunca oferecia comida. Apenas água. Ela ficava o dia inteiro com fome. Ela e a dona Célia, sua colega de profissão na residência.

5. Em outra residência. Todas às vezes que estava limpando o quintal, lavando louça ou varrendo o chão, e a patroa chamava ela tinha que parar na hora o que estava fazendo para lhe servir. Sem reclamar.

*

Minha avó foi empregada doméstica de uma rica senhora dona de muitas terras na região, um de seus filhos, hoje meu avô, manteve um relacionamento extraconjugal com a minha avó e deste nasceu minha mãe. Inicialmente ele não assumiu, fez de conta que minha mãe não existia. Quando minha avó faleceu minha mãe foi jogada de lá para cá na casa dos irmãos, servindo de escrava para todos, mal comia e apanhava, ficou gravemente doente e meu avô ficou sabendo e foi buscá-la.

Levou-a para sua casa para viver com suas irmãs e madrasta, ela, muito nova, pensou que a vida agora melhoraria, ledo engano. Como meu avô ficava muito na fazenda e pouco na cidade, a madrasta era quem tomava conta e transformou minha mãe na empregada da casa. Colocou-a para dormir no quartinho dos fundos e "ensinou" tudo que ela precisava aprender: cozinhar, lavar, passar e cuidar das irmãs.

Esta mulher obrigou minha mãe a levantar às quatro horas da manhã para lavar a calçada da casa, numa cidade onde reinava sempre o frio. Isso tudo porque minha mãe saía para o colégio às sete, mas tinha que deixar a calçada limpa para a sinhá.

Na hora de comer então que o bicho pegava. Como eram fazendeiros, comiam bastante frango caipira. Para a minha mãe sobrava a cabeça e os pés do frango, era essa a parte dada a quem lavava, passava e cozinhava.

As roupas que eram dadas pra minha mãe eram sobras das roupas de suas irmãs e irmãos, sim, irmãos. A "patroa" cortava as pernas das calças que os filhos não queriam mais e fazia bermudas para minha mãe.

Nunca recebeu um tostão, sob a promessa de que quando minha mãe fosse se casar teria um belíssimo enxoval. O que nunca chegou.

Com muito esforço formou-se professora, exerceu o magistério por trinta anos e agora é aposentada. Tem complexo de inferioridade. Não come junto com as visitas. Não gosta de sair de casa. Não gosta de se arrumar. É depressiva. Vive a base de remédios controlados. Resultado de uma relação patroa x empregada muito mal sucedida.

*

Cursando o ensino superior, fiz uma matéria na qual deveria projetar a planta de uma casa. O professor especificou todos os cômodos que deveriam ter no projeto, e montávamos como queríamos. Entre esses cômodos, havia o quarto de uma empregada doméstica. Quando terminei o projeto, mostrei para o professor, que disse:

— O quarto dessa empregada está muito grande. Pode diminuir.

Não achei justa a declaração, pois o quarto não era grande de maneira alguma, porém aceitei a recomendação sem reclamar. Voltei com o trabalho corrigido. Ele acrescentou:

— Agora mude a porta, a empregada não pode entrar no quarto por dentro da casa.

— Como assim, professor?

— A porta do quarto da empregada tem que dar pro quintal, pros fundos da casa.

Não consegui entender o motivo. Insisti:

— Não entendi, professor. Não parece confortável ter que dar a volta na casa inteira pra que a funcionária possa entrar no próprio quarto. Qual o problema de a porta ficar no corredor, como os outros quartos?

— É assim que é. Coloque a porta pra fora

*

Meu nome é P., tenho 35 anos e sou ex empregada doméstica! Só o fato de começar a falar desse assunto já deixam meus olhos marejados e meu coração dolorido! Não falo desse assunto com ninguem, poucas pessoas sabem desse meu passado e tenho pesadelos e noite mal dormidas, pois não consigo esquecer os momentos tristes e humilhantes que passei. Eu não sei pq estou relatando isso se dói tanto em mim lembrar, mas por algum motivo estou aqui. Minhas lágrimas descem pelo rosto e caem celular a fora, pq doi tanto?

Bom, sou de MG e aos 17 anos acabei o colégio e queria ganhar meu próprio dinheiro! Minha mãe colhia café nas lavouras e não tinha condições. Soube de uma mulher que estava a procura de uma empregada doméstica para morar em Macae, cidade do interior do RJ, onde seu marido petroleiro trabalhava. Foi difícil deixar minha família, primeira vez sozinha e longe. Mas fui corajosa e fui! Quando cheguei na cidade me encantei, garota do interior achava tudo lindo! Fui apresentada a casa: gigantesca, dois andares, janelas enormes e uma vista linda para a Lagoa! Estava empolgada! Depois de um dia de viagem chegamos tarde, então fomos dormir! Minha patroa me levou até meu quarto que ficava nos fundos em frente à área de serviço! Tão pequeno que não cabia duas pessoas! No guarda roupa só tinha uma gaveta para mim, já que todo o restante estava com as " tralhas" sem serventia! Achei estranho! Pq vou ficar nesse quarto? Cheio de entulho e baratas? Mas tudo bem, não podia reclamar da " oportunidade maravilhosa" de ter um emprego. Fui orientada a acordar as 06:00, pois as duas filhas iriam p colégio e eu teria q arrumar o café da manhã! Ok! Acordei fiz tudo e fui me sentar a mesa com todos! Minha patroa logo perguntou: o que vc pensa que está fazendo? Olhei assustada, pois o que estaria fazendo de errado? Ela então completou: vc tem que tomar o café na cozinha! É o certo! Levantei, mas não entendi! Logo depois de deixar as crianças na escola ela me orientou: vc faz as refeições, serve a mesa e só come depois de todo mundo comer! E daí pra frente passei a comer " os restos" que sobravam das refeições! As vezes não sobrava nada, então eu ficava com fome! Pois nada podia ser feito sem a permissão dela! Além dos afazeres domésticos era de minha obrigação: dar banho nos cachorros, leva- los na rua, lavar o carro e durante os jantares e festas da família servir a todos os convidados! Meu horário era de 06:00 até as 18:00, muitas vezes se estendendo! As festas não tinham hora pra terminar! Um belo dia, depois de 3 anos trabalhando para família com o mesmo salário, resolvi pedir um aumento. O que ouvi era que o que eu ganhava era muito, já que eu não pagava moradia e nem comida! Segundo ela, qualquer outro patrão descontaria do meu salário despesas, como luz, água e comida! Que eu não tinha o que reclamar! Fiquei nessa casa durante 6 anos! Pq nunca sai? Eu achava que ninguém me daria um emprego melhor! Ela me fez acreditar que sim, eu ganhava muito, e tinha comida e moradia de graça. Que eu deveria ser tratada dessa forma pq o meu lugar era no quartinho de empregada. Quando conheci meu noivo, ele me fez enchergar a vida que eu tinha e como a vida podia me proporcionar coisas muito melhores! Ainda não consigo lidar com isso, ainda dói muito as lembranças de raspar o fundo da panela p comer o que sobrou do almoço! Ainda dói demais!

*

Quando eu ainda muito criança, me lembro de ir buscar a minha mãe com o meu pai e ver ela saindo revoltada chorando da casa de uma antiga patroa dela chamava-se Silva. Na época em que minha mãe trabalhou na casa dessa senhora, a mesma colocava uma grande quantidade de dinheiro, enrolado em vários lugares na casa como em baixo, do colchão, dentro da fronha do travesseiro de baixo do tapete dentro dos potes de doces na cozinha, no banheiro e outros diversos, lugares espalhados pela casa. Assim minha mãe limpava, e não retirava o dinheiro do lugar onde ela o encontrou. Apos fazer isso a senhora Dona Silva, como a minha mãe a chamava começava a se queixar, que estava sentido falta de Dinheiro, e que se fosse preciso, contrataria um investigador ou chamaria a policia. Minha mãe após passar por esse episódio, percebeu o quão estranho era aquela quantidade de dinheiro espalhado por vários lugares da casa, e no seu último dia de trabalho, pegou todo aquele dinheiro que estava nesses lugares da casa, junto tudo e jogou tudo sobre a mesa, da sala de jantar da patroa em quanto ela almoçava com sua filha, e disse: Olha aqui, eu não sou ladra, muito menos burra pra não perceber o que você está fazendo. Depois desse dia minha mãe nunca mais pisou os pés, naquela casa e nunca mais quis trabalhar em casa alguma. Hoje ela trabalha, em uma padaria, próximo ao aeroporto de congonhas, e infelizmente ainda passa por muitas humilhações, e tem seus direitos desrespeitado, por causa da sua função de ajudante geral, dentro do estabelecimento. E que eu pretendo correr atrás dos direitos dela.

*

Uma vez fui fazer um trabalho na casa de uma amiga, e reparei que tinha uma moça fazendo comida, limpando a casa, e mais tarde, no horário em que a irmã mais nova dessa minha amiga voltou da creche (a irmãzinha devia ter uns 3 anos na época), a moça também ficou tomando conta dela. Minha amiga e a mãe dela me apresentaram a moça como se fosse da família, tudo ok e muito lindo. Umas semanas depois minha amiga me conta que estava passando por um problemão em casa, porque na mesinha de centro ficavam algumas jujubas e eles perceberam que o pote tinha menos jujubas que o normal. Eles mandaram a empregada embora, por desconfiar que ela tenha comido umas jujubas, acusando-a de roubo, e disseram que se ela era capaz de roubar um doce, podia decidir roubar qualquer outra coisa (segundo minha amiga, a empregada trabalhava na casa há anos!). No final, descobriram que a irmãzinha estava comendo jujubas escondido antes das refeições, mas eles nunca pediram desculpas à empregada, nem contrataram ela de volta, por orgulho.

*

Bom acho q o que me chocou mais nem aconteceu comigo, foi com uma colega, a patroa para economizar no papel higiênico limpava o seu cocô na toalha de banho e mandava a empregada se virar para limpar, a filha dela por sua vez ridiculariza uma outra empregada por ela escrever errado, publicando um print de uma conversa em uma rede social, frizando que a sua "empregada" havia escrito errado, e logo abaixo os vários kkkkkkkkkk, tadinha, ohh dó…vamos a parte que me toca, trabalhei um mês em uma casa onde os donos da casa escondiam a comida, eu não podia usar azeite, comer o pão novo, a arrumação devia ser sempre impecável, porém o pente que eles usavam para pentear os cabelos era de dá nojo, um dia a neta da patroa perguntou "ela vai comer da nossa comida" eu comia era só eles virarem as costas, comia de raiva, tb ouvi, ela comeu o chocolate né, toda sexta e isso, dia q eu ia fazer faxina, vi muita sinhá esconde comida de mim, mais eu procurava achava comia e colocava no mesmo lugar… ahhhhh teve uma época que uma sinhá servia nosso café e almoço, ate o dia que eu descobri que após fazer a sua refeição os pratos, talheres e xícaras usados eram reutilizados para nós servir, não tínhamos o direito de nós servir, nem de repetir e nem de comer em um recipiente limpo!

*

Ouvi várias vezes " vc é bonita demais pra ser babá!"

Ue, pra ser babá tem que ser feia?

" Você é tão novinha, devia estudar"

Ue, pra ser babá tem que ser ignorante?"

Mal sabe eles que sou uma historiadora em formação e, principalmente uma pessoa fora do comunismo e crítica "da casa grande"!

*

Minha mãe grávida de mim, trabalhava numa casa, que quando a patroa foi viajar, jogou toda comida fora pra minha mãe não comer

*

Minha mãe sempre trabalhou na mesma casa a vida toda, depois que eu nasci fui morar com ela. Patrões muito gentis, ate que a filha deles começou a fazer a cabeça de todo mundo contra mim quando cheguei a adolescência pois dizia que eu provocava o namorado dela. Depois de formada, e de sofrer varias humilhações junto com a minha mãe, resolvi sair daquela casa. Por esse motivo ate hoje me chamam de ingrata.

*

Trabalhei como doméstica na Itália, entre 2003 e 2006, em várias casas de família. Diferentemente daqui, as patroas me tratavam bem, sempre perguntavam o que eu gostava de comer e beber, e compravam de tudo pra mim, e eu comia na mesa com eles. O único inconveniente, é quando me perguntavam se o Brasil era uma floresta, se eu sabia ler, se tinha cama pra dormir, se haviam escolas

*

Sou doutorando negro na USP. Filho e irmão de empregadas domésticas. São muitas histórias e minha mãe que sempre contou triste não está aqui para ver o filho pegar o diploma de doutor, mas eu vou contar uma delas, que se passou comigo. Minha irmã era babá de um filho de comerciante no interior da Bahia. Eu sempre ficava com ela no trabalho cuidando para que ela não fosse assediada pelo patrão, mas ficava com ela sobretudo porque, como passávamos necessidade em casa, lá sempre dava pra comer alguma coisinha. Era o governo FHC, não tínhamos nada pra comer e minha irmã colocou um macarrão num pratinho pra me dar. Foi quando eu estava comendo que chegou uma tal prima da patroa, ela me tomou rapidamente o prato com medo da demissão. Acho que nunca vou esquecer essa cena em especial.

*

Oi, espero q com sua página a algumas pessoas revejam seus comportamentos com as pessoas. Não sou empregada doméstica mas fico triste com a falta de amor e respeito q elas/eles são tratados.

Não gostaria de me identificar, mas lembrei de um caso quando estava na casa da minha sogra. Meu filho foi pegar um iogurte para comer, quando abriu estava mofado e joguei fora, já tinha passado da validade a uns 4 meses. Quando eu falei pra jogar os outros fora ela disse q não, q a moça q limpa lá não liga pra isso, e estava guardando para ela. Achei tão desumano.

*

Sou ACS e hoje fui fazer visita na casa de uma senhora acamada, que mora com a filha, mas nos últimos tempos "contrataram" uma doméstica.

Vi e ouvi uma situação muito triste:

Uma moça em condição de extrema pobreza sendo descaradamente humilhada, ameaçada e escravizada.

Trabalha o dia todo: é faxineira, manicure, massagista, cuidadora de idosos, cozinheira, enfermeira, lavadeira, fisioterapeuta, jardineira e é obrigada a fazer todas as vontades da patroa. Não recebe salário porque o salário é casa e comida, (restos e uma cama). Escondido eu disse para ela sair de lá e procurar um advogado ou ir na delegacia, com lágrimas ela disse que não podia sair da casa.

Se isso não é escravidão é o que?

E a patroa? A patroa diz que tá fazendo um bem na vida dela, pois, sem isso, a moça já teria virado moradora de rua. Estou muito triste hoje.

*

a minha tia avó trabalhou por anos como funcionaria da limpeza (aprendi a falar funcionaria ao invés de empregada pq ela me ensinou q sempre se sentia humilhada quando alguém a chamava de empregada) num banco e ela sempre me contava que, quando ia limpar o banheiro, demorava muito mais tempo que o necessário para terminar pois as mulheres jogavam objetos cortantes nos cestos de lixo que acabavam cortando os sacos e derrubando toda a sujeira no chao, quando ela reclamava tds diziam, é o seu trabalho limpar!

*

Não sou empregada doméstica, mas minha mãe já foi, não muito tempo atrás.

Ela trabalhava como diarista em algumas casas, e uma das patroas 'fixas' morava em um apartamento em área nobre de Porto Alegre.

Um dia minha mãe estava fazendo a faxina e a patroa disse que iria até o pátio do prédio tomar um chimarrão com as vizinhas. Minha mãe ficou limpando o banheiro, se apoiou na porta do box e o vidro quebrou inteirinho em cima dela.

Ela cortou o braço, ficou muito assustada com o sangue e não conseguia ver a gravidade do corte. Enrolou uma toalha e quando foi sair do apartamento se deparou com a porta trancada, e as chaves tinham sido levadas pela dona. Minha mãe conta que chorou muito, achou que ia morrer pois o braço sangrava muito, a toalha pingava, mas não quis gritar na janela para não fazer escândalo. Ela apertou bem a toalha e foi limpar os cacos de vidro às lágrimas.

Quando terminou, lavou o braço, amarrou outra toalha e então se acalmou. A dona do apartamento chegou um tempo depois, minha mãe contou tudo o que tinha acontecido e o quanto ela estava assustada por não poder sair, mas que ja estava mais calma e não tinha sido nada grave. E então, para a surpresa de minha mãe, a patroa começou a gritar e xingar ela por ter quebrado o vidro e sujado duas toalhas de sangue.

Minha mãe ficou enfurecida, disse que não ia processar ela por aquilo mas que nunca mais voltava lá. E nunca mais voltou.

*

Eu queria contar uma coisa que aconteceu com a moça que trabalha aqui em casa. Quando ela era mais nova, foi trabalhar em uma casa e além de fazer a limpeza também fazia o almoço. Um dia a comida não agradou a patroa que arremessou a panela pela janela e humilhou ela, criticando a comida e xingando. Enquanto alguns se acharem superiores aos outros o mundo não vai ser um lugar bosta.

*

Após a gravidez a minha mãe foi morar na casa do meu pai.

Era uma preta gravida no meio de uma família branca, mesmo sendo casada com o meu pai, os trabalhos domésticos e as humilhações eram a forma de pagamento por ela morar e comer ali. Eram 8 pessoas numa casa e ela tinha que fazer tudo por todos, só podia usar o banheiro do quintal. A minha avó orava pra que eu nascesse mais "clarinha", que puxasse mais ao meu pai e quando tinha alguma visita sempre deixava claro que minha mãe era uma criada, ela nunca tratou as outras noras como tratava a minha mãe.

Hoje tenho pavor da casa deles, tenho pavor daquela casa cheia de quadros com fotos daquela família branca e nenhuma minha ou de meus irmãos.

*

Uma conhecida casou e, como presente de casamento, seus pais mandaram pra casa dela a empregada da casa deles, que era "muito boa de trabalho e ia ajudar neste começo de casamento". A moça ficou extremamente feliz e disse que foi um dos melhores presentes de casamento.

*

Minha mãe, empregada doméstica até se aposentar aos 60 e poucos anos, conta que certa patroa disse em uma ocasião: "Eu, meu marido e meus filhos comemos arroz, feijão e carne, você e meu cachorro comem polenta com bofe". Peguntei pra minha mãe o que ela fez, ela disse: "Eu precisava trabalhar pra sustentar vocês..."

*

Em 2011 trabalhei como babá, tinha 17 anos na época. No trabalho eu usava uniforme, que era apenas uma camisa gigante e uma legging, não podia substituir, tinha que usar essa todos os dias, chegava do trabalho e ja tinha que por pra lavar pra poder usar no dia seguinte. No aniversário da criança, a mãe pediu para que eu fosse para a festa, pra que eu cuidasse da criança lá, a patroa disse que seria necessário eu ir pois teria que ficar cuidando da criança durante a festa (a festa seria na minha folga, mas aceitei numa boa, pois pagariam o dia). Perguntei se poderia ir com uma roupa mais apresentável, porque aquele uniforme não ficaria legal na ocasião. Ela não permitiu, disse que teria que ir de uniforme, pois os garçons poderiam me confundir como convidada da festa. Acabou que mal fiquei perto da criança, os familiares estavam sempre com ela e fui orientada a não ficar muito próxima deles. Durante 4 horas de festa não me ofereceram um copo de refrigerante se quer, tinha que pegar agua do bebedouro. Passei a festa toda sentada de canto com aquela roupa péssima, vi que não tinha necessidade do meu trabalho ali e fui pedir pra patroa se ela poderia me liberar, já que eu estava ali sem fazer nada. Ela disse que não, que eu teria que cumprir as 6 horas trabalhadas ou ficaria sem receber. Fui embora chorando e falei que ela podia ficar com o dinheiro, não voltei nunca mais

*

Sou M.N.G . Tenho 26 anos, nasci na zona rural de um município do interior da Bahia. Aos 18 fui morar na cidade, por ter sido aprovada no vestibular de uma universidade estadual. Na falta de opção de outro trabalho, fui ser empregada doméstica. Dentre os muitos absurdos:

O que vc quer cursando Administração? Só tem a própria vida para administrar?

O meu patrão não tinha hora certa pra almoçar, às vezes chegava em casa às 14h00 e eu só almoçava após ele.

Na casa tinha uma piscina abandonada que enchia de água quando chovia, e eu tinha que esvaziá-la com balde. Certa vez encheram a piscina num aniversário, e eu esvaziei alguns dias depois.

Minha patroa disse que a filha contraiu pneumonia porque eu não retirava a poeira das janelas.

Ela não trabalhava, e quando saía me levava pra cuidar da menina na rua, por exemplo, na academia. A criança pestinha ficava correndo entre os aparelhos e as pessoas duvidando de meu cuidado, pois era uma situação que poderia provocar acidentes. Aos sábados era de lavar o quintal da casa, carregando água de balde. Como almoçavam fora nos sábados, eu ia embora sem almoço

O pior de tudo é que eles perpetuavam aos filhos a forma degradante de tratar os empregados domésticos. Tanto é que saí desse trabalho quando a menina tinha menos de 03 anos, mas já me tratava mal por ser empregada.

*

Eu nunca fui empregada doméstica, pelo menos nunca me considerei assim...

Quando eu tinha 9 anos meu pai faleceu e nos deixou em uma situação muito complicada, minha mãe minha irmã e eu.

Meu pai morreu vitima do alcoolismo e depressão, em uma situação lastimável, e minha mãe trabalhava de faxineira em um hospital e passamos muitas necessidades, mas minha mãe era muito orgulhosa e nunca pediu ajuda pra ninguém (Graças a Deus por isso).

Quando eu fiz 13 anos, minha avó paterna chamou minha mãe e disse a ela se ela deixava eu ir morar com ela, pois assim ela me ajudaria a estudar e faria companhia a ela.

Minha mãe logo respondeu, quem cria minhas filhas sou eu, mas se a menina quiser ir, é ela quem decide.

Eu adolescente e cheia de expectativas, resolvi aproveitar a oportunidade....

Eu amava a minha avó, ela era uma mulher muito rígida, mas ela me ensinou tudo o que sei, e tenho muito orgulho de saber, lavar, passar, cozinhar, fazer feira, economias domésticas e tudo mais, vivíamos em harmonia.

Eu acordava cedo todos os dias, ajudava ela com os afazeres domésticos, cozinhávamos juntas, minha vó vendia comida, tipo marmitex, coxinha e feijoada e eu a ajudava com tudo. Ela me pagava curso de inglês eu estudava a noite. Eu sempre me senti a neta que morava com a avó, somente isso...

Mas um certo dia, recebemos a visita de uma tia (irmã do meu pai e filha da minha avó), essas visitas eram corriqueiras, minha avó tinha três filhas, 1 filho e vários netos, eu nunca tinha percebido nada, mas um certo dia minha tia chegou por volta das 9:00h da manhã de um domingo, eu estava deitada na cama ainda e ouvi uma tia dizendo a minha avó. " Isso é hora de empregada estar dormindo? ", isso me doeu tanto.

Eu que me sentia a neta querida, a única entre 10 netos que se dispôs a ajudar avó, era vista como uma doméstica pelo resto da família, e dai em diante eu comecei a perceber como a família me tratava, e logo percebi, que pra eles eu não passava de uma doméstica, nada cotra quem é domestica, mas eu não era, não recebia salário, eu tinha uma troca com a minha avó, ajudava ela e ela me ajudava.

Dai pra frente percebi que todas as vezes que eles apareciam para visita eu era colocada de escanteio, tinha que ficar na cozinha, cozinhando e lavando os pratos, que eu não participava de tudo como os outros netos, e que esses netos, meus primos, por influência dos pais me tratavam coma a empregada e não como prima.

E que minhas tias reclamavam da limpeza e da organização da casa, uma vez mandaram até uma faxineira pra me ensinar a limpar melhor a casa.

Morei mais 1 anos com a minha avó, mas fiquei indignada e voltei pra casa da minha mãe...até hoje não contei isso pra ninguém, mas como pode a sua própria família te excluir desse jeito.

Mas nada disse me impediu e graças a Deus eu me graduei, na verdade fui a primeira de todos os primos a concluir a universidade.

Hoje com 30 anos, sou casada, moro em uma casa linda e sou muito feliz e muito grata a tudo que a minha avó me ensinou.

E hoje recuperei a amizade dos meus primos e tenho certeza que eles se arrependem de terem repetido a atitude dos pais deles, já com as minhas tias não tenho muito contato e nem quero ter....

*

Não sou empregada doméstica, mas já presenciei uns comentários absurdos, de passar mal.

Uma vez escutei que a babá do filho da mulher, que iria completar um ano de trabalho, tinha perguntado se poderia tirar 15 dias de férias em janeiro e em julho, com direito a: Onde já se viu? Querer tirar férias bem nos meses que não tem aula? Aí eu esperei completar um ano e dispensei ela.

E também reclamações de que, às vezes, quando o casal queria sair, ela não queria fazer hora extra pra ficar com a criança de noite.

Como se a babá não tivesse direito a ter vida, filhos, netos, e não pudesse passar mais tempo com eles....

Na minha opinião, uma forma de sub-humanizar a pessoa, simplesmente por conta da classe social. Por achar que, pagando (não sei quanto, mas provavelmente mal), ela detinha os direitos da mulher, inclusive o tempo que, por lei (e uma questão de humanidade, empatia), é de direito de todo e qualquer trabalhador.

Queria saber se, caso o empregador da mulher agisse da mesma forma que ela, ela estaria satisfeita ou estaria reclamando do absurdo que é querer tirar férias em tal mês e não fazer hora extra...

Muito sucesso pra você e consiga desconstruir muitas cabeças por aí! Esse povo precisa de uma consciência pesada pra começar a ver o mundo com outros olhos!

*

Estou vendo os relatos e percebi que estou no céu tem 10 anos que trabalho pra uma família ,agora só minha patroa pois seu esposo faleceu tem 2 anos ajudei a cuidar dele enquanto estava doente e fiz o máximo que pude pois sempre me tratou com respeito e carinho e a minha patroa fala que sou companheira dela compartilhamos segredos e tenho um sentimento bom em relação a ela, estou estudando o ano que vem me formo estou com o coração partido só de saber que vou ter que deixa lá mas sei que será melhor pra mim. Pois a profissão de empregada é muito desvalorizada pois quando alguém pergunta sua profissão algumas vezes olha com cara de desprezo.

*

Eu tinha por volta de 14 anos quando aconteceu.

Minha mae trabalhava a 1 mes na casa de uma familia Árabe. Aparentemente eles gostavam bastante da minha mae, pelo menos em relaçao a alguns relatos ela comia da mesma comida que eles (ela nao cozinhava quem cozinhava era a patroa) e como minha mae falava muito de mim diariamente ela trazia algo que a patroa dava pra ela trazer pra mim, comidas completamente diferentes do que comia normalmente. Ate que um dia eu fui atras de uma vaga de estagio e era proximo de onde ela trabalhava, ja estava na hora de sair passei por la para irmos juntas, nao entrei, apenas pedi um copo de agua e a patroa dela prontamente disse que ela mesma buscaria. Conversou comigo bem simpatica, fomos embora.

No dia seguinte minha mae chegou mais cedo me abraçou sem dizer nada. Perguntei sobre o trabalho e ela disse que tinha saido. Fiquei sem entender. Anos depois ela me disse que chegou para trabalhar naquele dia e que a Dona da casa pediu para que eu jamais aparecesse la, que ela mandava comida pra mim por isso, porque ela tinha receio que eu aparecesse la para conhecer e que me ofereceu um copo de água e quebrou o copo e jogou fora depois. Porque? Porque sou negra e minha mae branca. Ela queria minha mae la porque era branca e fazia bem o serviço e fazia de tudo pra me manter afastada por causa da minha cor.

Minha mae surtou quando ela disse tudo aquilo e nunca mais apareceu la. Onde minha filha nao é bem vinda eu tambem nao sou.

*

Sou filho da dona Geralda, que quando chegou do interior para trabalhar numa casa de um casal de ~advogados~ conhecia pouco Belo Horizonte e era menor de idade (comum na época). Na sua primeira experiência como doméstica foi mantida sob cárcere privado. A patroa escondia as chaves e quando saia para trabalhar trancava a casa e mantinha trancado o quarto com telefone. Fazia questão de fazer o prato de comida da minha mãe, que depois descobriu-se que eram feitos com restos de comida do filho dela. Conseguiu fugir por um descuido da sinhá que depois de perceber o ocorrido tentou traze-la de volta. Atualmente minha mãe cumpre aviso, (agora com direitos trabalhistas) por não ter sido subserviente o suficiente.

Eu sou o primeiro da minha família a entrar numa universidade e certo dia, estudando na biblioteca, fui obrigado a ouvir os filhos dos patrões cantar em coro em um trote da Engenharia Civil da universidade federal em que estudo: "P. que pariu, hoje em dia até o filho da empregada faz Civil". Isso próximo a minha colação de grau, oportunidade que minha mãe terá de conhecer o espaço que ela tanto se orgulha de eu ter entrado e que deveria ter cara de povo para celebrar uma conquista que é da família. Vida que segue!

*

Sou filha de diarista. Não foram raras as vezes em que minha mãe chegou em casa cansada, estressada e com histórias de abuso para contar.

Dentre elas acho que essa foi uma das mais absurdas.

O filho da patroa não queria que minha mãe tivesse a chave da casa por medo que ela roubasse alguma coisa. Na hora de ir embora o patrãozinho, que deixava todas as portas trancadas, pedia que minha mãe saísse pela JANELA!

Isso mesmo, minha mãe precisava pular a janela pra ir embora!

Ainda da mesma família, certa vez minha mãe esbarrou em um fio e o desconectou da internet. Imediatamente o patrão entrou no quarto enfurecido, gritando e dizendo coisas do tipo "puta que pariu! Toda vez essa merda" "aprende a fazer as coisas direito". Minha mãe rebateu, se defendeu e foi demitida.

*

Sou filha de uma dona Maria, sofrida como tantas outras, mulher forte que batalha desde quando se entende por gente. Aos 13 anos saiu de casa, pois era punida por ser fruto de uma traição, foi trabalhar como doméstica e tinha os braços tão franzinos que o esforço para dar conta do serviço tinha que ser sobre-humano. Certa ocasião uma peça de roupa não fora lavada o suficientemente bem, segundo a patroa, então a menina teve a roupa esfregada no rosto até o nariz sangrar. Após passar por isso, ainda foi molestada pelo dono da casa, e já se era de imaginar que a esposa dele não acreditaria na confissão daquela simples empregada. Foi expulsa e voltou para sua cidade de origem, onde teve uma filha, que desde criança a acompanhava no trabalho e assistia toda humilhação que a mãe sofria, e ainda ter que se calar ao ouvir pessoas "bem sucedidas" dizerem que tudo é apenas uma questão de esforço e merecimento.

*

Eu fiquei com os olhos encharcados assim que li a página que tu criaste. Minha avó paterna era empregada numa fazenda no interior do RS. Daí patrãozinho quis ter relações com a empregada e assim o fez. Desse modo minha avó engravidou do meu pai. Meu querido pai nasceu filho de "mãe solteira", uma "vergonha" na década de 1950. O pai da minha avó, avô do meu pai o tratava pior que um cachorro e quando meu pai era bebê e chorava a mãe dele tinha que abafar seu chorinho porque o pai dela se irritava. Minha avó e sua mãe tentaram apresentar o bebê ao patrãozinho. Não passaram nem da porteira da fazenda. Meu pai teve infância sofrida.

Aos 19 anos ele casou com minha mãe e descobriu o que era ter amor, carinho, afeto, família. Infelizmente ele morreu cedo, aos 40 anos (em 1991). Não deu tempo de realizar seus sonhos mas eu realizei vários desejos que ele tinha, em homenagem a ele: fui a Havana, Berlim (cidades que ele queria conhecer), corri o mundo, me formei em duas graduações (ele morreu antes de se formar em Engenharia Mecânica).

Minha avó nunca casou. Morreu em 2006 e nunca soube o que ela sentia. Esse assunto era tabu. Certamente ela ficou marcada com isso.

Meu pai foi o melhor pai que eu poderia ter. Mesmo morrido tão cedo, me deixou muitos ensinamentos.

*

Peço que não revelem minha identidade pois até hoje minha mãe trabalha como empregada domestica.

Minha mãe é de um interior minusculo e aos 13 anos foi mandada para capital para trabalhar, ela sempre me conta de um episodio em que a patroa pediu que ela fizesse carne assada e ela cortou a carne em pedaços (a patroa não especificou como queria a carne) e quando ela chegou obrigou minha mãe a comer aproximadamente um quilo de carne ofendendo ela o tempo todo chamando a de burra, puta e mula, quando minha mãe terminou a carne a patroa proibiu ela de comer na casa.

Além do atual patrão dela que lhe vende coisas que deveriam ir para o lixo.

*

Minha avó começou a trabalhar ainda criança como doméstica.

Ela conta com muita dor que a primeira casa que ela trabalhou, ela era babá. Tinha 12 anos, cuidava de 3 crianças.

Ela conta que a patroa sempre lhe servia de café da manhã água quente com açúcar e um fatia de pão seco.

Sofria vários abusos verbais dos patrões e das crianças (que eram encorajadas a não vê-la como gente)

Ela residia no trabalho, em uma facilidade do prédio que era um alojamento para as empregadas domésticas.

Uma outra empregada, mais velha, trancava ela no quarto que ela dormia, porque o patrão "tinha gosto" pelas mais novas.

Minha vó muitas vezes dormia ouvindo a maçaneta girar...

*

Sou branca, tenho 33 anos, de uma família "modesta" da zona leste de São Paulo e trabalhei como babá dos 13 aos 15 anos (uma criança cuidando de um bebê). No entanto, esse relato não é meu. Sempre fui respeitada e tive "boas oportunidades", mas nunca enxerguei que fosse pela minha cor ou por eu "transmitir confiança". Eu vivia num mundo paralelo.

Na minha infância, tive uma amiga "rica" que morava na melhor casa do bairro (eles tinham empregadas, claro), sua mãe sempre pedia pra ela brincar na minha, pois a dela não podia ser bagunçada. A casa era enorme, mas a criança e seus amigos não tinham direito de desfrutá-la, pois brincar dentro dela seria esbarrar em algum vaso caríssimo — além do mais, era "divertidíssimo" ficar na minha casa, pois eu e minhas irmãs tinham que dar conta dos afazeres domésticos. Eu não tinha noção da dimensão disso.

Aos 28 anos, conheci meu marido e me mudei para Piracicaba onde mora a família dele também. Conheci ele por meio da poesia, música, temos muitas afinidades políticas e eu não imaginava o quanto isso incomodaria a família burguesa que acredita "que ele merecia um futuro melhor, um bom emprego pela formação dele", etc. Enfim, ele teve uma infância afortunada, com empregada morando dentro de casa e sempre que íamos almoçar na casa dos pais dele, ouvíamos coisas do tipo:

"Depois que aquela Benedita da Silva, aquela deputada "de cor" (esfregando o dedo no braço), entrou no Congresso, não conseguimos mais arrumar ninguém em "condições decentes";

"Empregada não quer saber de trabalho hoje em dia, só pensa no dinheiro e direitos";

"Fulana fez de tudo pra se aposentar, não gosta de pegar no pesado" (detalhe: Fulana trabalhou até os 67 anos, mais ou menos 7 anos na casa deles, nos últimos anos trabalhava 2 vezes por semana para "se adequar" à nova lei e saiu sem receber nenhum direito).

Tudo isso e um pouco mais fez com que eu me afastasse radicalmente desse núcleo familiar. Foram meses de brigas com meu marido, até que ele foi procurar tratamento psicológico para lidar com tudo isso. Eu faço terapia há anos, desde quando "caiu a ficha" de quão doloroso é esse mundo.

Fico muito grata que exista esse canal para denúncias, mesmo que anônimas. Parabéns pela iniciativa.

*

Minha mãe tinha feito o almoço e quando todos foram almoçar a patroa da minha mãe disse que o almoço dela estava na geladeira. Quando minha pegou era a comida de dias atrás e com cheiro ruim. Depois desse dia ela sempre voltou pra casa para almoçar.

*

As mulheres da minha família (avós, mãe e tias) todas trabalharam como domésticas.

Minha mãe, desde os 6 anos, trabalhava e morava no lugar.

Com 07 anos ela trabalhou em uma casa com uma varanda de pedra toda em volta. Ela tinha que esfregar a varanda inteira com uma escova de mão.

Certo dia as crianças da casa a encurralavam num canto e começaram a beliscar e puxar seu cabelo. Quando ela gritou chamando a patroa, a mulher veio furiosa porque o patrão estava cochilando e ela iria acordá-lo. Nesse dia ela apanhou da patroa e passou sofrer calada. Todas as vezes que as crianças faziam isso não revidava, por medo de apanhar, e chorava baixinho pra ninguém ouvir.

Ela ficou nessa casa até que um dia a tia dela viu os beliscões e arrumou uma outra casa pra ela trabalhar.

Nessa outra casa ela disse que era um "paraíso", porque ela só trabalhava de manhã, limpando o pomar e o jardim, e à tarde ela podia brincar junto com os filhos da patroa (sim, é muito bizarro uma criança de 08 anos passar por tanta poisa que um serviço braçal de meio período é considerado "paraíso".)

Já adulta ela trabalhou fazendo faxina em uma casa em que a patroa, antes de liberá-la, colocava meias brancas e andava por todos os cômodos da casa, pra ver se estava tudo limpo.

Minha mãe atualmente é coordenadora de um centro de especialidades médicas na minha cidade, fez curso técnico de enfermagem e é brilhante no que faz, e assim chegou onde chegou.

*

Durantes toda minha infância e um pouco da adolescência foi empregada doméstica, que eu me recordo foram duas famílias. Uma delas me traz boas lembranças, da piscina, das comidas, sempre brinquei junto com as meninas, fui as suas festas de aniversario e elas sempre foram nas nossas. Nunca me senti humilhada, sempre me senti parte daquilo.

Moramos próximo a fronteira com o Paraguai, um dia desses nas nossas compras no pais vizinho me deparo com aquelas latas de bolachas importadas, das quais eu sempre tive em casa na infância, mas das quais eu nunca tinha visto o que tinha dentro, minha mãe sempre levava pra casa porque tinham acabado as bolachas e ela queria apenas a lata. Acho que perdi uns 20 minutos observando aquilo e querendo levar todas pra casa só pra me sentir parte daquelas pessoas que consumia aquilo também, que conhecem o que é bom.

Hoje sou engenheira civil, passei no vestibular da quinta melhor universidade de engenharia civil — UEM em 2005, ouvi a vida toda minha mãe dizendo que eu tinha que estudar pra não precisar sofrer humilhação de ninguém, o sorriso dela quando diz aos outros sobre mim e sobre meu irmão sermos engenheiros não há nada no mundo que pague.

*

Minha tia é Médica, mora em São Paulo e tem uma 'secretaria do lar' como ela costuma chamar, que já trabalha com ela há mais de 15 anos. Essa secretaria sempre contava a nós sua triste história de vida e que saiu muito cedo de casa para trabalhar e há mais de 40 anos não via sua família que morava no Nordeste e há alguns anos já tinha inclusive perdido contato com eles, pois moravam na zona rural e nem tinha telefone por lá.

Um certo dia, ouvindo mais uma vez ela chorosa contando sua história, minha tia prometeu que assim que possível iria leva-la para rever sua família. E a secretaria ficou com essa esperança no coração.

Em Outubro de 2015, por coincidência liguei para o celular de Maria, pois já tinha tentado ligar para minha tia mas só dava fora de área. E quão grande foi a minha surpresa ao ouvir Maria eufórica no telefone me contando que minha tia finalmente tinha cumprido a promessa. Comprou 3 passagens de avião e foram minha tia, seu marido e Maria juntos, rumo ao Nordeste em busca da familia de Maria. Chegaram numa cidade próxima que não lembro o nome, alugaram um carro e foram percorrer a Zona Rural, pois eles moravam num lugarejo afastado da cidade. Acredito que foram guiados por Deus, pois já faziam mais de 50 anos que Maria tinha saído daquele lugar e só tinha vagas lembranças do lugar. Seria muito dificil encontrar!

Mas foram perguntando aqui e ali até que depois de muita busca, finalmente encontraram a casa e os familiares de Maria. Alguns já falecidos, outros com filhos e netos que ela nunca tinha conhecido. Imagina a surpresa de todos vendo Maria descendo do carro na porta de casa. Alguns nem a reconheciam mais, afinal quando ela saiu de lá era uma mocinha. Tantas historias pra contas....

Maria me contou que mesmo todos eles vendo meus tios acompanhando Maria e proporcionando a ela esse reencontro, foi dificil de acreditar que uma 'patroa' pudesse fazer isso por um 'empregado'.

Depois de encontrar seus familiares e matar a saudades ela voltou com minha tia e tio para a cidade próxima e ficaram hospedados em um hotel.

Maria me contava feliz ao telefone: _'Fiquei hospedada num quarto tão lindo!!! '

Lagrimas escorreram na minha face e hoje enquanto escrevo essa história ainda me derramo em lágrimas.

Apesar de ser economicamente bem de vida, morar num dos melhores bairros de São Paulo e já ter viajado o mundo inteiro, minha tia tem o coração mais lindo que já conheci, é a pessoa mais humilde e mais estupenda que existe!

*

Sou branca, nunca fui empregada, mas queria contar um relato.

Quando eu era criança minha mãe tinha que trabalhar em outro município e ficava 3 dias fora e 4 em casa. Eu tinha 9 anos e meu irmão tinha 5.

Antes de ela começar no emprego ela procurou uma pessoa pra ficar lá em casa pra olhar a gente nesses 3 dias que ela passava fora. Nem era pra ser empregada. Apareceu uma moça, desesperada pelo emprego. Minha mãe conversou com ela, acertaram tudo, assinaram carteira.

A moça depois relatou que trabalhava como faz-tudo (babá, empregada, lavadeira, cozinheira, passadeira, etc) pra uma família que morava na nossa quadra. Que ela era do interior e não podia voltar, mas ela estava desesperada pra sair daquela casa, pois ela era muito maltratada.

Logo que ela chegou, minha mãe a chamou pra jantar com a gente, na mesa. Falou pra ela vir logo, pra aproveitar que tava tudo quentinho. Ela ficou chocada com o convite de ver minha mãe e nós na mesa esperando ela. Eu nunca vou esquecer o rosto dela e demorei muito tempo pra entender aquilo.

Ela relatou que ela só podia comer depois que os patrões comiam e no prato dela só iam restos de comida, incluindo o que as crianças mastigavam e cuspiam. Se não sobrasse ela não comia. Aí às vezes ela lambia os pratos e panelas sujos, antes de lavar, de tanta fome que ela sentia. Minha mãe começou a chorar. A gente não fazia isso nem com nosso cachorro vira-latas.

Ela começou a comprar alguns biscoitos no mercado e guardar no quarto dela. A patroa achou e jogou tudo fora. Disse que ia dar formigas no quarto.

Ela tinha horário pra ir no banheiro (ela usava o banheiro social, não tinha um só pra ela) e ela tinha que limpar tudo que encostou com água sanitária depois usar. Tudo dela era separado.

Ela tinha 1 folga de 2 dias por mês. Faziam meses que ela não via a família dela. Ela tinha que ligar rapidamente do orelhão quando ia comprar pão ou ir no mercado, pq eles não a deixavam ligar da casa deles.

Eu tenho certeza que ela relatou outras atrocidades, mas eu era criança e isso é tudo que eu lembro.

Ela ficou por mais ou menos 2 anos com a gente, voltou a estudar, se formou no ensino médio e depois voltou pra casa dela no interior. Eu me lembro dela com muito carinho e espero que ela se lembre da gente também. Aprendi muito com ela e acredito que as coisas que ela conversava com minha mãe (e eu ouvia), as coisas que ela conversava com a gente quando estávamos sozinhos, me ajudou a me moldar como uma pessoa que não tem necessidade de uma empregada ou diarista (a não ser em casos extremos, como eu cair de cama). Me ajudaram a nunca olhar por cima uma pessoa que está trabalhando, seja em qual serviço for respeitar as pessoas e seus serviços. A ser humilde, educado e cordial com todo mundo.

Eu não acho errado ter pessoas trabalhando pra você, mas, aqui no Brasil, gente que ganha pouco quer viver como milionário. Lá fora somente os muito ricos tem empregados assim, que dormem no emprego, que servem, etc. A maioria da classe média alta só paga uma faxineira em grandes faxinas pesadas.

Se você quer ter um funcionário, primeiramente, não acumule funções nele. Isso da empregada limpar, lavar, cozinhar, passar, costurar, cuidar dos filhos, do cachorro, do jardim, de pequenos reparos é um absurdo sem tamanho. Cada função dessas teria que ter no mínimo 1 funcionário fazendo. Se vai acumular funções, a empregada deveria receber 1 salário (no mínimo) por cada função acumulada. Pague adicionais de insalubridade e adicional noturno. Nem vou falar sobre assinar carteira, vale-transporte e etc. Folga, férias e 13º não são luxo, são direitos.

Mas, fazer o que, né? Todo deputado, senador, vereador, tem uma empregada em casa. Pra que vão dar direitos a elas, se eles também vão ter que arcar com isso? Pra que pagar tudo certinho se tem pessoas tão pobres e desesperadas que se sujeitam a isso?

E ainda tem gente que não consegue entender o motivo desta página e das reclamações das empregadas.

Eu sinto tanta vergonha disso tudo.

*

Minha mãe sempre foi empregada doméstica criou os filhos dos patrões mas não pode criar os dela, quando fui crescendo falei que jamais queria trabalhar em casa de família mas quando tinha uns 15 anos a situação ficou ruim em casa, e eu tive que trabalhar.

A primeira vez que fui trabalhar de doméstica foi pra uma vizinha, que era evangélica tinha 3 filhos mais uma cara de mau amada terrível, no primeiro dia ela me fez dar faxina em tudo ok, lavar uns 10 tapetes sujos de cocô e clarear os cardaços de todos os tênis da casa, queria que eu lavasse o quintal que não era todo em cimentado e tirasse a poeira e não podia gastar água, na hora do almoço eu já estava faminta, ela fez a comida e a família almoçou quando chegou a minha vez ela pegou um alface todo murcho e mandou eu comer somente aquilo, fiquei tão constrangida que quase chorei, mais aguentei; mais tarde o filho pequeno dela fez xixi no chão e saiu se esfregado ela me chamou atenção e disse que eu não sabia limpar. Saí de lá tão triste, tremendo de raiva que nunca mais voltei nem pra pegar o dinheiro do dia. Mas até hoje a encontro na rua e vejo nos olhos o quanto ela é infeliz pois não tem nem amigos.

*

Minha tia trabalhou na casa de praia de seus últimos patrões por muitos anos. Num final de ano, a família toda se reunia e havia muitas crianças, então minha tia me convidou pra "trabalhar de brincar" com elas (a pedido do patrão). A casa era muito grande e havia muitos empregados e convidados dos donos da casa. Todos os dias a comida era farta e havia dias inclusive, que ia um buffet cozinhar p eles. Porém, os empregados não podiam comer dessa comida e minha tia cozinhava uma comida diferente e mais simplória pra gente (e nem preciso comentar que os talheres e pratos eram separados né?) Sempre sobrava alguma coisa da comida deles, mas mesmo assim não podíamos comer (acho que eles pensavam que o tipo de comida deles não era pro paladar dos empregados). O que mais me deixava encabulada é que tinha uma sinhá que sempre me pedia um copo de água, mesmo a cozinha sendo a 5 passos do lugar que ela estava.

Hoje, com um pouco mais se maturidade ainda me pego perguntando, é sério que ainda existe gente que paga pra buscar um copo de água na cozinha?

*

Minha mãe é doméstica, me deu um teto, comida e educação limpando a casa dos outros, principalmente casas de "família" eu prefiro o termo casa de parentes porque de fosse "família" não ridicaria um prato de comida ou um copo de leite pra ela e pra mim. Lembro de dormir no tapete da lavanderia destas casas, de querer um pedaço de bolo ou um copo de coca-cola e não podia ter e não entendia porque aquelas pessoas era minha família não deixam eu comer ali e pra maioria delas eu era a "priminha com aparelho nos ouvidos" a coitadinha da Vanessa.

Lembro de uma vez que minha mãe tomou um copo de leite na casa e a patroa (que é minha madrinha) brigou com ela e disse que o leite era de "reserva" para visitas e não para empregada beber.

Um simples copo de leite.

Hoje sou estou terminando a faculdade e serei uma grande enfermeira, mas nada disse seria possível se minha mãe não tivesse limpado muita privada e aguentado muita humilhação das pessoas que dizem que somos todos da maldita família!

Só tenho uma coisa da dizer, TE AMO mãe, você é o maior orgulho que tenho na vida. Farei o relato (um dos, na realidade) da minha mãe e minha tia.

Tudo ocorreu por volta dos anos 70, mas é algo que não deve ser esquecido e que, infelizmente, ainda acontece mundo afora.

Elas duas nasceram numa família miserável (é estranho usar essa palavra, porém era a realidade) em pleno sertão nordestino. Meus avós simplesmente não tinham o que dar aos filhos, muitas vezes dormiam com fome para que eles comessem um caldo fino de feijão com farinha (e só) — minha se casou apenas com 2 pares de roupas.

A partir dos 7 anos, todos os filhos já eram obrigados a trabalhar pela minha avó, as mulheres, quase que sempre, lavando roupas e/ou sendo empregadas domésticas. Minha mãe conta que lavava as roupas com minha tia, roupas estas até mesmo com fezes em alguns casos, e quando, após elas lavarem, vinham buscar as roupas, conferiam peça por peça para certificar-se que elas, crianças, não haviam roubado nada.

Como empregadas domésticas, faziam de tudo para ganhar quase nada. Trabalharam numa casa onde ou comiam restos do almoço de um senhor tuberculoso ou passavam fome o resto do dia. Muitas vezes, ainda sofriam agressões físicas pelos patrões (lembrando, isso com 7 — 10 anos).

Elas ficavam super felizes quando podiam ir à escola, mas isso era só até minha avó arranjar um novo emprego, como ela própria dizia: "Escola é buxo cheio" (ou seja, ir para a escola e passar fome ou trabalhar e comer — muito pouco, mesmo assim).

*

Desde sempre minha mãe foi empregada doméstica, como não tinha aonde ficar então ela sempre me levava.

Por ter sido criada nesses lugares, sempre soube aonde era " o meu lugar". Não falava com ninguém se não falassem comigo.

Devia ter uns 7 anos quando minha mãe foi trabalhar em uma casa na Lapa — SP.

Os netos da dona da casa me chamaram para brincar na beira da piscina, então eu fui. (eles deviam ser uns 14 anos)

A menina primeiro me mostrou todos seus brinquedos e sempre dando a entender que eu nunca teria nada daquilo.

Depois os dois me chamaram para entrar na piscina, eu os avisei que nao sabia nadar, mas falaram que tudo bem, porque eles tinham bóia. Eu amei a ideia, é claro Ao entrar na piscina com a bóia, eles entraram também e por pura maldade tiraram a bóia de mim e saíram da piscina, ficaram lá me vendo pedir por ajuda e afundar, até que minha mãe ouviu meus gritos, entrou na piscina e me tirou de lá.

Não falaram nada, apenas saíram sorrindo.

Ela trabalhou o resto do dia, encharcada, com frio e sem conseguir me explicar porque fizeram aquilo comigo.

*

Fui mãe aos 15 anos. Trabalhei muito para sustentar minha filha sozinha, pois diferente de muitas, não queria transferiri minha responsabilidade.

Fui doméstica aos 17. O meu trabalho era limpar uma clínica que ficava no primeiro piso e a grande casa dos patrões que ficava em cima. Trabalhava sem as mínimas condições de higiene, limpava inclusive centros cirúrgico. Morria de medo de pegar uma bactéria e mais ainda quando alguém morria durante os procedimentos (Eu não sabia, mas sempre imaginava pois o local para mim era assustador).

As refeições eram sempre a mesma comida para os empregados: Mão de vaca cozida. (Acho que pra combinar com meus ex patrões rsrs)

Lembro que em um fim de semana, fui 'convidada' para ir com eles a uma casa na Serra para passarmos o fim de semana. Chegando lá, achando que iria me divertir, fui 'convidada' a ir para cozinha (Trabalhei de graça na minha folga).

Tenho muitos outros relatos de humilhação e desrespeito mas vou parar por aqui.

Atualmente trabalho em uma grande empresa, me formei em duas faculdades, uma pública e outra particular e atualmente faço pós graduação. Minha filha tem 12 anos e não me arrependo de nada do que fiz para dar condições dignas para ela, só peço a Deus que afaste as pessoas sem amor de nosso caminho.

Um grande abraço e para aquelas que estão passando por situações semelhantes, eu desejo que não desistam de vencer a cada dia!

*

Tenho uma avó que trabalhou cerca de 20 ou 30 anos para uma mesma família como empregada doméstica.

Acompanho os relatos e resolvi compartilhar com vocês um dos muitos que esta minha avó me contou.

Precisando alimentar os nove filhos deixados com a mãe lá em Itabera-BA, minha avó veio a São Paulo trabalhar para poder sustentá-los financeiramente.

A esta família ela prestava todos os serviços possíveis, desde limpeza à culinária (onde se destacou).

Em uma certa feita, sua patroa lhe mandou limpar a cozinha e ela limpou. Ela me enfatizou que limpou demais, que passou a noite inteira no mesmo serviço pra que saísse do jeito que ela aprendeu a fazer. Quando terminou, disse que havia terminado e já estava imaginando descansar (ela dormia na casa), quando sua patroa entrou no cômodo e lhe questionou se ela havia terminado mesmo. Ela então lhe afirmou que sim e a patroa lhe disse "Então continue limpando até que seu rosto apareça no reflexo do azulejo" então não a deixou descansar e ela retornou ao serviço que passara a noite inteira fazendo.

Ao se demitir do serviço anos mais tarde, a patroa não aceitou sua despedida e forjou roubos na casa para que ela saísse como criminosa (aliás, que senhor quer perder seu escravo, não é?). Minha avó processou e ganhou a causa.

*

A mãe do meu ex-namorado trabalha de cuidadora de idosos das 6:00 da manha até as 22:00 e recebe 950,00 de salario + passagem. Trabalha um dia e folga no outro. Já falei pra ela reivindicar isso, pois o maximo é de 12 horas por dia de trabalho, mas se ela fizer isso perde o trabalho.

*

"Minha mãe sempre trabalhou como empregada domestica, graças a Deus, na maioria das casas em que trabalhou foi muito bem tratada. Porém o que venho relatar é um fato, muito recente, que aconteceu com minha mãe. Ela estava limpando o pátio após uma obra na casa da patroa, onde havia uma caixa velha, toda rasgada com alguns azulejos dentro. Minha mãe organizou os azulejos e jogou a caixa no lixo. Quando a patroa viu que os azulejos não estavam mais na caixa, perguntou porque ela tinha jogado a caixa fora, dizendo que ela não podia sair jogando as coisas fora sem perguntar e então mandou minha mãe ir até o lixo pegar a caixa de volta. Desculpem, mas se isso não é abuso, eu não sei o que é."

*

Sou universitária, e moro com mais duas colegas em um apartamento. A moça que limpa nosso apartamento um dia estava almoçando a comida que ela havia levado, em pé na lavanderia (ela leva o almoço dela porque nós não comemos em casa), eu e minha colega a convidamos para sentar a mesa e ela se recusou mesmo depois de insistirmos muito, ela dizia que já estava acostumada a comer em pé. Aquilo me incomodou, e até hoje ela se recusa a sentar a mesa. Isso me faz refletir sobre os outros lugares que ela trabalha/trabalhou.

*

Oi, eu nunca fui empregada doméstica, porém alem de me sensibilizar muito com elas, pque a profissão mais digna e MENOS valorizada. Minha avó foi cozinheira por muitos anos e esse relato me da um nó na garganta todas as vezes que eu lembro dela me contando... Ela teve 5 filhos e mei avô morreu com as crianças ainda muito pequenas, eles passavam fome. Ela trabalhava de lavadeira e cozinheira em uma casa de família muito rica (Nepomuceno-MG), e ganhava apenas um prato de comida sem carne, obvio, e ela corria todos os dias para casa para dividir com as outras 5 crianças. Meu pai conta que passavam muita fome e a patroa sabia e nao se importava, o direito dela era de apenas um prato de comida! Sem contar que ela arrumava o almoço do pessoal que trabalhava na roça (lavoura) e a patroa dava ordens de nao colocar nenhuma mistura (carne ou outra coisa distinta de arroz e feijão), ela disse que colocava embaixo da marmita sempre e jogava arroz e feijao por cima! E pior isso tem 50 anos, e ate hoje nos deparamos com o preconceito disfarçado de "limites".

*

Eu sou de classe média. Meus pais vieram da roça, batalharam, cresceram e minha mãe que sempre teve mania de limpeza passou a ter "ajudantes" até o final da minha adolescência. Eu nunca gostei desta relação de ter alguém fazendo algo para mim…sempre achei injusto. Quando alguém, divide um espaço com vc em qualquer desse mundo e em qualquer situação…obrigatoriamente esta pessoa se torna intima e parte da sua família e não há como apartar de uma relação emocional também. Somos seres integrais, corpo, mente , espírito e principalmente coração…muitas vezes guia de nossas forças.

*

Muitas vezes ví minha mãe fazer coisas que não gostei, muitas vezes também fui vilã, reflexo da idade e da mentalidade que eu tinha, muitas vezes ví as pessoas errarem sim, mas não me esqueço jamais da relação desigual que era você passar por coisas e não poder falar nada e nem se defender e da falta de acolhimento e compreensão devido as imensas desigualdades.

*

Pois bem…poucos anos depois fiz uma viagem para estudar fora do Brasil, e adivinhem do que fui trabalhar primeiro neste país para me sustentar, de babá e empregada doméstica em famílias de médio a alto padrão lá…que é beeeem diferente de médio e alto padrão aqui. Passei por coisas inacreditáveis…mesmo tendo faculdade, falando o idioma o suficiente para me comunicar razoavelmente, e sendo "branca". Eu tinha o tempo todo que provar que não era burra, que não era ladra e que não estava dando em cima de nenhum homem da casa, apesar do meu chefe que tinha uma filha da minha idade, fazer visitas durante o dia, quando não tinha ninguém na casa, para elogiar o meu vestido ou fazer o almoço só para nós dois, enquanto a família toda estava trabalhando. Eu falava tudo para a família dele como quem quer nada... mas eles fingiam que não viam, porque ele era o grande provedor da casa. Muito complicado. Ele ficava o tempo todo querendo saber da minha vida pessoal e chegou a sugerir que eu me mudasse para perto de onde eles moravam, pois ele alugaria uma casa para mim. Só Jesus para proteger a gente em um país estrangeiro. Sorte que comecei a namorar depois e ele se mancou e parou de me perseguir. E no dia que eu pedi demissão, eu falei claramente para ele tudo o que eu havia achado da minha estadia na casa dele, de onde eu vinha, como era minha família e que a vida não girava em torno de sexo e dinheiro.

*

Lembro também de uma faxina que fui fazer lá para uma família de mexicanos ricos com muitas crianças e alguns bebês.....e eles estava na casa enquanto eu limpava...e eu ria sozinha... porque enquanto eu entrava em um cômodo para limpar, eles entravam juntos e escondiam todos os pertences e eletrônicos.....e assim foi em todos os quartos que eu entrei... e no resto da casa, estavam as mães com seus bebês... então onde eu acabava de limpar, elas iam para lá e os bebês vomitavam, jogam coisas no chão...comida...derramavam coisas... eu ia lá limpava e ia para outro lugar...daqui a pouco elas iam para onde estava limpo e me diziam que o outro espaço continuava sujo... e assim foi o dia todo, fiquei quebrada, porque essa casa tinha uns 7 quartos...sem brincadeira. Chegou uma hora que eu me dirigi para todas essas mães, e falei que estava indo embora, visto que já tinha limpado todos os cômodos e elas fizeram uma cara tipo: "-Você está me dirigindo a palavra?" e ficaram me olhando como se eu fosse de outro planeta.

Aí uma das filhas adolescentes virou e perguntou para a mãe: -Ela é nossa empregada mesmo? O que ela está fazendo aqui então? E uma das mães respondeu...-Acho que ela deve só estar querendo um dinheirinho para as férias.....

Eu sei que saí de lá correndo, e nessa época eu trabalhava para uma agência e contei tudo para minha chefe e nunca mais voltei nesse lugar.

*

Bom dia Joyce Fernandes linda e talentosa "Preta Rara", quero te contar a história da minha rainha, minha diva maior, minha mamis poderosa

Ela criou a mim e minhas irmãs sozinha e hj nos ajuda criar nossos filhos com o mesmo amor e dedicação de sempre, desde que nasci qdo ela tinha 17 anos minha mãe é doméstica(diarista) ela nos criou com muito sacrifício mais sempre com pés no chão com dignidade e nos ensinou á sermos mulheres de fibra pra enfrentar o mundo lá fora. Nessas fotos estão as principais patroas(amigas) que ela tem há mais ou menos 20 anos, essas mulheres sempre trataram minha mãe com respeito com amor, essas pessoas receberam minha mãe como filha-irmã-amiga sempre e nossos filhos tbm são recebidos acolhidos como minha mãe é, elas são pessoas maravilhosas.

A dona Wilma ruivo é essa senhorinha da foto que hj é minha vózinha branca uma pessoa muito amável linda, tem a Elis e a Laudicéia que são a filha e a neta da dna. Wilma outras duas ótimas pessoas mamis tbm trabalha na casa delas, Aline Martin tbm uma pessoa mui to boa e a Regiane Vieira que é alguém sem palavras mulher guerreira e que sempre foi uma amiga-patroa pra minha mãe.

Minha mãe trabalha ainda hj mesmo tendo desenvolvido uma doença nos ossos pelo fato do trabalho pesado, ficar mexendo com água no frio e calor enfim ela é uma vencedora de obstáculos da vida mais graças á deus teve a sorte de encontrar essas patroas(amigas) no caminho dela por isso essa relação á tantos anos elas não se largam tornando-se parte da família, gosto muito delas todas e sinto um orgulho que não me cabe no peito dessa mulher que é minha mãe.

Dona Dina ou tia Dina como ela é chamada pelos nossos amigos que tbm á amam.

Espero que vc goste do meu relato, li muitos dos que vc postou e tem muitos onde as patroas não respeitavam vc e nem as outras pessoas que mandaram mensagens, é triste mais é a realidade tem gente que não respeita os outros e acha que humilhando se sentiram mais superiores. Minha mamis além de guerreira tem o previlégio de trabalhar para pessoas como essas que mencione

Desde já agradeço sua atenção conosco e parabenizo pela sua história de vida.

*

Vim de uma família pobre e desde cedo tive que acompanhar minha mãe em todos os serviços que ela conseguia, ela não gostava de me deixar sozinha. Uma vez ela começou a trabalhar num condomínio fechado, a mulher tinha acabado de fazer lipoaspiração e além de toda a tarefa doméstica, minha mãe ajudava a cuidar dessa mulher. Depois de recuperada ela resolveu demitir minha mãe, enquanto a mãe limpava a casa ela ligou pra polícia, pediu que escoltassem minha mãe até a saída do condomínio alegando que não sabia com quem estava lidando e vai saber se ela não iria tentar roubar alguma coisa. Minha mãe ficou traumatizada. Foi uma das coisas mais tristes que já vivenciei.

*

Antes de ir trabalhar na casa do prefeito de Natal/RN, onde minha mãe era copeira, minha tia trabalhava pra uma mulher que dizia que ela só podia comer meia banda de pão francês no café da manhã e isso era o suficiente até a hora do almoço. Minha tia foi comprar pão com o próprio dinheiro e a patroa disse que ela não podia, repetindo "meia banda de pão é o suficiente".

Daí minha tia foi trabalhar na casa do prefeito (onde não deixaram minha mãe estudar) e achou uma maravilha, pelo menos elas podiam se alimentar à vontade e tinham comida de qualidade...

Ainda bem que elas não foram empregadas domésticas por muito tempo. Hoje minha tia é costureira e mamãe, manicure e do lar.

*

Sou filha de empregada domestica com muito orgulho, o que minha mae fez por mim e por meus irmaos a vida toda faz de mim quem eu sou, e se tenho saude e estudo e por causa dela!

Eu sei que a maioria dos relatos da pagina sao de horror e ódio as empregadas, mas á exceções.

Minha mae era caseira em uma casa chique no litoral de SP, moravamos eu minha mãe, meu irmao bebe e meu pai(que batia nela todo santo dia, sem motivo só por que podia), eu e meu irmao sempre tivemos tudo do bom e do melhor, os patroes que mi lembro muito bem do seu Sergio e da dona Joana,(sempre chamávamos eles assim, pq minha mae sempre dizia que independente de qualquer coisa tínhamos que ter respeito pelos mais velhos,e até hj nao consigo chamar os mais velhos por VOCE) tratavam eu e meu irmão como da familia, sempre faziam nossas festas de aniversário, presentes, roupas, comida, as melhores escolas, eles pagavam tudo, mais o salário e ajudavam minha mãe a pagar um carro que ela tinha comprado com muito esforço,(isso entre 1995 a 2000)tudo sem nos maltratar ou nos fazer mal, nos tratavam como filhos, os filhos deles já eram adolescentes crescidos e tal, a casa onde nos morávamos tinha 3 quartos, sala, cozinha, banheiro, churrasqueira, era muito linda e confortável, e quando algum parente se metia a besta em nos destratar eles nos defendiam. Lembro uma uma vez meu irmao ficou muito doente, uma picada de mosquito que virou um abcesso no queixo, Dona Joana ajudou muito, prontamente o que minha mãe precisava ela tava ali, minha mae como muitos nordestinos veio tentar a vida na cidade grande e deixou os pais ainda moça, dona Joana era a imagem mais proxima de uma mãe que ela tinha aqui, e ela sempre pode contar com a dona Joana. Minha mae com dó do meu pai, nunca se queixara dele ate que um dia ela não suportou mais as surras, traições, quebra quebra dentro de casa e pediu a separação. Todos ficamos em paz e felizes, mas ai minha mãe casou novamente, com a pessoa que eu amo muito meu Pai de vdd Moises, e com ele veio a minha irmã do meio a mais nova e a liberdade da minha mãe que com muito pesar, gratidão, amor mesmo por aquela família, teve que seguir sua vida! Depois que fomos embora dona Joana e seu Sergio não contrataram mais ninguem pra morar la de caseiro (não sei o porquê), minha mãe se arrepende um pouco de ter ido embora, mas sempre que eles precisam ela ainda vai la fazer uma faxina rsrs.

Eu sei que todas as empregadas domesticas passam por muita coisa ruim, minha mae tem muitas histórias tristes e abomináveis pra contar, mas com certeza a que ela nunca vai esquecer e a da dona J. e do seu S.!

*

Minha esposa é uma morena que tem uma beleza rara. completados 40 anos recentemente, chama a atenção de mulheres causando uma certa inveja, pois foi escolhida por uma agência de publicidade para fazer propaganda do hospital da mulher, em Recife. certa vez, foi convidada por uma senhora empregada antiga de uma família, que tinha sido babá de um Doutor que acabara de se casar. quando prestava serviço para esse casal, a mulher passou a fazer implicâncias até na ausência dela. queria que ela se responsabilizasse por panos de prato que a patroa colocava na janela do apartamento e que voava, pediu pra ela mudar o sabonete que usava (Dove),pois era o mesmo que a patroa usava, deixava-a sem alimento (almoço), e nem sequer pagava as passagens, pois alegava que ela morava muito perto, o que não era verdade. o marido sabia de tudo, mas para não contrariar a esposa recém-casada, não tomou nem uma providência. minha esposa não aguentou e pediu demissão. depois de um certo tempo, arrependida, a mulher pediu que ela voltasse, pois não conseguia empregada tão competente nem em agência de emprego. minha esposa não aceitou, pois estava claro a inveja que sentia da beleza negra e índia da ex-empregada, que poderia ser confundida com a dona da casa.

*

Olá, hoje tenho 38 anos, já trabalhei em pelo menos 3 casas de família não por muito tempo mas algumas coisas ficaram registradas em minha mente, vou relatar alguma situações que eu achava estranho, Na primeira foi num condomínio na Barra da Tijuca RJ, era tranquilo o serviço mas, quando tinham alguns alimentos vencidos a patroa mandava distribuir para os empregados levar para casa e quando precisei operar um cisto no pé e me afastar durante 15 dias na volta ela me demitiu sem aviso prévio, fui a uma conhecida que fez as contas , consegui cobrar e receber deles, na outra casa era um prédio em Laranjeiras, levei um mate leão num saquinho e coloquei no armário dela, no outro dia ela veio me perguntar se era maconha, estipulava a forma que eu deveria arrumar a casa, dizia que tinha que varrer cada cômodo e tirar o lixo e ficava em casa tomando conta pra ver se eu fazia assim, na copa, no dia do jogo do Brasil todos empregados que eu conhecia eram liberados sedo mas ela achando que o marido não viria fez questão que eu ficasse, o jogo era as 14h se não me engano, quando foi 13:30h ele chegou, daí ela me dispensou, mas eu disse pra ela que eu não iria enquanto o jogo não terminasse, acho que tinha ciumes dele só pode, fiquei também por que era provável deu sair e não encontrar transporte, haaa e também queria incluir mais um dia de trabalho sem aumentar o salário mas eu bati o pé e ela desistiu. Depois disso corri atrás também e hoje sou formada como professora de Geografia, iniciando carreira nova.

*

Quando eu tinha 16 anos, meu irmão trabalhava em um banco. Naquela "época" eu queria muito um emprego (na verdade, desde os 14), mas minha vó não deixava. "Vai atrapalhar os estudos", mas eu sei que era simplesmente por eu ser mulher.

Certa vez, minha vó chegou em mim e disse que o patrão do meu irmão precisava de alguém pra trabalhar na casa dele. Quem ela indicou? Eu.

Eu não queria esse trabalho. Queria poder trabalhar de carteira assinada, sei lá. Só não queria.

Mas eu fui obrigada pela pressão emocional que fizeram em mim e a necessidade de agradar o patrão do meu irmão. O trabalho é tão desgastante, que, no segundo dia, acordei com uma crise de ansiedade enorme e não consegui sair do banheiro. Eu só sentia calafrios, vontade de vomitar e chorar.

Nesse dia eu não fui e tomei bronca por ter passado mal.

Enfim, as pessoas pra quem eu trabalhava não eram ruins, mas eu só queria deixar esse relato diferente de como os pais podem ser ruins "sem perceber".

Eu nunca tive autorização pra trabalhar de carteira assinada mas, pra agradar o patrão, fui obrigada a trabalhar do jeito que não queria? Ser a unica negra da familia deve ter contribuído pra isso, talvez.

Não desmereço o trabalho doméstico, desmereço o fato de eu ter sido obrigada a fazê-lo sem opção de escolha.

Hoje, com 18, não consigo arrumar nenhum emprego. Pois é, eu podia ter adquirido experiencia numa empresa de jovem aprendiz, naquela época. Mas eu só adquiri lágrimas e mais problemas psicológicos.

Pais também podem ser os maus patrões.

*

O relato não é sobre mim mas, sobre uma moça que trabalha 1x semana aqui em casa. Conto para que outras tenham cuidado.

A pobre menina e muito lutadora é analfabeta e mãe de 6 filhos. Certa vez, trabalhava em uma mansão em Teresópolis, RJ, quando sua patroa pediu seu CPF e algumas assinaturas (ela é analfabeta mas, sabe assinar o nome) em papéis e documentos que obviamente ela confiou e assinou...resumindo. Usaram o nome dela para conseguir cartões de crédito, crediários e outros bichos mais. Hoje ela não pode abrir uma conta e a justiça simplesmente não faz nada...

Minha mãe, após o meu pai abandonar a ela e a seus 06 filhos foi morar com minha avó e para nos sustentar ela e minha avó trabalhavam de empregadas domésticas. Em 1989 na cidade de Goiânia, minha mãe trabalhava em uma casa e eu com 09 anos, ia para ajudá-la. Nessa casa havia uma menina que contava também com seus 09 anos de idade e ao fim do dia, quando encerrava meus afazeres ela me chamava para brincar e a brincadeira era bem parecida com a minha rotina de doméstica infantil. Eu era a empregada dela na brincadeira de casinha, de forma "lúdica" ela me chamava de escrava. Dizia: você é a minha escrava, vá buscar água...na minha inocência não via nada de mal nesse comportamento a época...minha mãe não tinha coragem de se opor a essa situação pois necessitávamos dessa renda. É lamentável, pois muitas vezes aceitamos certos aspectos em uma relação seja ela de trabalho ou qualquer outra por sentirmos que não merecemos nada além do desprezo, humilhação...

A vida segue e embora minha história atual e a de meus filhos seja o oposta da que vivi, ainda carrego em mim, várias lembranças infelizes que me fizeram forte por certo, mas que as vezes são como espinhos na carne. Fico sempre a pensar que se em mim a lembrança dói, imagino que em minha mãe e que em minha avó doa muito mais, pois de forma mesmo que alegórica, elas aceitavam a "chibata" para podermos comer o pão.

*

Eu achei a sua iniciativa maravilhosa. Dar voz às pessoas historicamente marginalizadas é algo extremamente necessário. A sua atitude é humana e louvável, parabéns!

Romper com o ciclo de miséria ao qual nós fomos submetidas é uma tarefa árdua, é lutar contra tudo e todos.

A minha avó trabalhou a vida na lavoura, a minha mãe foi empregada doméstica e eu seguia os mesmos passos. Ir contra tudo isso deixa marcas físicas e na alma.

Eu vou te contar um pouco sobre a minha história.

Eu trabalhei aos 17 anos com um casal de dentistas. Além de fazer toda a limpeza dos instrumentos, ainda fazia banco, a limpeza do almoço e eventual limpeza do consultório (a senhora que trabalhava na casa deles há 30 anos ia de 15 em 15 dias fazer a limpeza pesada, eu precisava ir conservando). Eu já havia sido babá, dos 13 aos 15, já havia trabalhado como recepcionista em um consultório de psicologia, já tinha trabalhado como menor aprendiz, ou seja, a minha adolescência foi completamente entregue ao trabalho.

Com os dentistas, como havia uma relação familiar e eu ficava no consultório todos os dias das 07h30 às 17h30, a relação acaba sendo um pouco mais próxima. Não no sentido bom — o distanciamento no trabalho é fundamental — o que acabava gerando os constrangimentos abaixo:

Lendo o livro Olga no meu horário de almoço (veja a coincidência, o mesmo livro e curso que o seu) a patroa chega e pergunta: Nossa, lendo este livro? Mas você consegue entender o que está escrito aí? A partir de então eu me trancava no banheiro para conseguir ler os livros do meu curso de história.

Todo mundo triste porque o sobrinho da patroa não tinha passado no vestibular (um rapaz de 19 anos que nunca havia trabalhado, só estudava para esse bendito vestibular) eis que surge o seguinte diálogo:

Eu — Nossa que pena, mas a USP é bem difícil mesmo, talvez ele possa tentar outras faculdades...

Patroa — Não. Ele estudou a vida inteira pra isso. Não entrou esse ano, vai entrar no próximo.

Eu — Sim, mas o seu filho faz uma particular (eu já havia visto o boleto que eles pagavam — eu ia ao banco pagar as contas — 2 mil reais por mês) a ESPM. Onde fica essa faculdade? Eu nunca ouvir falar.

Patroa — Normal você não ter ouvido falar, não faz parte do seu lugar de convívio.

Por mais que estas agressões fossem veladas, em mim falavam muito alto. Eu morava no extremo sul de SP, depois do Term. Varginha. Saia de casa antes das 6h para ir ao trabalho e depois ia para a faculdade, ficava lá até às 11h e chegava em casa por volta das 00h30. Esse é o dia a dia de muitos jovens da periferia, por mais que queiram demonstrar que somos todos vagabundos, que se fazemos faculdade é às custas do governo, se falamos a respeito destas agressões somos mal agradecidos, ou pior, que se conseguimos cursar faculdade e sair do ciclo de miséria (avós analfabetos, pais sem estudo, filhos idem) todos devem seguir o mesmo caminho — a grande falácia da meritocracia.

Eu e os meus dois irmãos somos os primeiros da família a frequentar a universidade. Eu estou na segunda graduação, desta vez em Direito no Mackenzie e o meu curso agora também custa quase dois mil reais, o qual eu pago sozinha todos o meses além de custear toda a minha vida, algo que faço desde os 19 anos, quando saí da casa da minha mãe. Meu irmão é formado em economia e hoje mora na Europa, com emprego formal há um ano (para as pessoas que moram no bairro da minha mãe, o meu irmão está preso. Eles simplesmente não acreditam que ele pode estar trabalhando em outro país) e o meu irmão caçula é um lindo jovem que cursa educação física e leciona para crianças de 07 a 15 anos.

*

"Meu primeiro emprego de doméstica foi aos 10 anos, eu fazia de tudo. Na hora do almoço eu esperava todos da casa comerem e depois a patroa juntava os restos de arroz e feijão pra me da. E teve um mês que ela não pagou meu salário pq eu quebrei um cisne de decoração. Ela gritava muito comigo."

*

Vejo na página pessoas reclamando de humilhação que sofreram! Graças a Deus em todas as casas em que trabalhei fui bem tratada! Trabalho em uma casa há 5 anos, meus patrões me tratam muito bem! Os filhos deles então me tratam com um carinho imenso! Até banho tomo com a filhinha da minha patroa! Minha patroa é muito boa comigo sempre me ajudou muito! Até me empresta as roupas dela quando tenho alguma festa para eu ir! Quando me casei ele me deu de presente o dia da noiva, no salão que ela freqüenta! Sei que tem patrões que humilham as funcionárias, mas não devemos generalizar

*

Minha mãe tinha 13 anos quando veio pra SP pra tentar a vida numa casa de família, veio de Minas de uma cidadezinha bem pobre, onde mais tarde ela veio a pegar Doença de Chagas porque morava em uma casinha de pau a pique, assim que ela chegou em São Vicente/SP a dona da casa começou a maltratá-la de todas as maneiras, até que um belo dia essa mesma senhora resolveu colocar minha mãe em um cúbiculo no porão da casa, onde havia um velho cinema, ela foi privada de água e comida por vários dias e também da luz do dia, a mulher era simplesmente sádica, um dia um moço que tinha um estúdio de fotografia passou pelo cinema e minha mãe gritou por ajuda, foi então que esse moço bateu na casa da mulher e resgatou minha mãe, com ameaças de que iria denunciar a mulher por cárcere privado.

Ela sofreu demais até ser resgatada, minha mãe é meu maior exemplo de vida, porque ela já passou por muitas coisas e conseguiu com que eu me formasse, hoje ela está lutando contra aneurismas no cérebro, mas está confiante de que tudo dará certo, peço para quem puder orar por ela...agradeço muito...

*

Minha avó tinha uma empregada doméstica, e o irmão dela era pintor.

Uma vez ele foi com seus ajudantes fazer um serviço na casa da minha avó.

Na hora de almoçar, a empregada perguntou o que poderia servir de almoço pra eles, e minha avó respondeu: "Essa gente come qualquer coisa!".

Quando eles terminaram o serviço e foram embora, ela pediu pra empregada lavar todas as maçanetas das portas que eles tinham pegado.

Fora o fato de que a empregada só podia comer na cozinha e usar o quarto e banheiro dos fundos, que ficavam fora da casa, no quintal.

*

Minha mãe, foi empregada doméstica na casa da minha tia, irmã dela que teve a sorte de casar com um homem bem de vida. Para dá um futuro diferente do dela a mim e a minha irmã passou pelas piores humilhações que um ser humano poderia vivenciar. Os legumes e frutas, muitos deles estragados, que a minha tia e algoz da minha mãe não servia a seus filhos ela mandava pra mim e minha irmã, mas minha mãe, solteira, sempre me disse que aquilo era uma fase e que um dia nossas vidas iriam mudar. No dia que ela chegou em casa chorando por que se viu obrigada a comer feijão estragado eu com meus 17 anos e já cursando administração em uma Universidade pública prometi a mim mesmo que ela nunca mais iria passar por esse tipo de provação. Hoje minha rainha é pedagoga, custeei toda a sua graduação e mimos que ela merece, e viu seus dois filhos se tornarem engenheiros. Escreve esse relato com lagrimas escorrendo pelo meu rosto, pois lembro que a minha mãe chegava em casa e corria para o chuveiro para que eu e minha irmã não escutasse seu choro, mas eu escutava e sentia todas as suas dores e ainda sinto todas as vezes em que a família se reuni e a patroa de minha mãe, irmã dela, grita que a vida que temos hoje temos que agradecer e muito a ela. Obrigado, tia!

*

Gostaria de não ser identificada vou contar o relato meu e de minha mãe que trabalhou por muitos anos como empregada doméstica. Ela sempre nós levava por não ter com quem nos deixar, ficávamos sempre do lado de fora da casa para nao incomodar. Ainda me lembro como hj que os patrões estavam almoçando e eu estava sentada no degrau que dava acesso para a cozinha e vi eles comendo quando virão que eu estava olhando fecharam a porta da cozinha, eu tinha uns seis anos me recordo bem.

*

Hoje comecei a ler as coisas postadas na página do face, sinceramente, chorei.

Talvez se fosse outro dia, não tivesse chorado. Ninguém na minha família nunca trabalhou como empregada, mas temos alguém que trabalha conosco, a Janete.

Eu tenho 22 anos, ela tem dois filhos, uma menina da minha idade e um garoto mais novo, mas ao invés de passar tempo com eles, ela sempre cuidou de mim. Até hoje, acho que não tinha percebido, como isso deve ter sido difícil para ela.

Hoje cedo, passei mal, tive uma reação alérgica terrível, liguei para o meu pai me ajudar, ele, mesmo morando perto e tendo carro, não se importou, foi a Janete que foi me ajudar.

Hoje é o dia de folga dela. Ela não se importou, acordou, levantou, foi até minha casa, me conseguiu o remédio e ficou comigo até eu ir embora.

Depois vi as coisas da página, e comecei a pensar, será que eu já fui assim com ela?

Não lembro quando a Janete começou a trabalhar com a minha família, para mim, ela sempre esteve lá. Sempre cuidou de mim.

Quando eu acordo, meu café está pronto, quando chego, tem chá me esperando e meu quarto está arrumado. Nunca precisei pedir nada, tudo está sempre lá, sempre pronto.

Isso me fez pensar, e o resto? Como será que ela se sente? Como eu faço, para nunca fazer essa pessoa que eu gosto tanto, se sentir tão mal como as pessoas que contaram suas histórias na página?

Nunca tinha percebido que durante todos esses anos eu poderia estar magoando alguém de quem eu gosto tanto.

Ela sempre fez tanto por mim e percebi que não faço grande coisa para ela. As coisas que fiz, foram todas sempre simples e bobas. Nada que possa retribuir o quanto ela se deu para mim. Nada além de um chocolate no quarto para ela pegar, ou um bolinho quando ela faz aniversário.

Eu percebi hoje, que ninguém faria por mim o que a Janete faz, e ainda assim, parece que é isso que acontece com as empregadas. Elas precisam ir tão além da própria função, se machucar e se doar tanto, isso é tão absurdamente errado. Ainda assim, não consigo saber como eu faço para a Janete não precisar ser uma dessas pessoas que sofrem tanto. Talvez ela já seja.

Obrigado por criar essa página, pelo menos para mim, foi muito importante. Me mostrou algo muito importante, que todos nós deveríamos ter percebido faz tempo, mas estávamos tão concentrados no próprio umbigo que não tínhamos visto.

*

Minha mãe é empregada doméstica desde os 12 anos e já passou por muita coisa. Lembro de duas situações que eu presenciei quando fui fazer faxina com ela: a primeira foi não poder usar o elevador social, só podíamos usar o de serviço porque a patroa dizia que era pra não sujar; a outra situação é mais complexa. Eu fazia faxina com minha mãe na casa/escritório de uma advogada e quando entrei na faculdade de direito, minha mãe perguntou se eu poderia fazer estágio lá, ela disse que sim e passado algum tempo, comecei. Até então ela nos tratava "bem", apesar de algumas restrições, mas talvez por eu ser a filha da empregada trabalhando pra ela, porém não mais como doméstica e sim exercendo a mesma função que a sua, começou o inferno: ela gritava comigo, falava que eu deveria aprender a me portar na frente das pessoas, quando eu não sabia algo relacionado ao trabalho dizia que eu já estava na faculdade e que o que ela havia perguntado era ensinado no 1º semestre, etc. Eu chorava todos os dias no banheiro, até que um dia disse à minha mãe que não aguentava mais estagiar lá e saí. Isso tem 8 anos e minha mãe trabalha na casa até hoje, eu jurei que não iria mais pisar lá mas no ano passado minha mãe precisou de ajuda e eu de dinheiro, então fui mais uma vez.

*

O relato é de uma amiga. Ela trabalhou muitos anos para uma família. Quando engravidou, a patroa piorou bastante a forma de tratá-la.

Ela sentia muitas tonturas e o médico recomendou cautela e proibiu algumas tatefas.

Uma delas era subir em escadas. Porém, naquela abastada residência, não havia escadas e sim um banquinho manco.

Ela então mostrou as recomendações por escrito feitas pelo médico. Ficou combinado que ela não limparia em cima das coisas até o final da gravidez.

Um dia, a patroa chegou brigando muito e perguntou motivo de não limpar em cima do armário ou das janelas. Ela esclareceu que já tinham falado sobre isso e que o médico recomendou pelo risco de cair e perder o bebê.

A resposta da patroa: "Quem liga? É só um pobre a menos no mundo!" Ela passou mal e quase teve o bebê prematuramente.

Essa foi uma das situações que ela passou. Vou contando aos poucos e enviando os relatos a página.

Parabéns pela iniciativa de dar voz a esses trabalhadores que diariamente passam por sofrimentos inimagináveis. E também por não ter desistido do seu sonho.

*

Eu era estagiária em um escritório de arquitetura de alto padrão. Minha responsabilidade era cuidar da entrega dos moveis de uma cliente (Juliana) que morava num apartamento bem milionário aqui em São Paulo.

A empregada dela tinha 3 anos menos que eu, uns 18 anos. Se chamava Andrea. Ficamos amigas pois passamos semanas lá, no apartamento, esperando os móveis. Andrea queria ser professora de geografia e eu já estava terminando a faculdade. Eu conversava com ela sobre como ela poderia conseguir. Incentivava pois eu tinha bolsa e sabia que era possível. Fiz uma lista de livros para ela ler pro vestibular e trouxe varias informações das inscrições. A Andrea ficou muito empolgada e disse que iria prestar naquele semestre mesmo.

Bom, depois daquelas semanas, eu não vi mais a Andrea porque não fui mais no apartamento. Uns 3 dias depois, a cliente Juliana ligou no escritório e ficou muito tempo no telefone com minha chefe. Depois, minha chefe disse: Vc fez merda e vai ter que arrumar. Liga pra Juliana que ela quer falar com você e depois teremos uma conversinha.

Liguei pra cliente e ela começou a gritar no telefone comigo dizendo: Que direito você tem de falar aquelas idiotices pra Andrea?! Agora ela quer fazer faculdade a noite e ter folga no fim de semana!! O que você enfiou na cabeça dela?? Você acha que ela vai ser alguém um dia? Ela é MINHA empregada!! Quer dizer, era porque tive que manda-la embora. Não gosto de empregada que pensa!!!

Nossa!! Eu fiquei muda!! Nunca imaginei ouvir tudo isso. Depois que ela bateu o telefone na minha cara eu vi que minha chefe estava na extensão. Ela me falou mais um monte de besteira e me proibiu de falar com as empregadas dos clientes.

Nunca me esqueci da Andrea e espero que ela tenha virado professora e seguido seus sonhos!

*

Minha vó foi empregada doméstica de várias famílias ricas. Em 1958 ela trabalhava pra família mais rica de São Paulo, mulher negra, bonita, era assediada pelo patrão o tempo todo, a patroa fazia vista grossa, era como na época da escravidão mesmo, elas sabiam e tinham aquilo como um hobby para o marido. Minha vó engravidou e até hoje não sabemos se foi estupro ou não. Ela nunca contou esta parte, mas também não negou. A patroa deixou ela morando lá até o bebê nascer, como minha mãe nasceu branca e parecida com o patrão, a patroa propôs a ela para que ficasse com a bebê, mas minha vó teria que ir embora. Desesperada, minha vó fugiu com minha mãe e durante muitos anos ela negou esta história, pois tinha medo que minha mãe o procurasse. Um dia, em confidência a uma tia, ela contou a verdade. Mas minha mãe tem quase certeza que foi um estupro e, por isto, ela não faz nenhuma questão de ir procura-lo.

*

Gostaria de contar um relato, a D. da casa é uma dondoca mesquinha que vive pra gastar o dinheiro do marido e ser servida. Um dia, na hora do jantar, usei um pouco de pimenta do reino dela para colocar no meu prato. A mulher fez um escândalo, disse que aquilo era muito caro, que aquelas pimentas era dela e da família dela. Não era pra eu usar na comida da empregada. — Onde já se viu? Uma pimenta de 17 reais (só porque vinha naqueles moedores) a empregada colocar no prato. No dia seguinte comprei as pimentas com moedor mais caras do supermercado, levei pra casa dela. usava em todas as comidas da casa, colocava na mesa a minha pimenta, oferecia para os convidados dela, usava a rodo. Eu sentia o constrangimento e a raiva dela, mas ela não podia fazer nada, eu estava sendo "legal". Uns 3 anos depois, vocês não sabem o que eu encontro, vencida, bem escondidinha. AS PIMENTAS. Era tão caras e ela deixou apodrecer.

*

Toda vez que minha mãe voltava da casa da patroa dela, ela trazia vários pães vencidos, dizendo que a patroa tinha dado pra ela e dito que ainda estavam bons para comer, pois nem estavam vencidos.

Na casa de outro patrão, uma vez ela comeu um chocolate e no dia seguinte ele deixou um bilhetinho pedindo que ela não comece nada de lá, que levasse sua própria comida.

*

Olá! Estou muito feliz de alguém ter tomado a iniciativa de criar uma página onde expõe o preconceito que muitos dizem não existir. Quero também deixar o relato de uma péssima experiência que tive de conviver.

Minha mãe é empregada domestica e já passou por muitos maus bocados na vida. Lembro-me de um deles, quando eu tinha mais ou menos seis anos, em Caruaru, e minha mãe passava a semana na casa da patroa, num quarto muito pequeno perto da garagem, mal cabia à cama e não tinha luz. E lá, minha mãe tinha que levar minha irmã caçula e só voltava no fim de semana pra casa. Eu, como mais velha, não podia ir junto, e ficava a semana inteira sem vê-las, meu pai ficava como tutor, mas ele não trabalhava e nunca cuidou de mim de verdade. Certa vez, minha mãe resolveu me levar pra passar a semana na casa da patroa dela e deixou minha irmã com meu pai. Lá, vi tudo de mau que uma empregada domestica passa, lembro que não podíamos comer comida com mistura, não podíamos comer nada da geladeira, e eu só podia brincar na garagem. Próximo da sexta feira, a patroa pediu que não me trouxesse mais, pois segundo ela, eu fazia muita bagunça.

É isso, obrigada.

Beijos!

*

Essa história aconteceu aos meus 20 anos, hoje estou com 31!

Venho de família humilde onde não tenho mãe. Faleceu em um acidente nos trilhos do trem da cidade de Aparecida -SP. Após seu falecimento, viemos para a capital de SP — Capão Redondo.

Meu pai sempre foi alcoólatra, nunca foi presente. Sustento meus irmãos de 9 e 13 anos com a ajuda do meu irmão de 21 (na época). Sempre passamos muitas necessidades e até mesmo fome, decidi então aos meus 16 ir trabalhar. Vou resumir se não fica enorme.

Lembro exatamente da cena... Chegando numa mansão extremamente luxuosa no Brooklin, contratada através das revistas da Folha, a dona da casa viúva chamada Viviane por volta de 46 anos e seu filho Eduardo com mais ou menos 25 anos me recepcionou com bastante nojo! Não encostou em mim em momento algum e manteve distância o percurso todo ao me apresentar a casa (falava até alto para não chegar perto). No mesmo dia comecei ali... Não queria, mas precisava. Ao decorrer dos dias até pareceu que eles tinham o mínimo de empatia por mim! Mas foi aí onde eu me enganei. Me tratavam como lixo! Me humilharam.

Sempre tive costume de uma vez ao ano fazer exames de HIV no posto de saúde que fica na região da Corifeu de Azevedo Marques... Sempre entrava as 6 AM. E no dia do exame pedi para entrar depois do almoço pois o percurso é longo. Minha patroa perguntou o porquê e eu disse que era para fazer exame de AIDS/HIV. E tive que ouvir um "Favelada sai dando para todo mundo tem que até fazer exame pra ver se tem alguma doença, são tantos..."

Naquele instante não resisti e chorei horrores. Foi talvez o segundo pior dia da minha vida, porque o primeiro foi quando aquele monstro do filho dessa abençoada me assediou. Passou a mão por todo o meu corpo, manteve contato oral com meus seios... enquanto eu o empurrava eu o ameaçava gritar pedindo socorro, e ele disse que se eu fizesse isso ele iria me matar. Disse bem assim "Eu mato você. Minha mãe tem dinheiro e nem para a cadeia eu vou, se eu sumir com algo da casa e dizer que foi você, você apodrece lá. Tem certeza que quer ir contra a palavra de um branco? Eles irão acreditar em quem?"

Nunca fiquei tão trêmula e desesperada na minha vida. A minha sorte foi que o telefone celular dele tocou e deu tempo de eu sair de perto. Peguei a chave abri o portão e saí correndo dali. Deixei todas as minhas coisas na casa deles, estava desnorteada.

Fui direto para a minha casa se encontrar com o meu irmão para irmos à delegacia, a sorte é que ela sempre dava o dinheiro da volta e o da ida do dia seguinte assim que eu chegasse na casa dela, abri um boletim de ocorrência e nunca mais voltei naquele lugar que só de pensar me dói!

Hoje, fico também com a violência psicológica porque até o cachorro comia na cozinha e eu tinha que comer na lavanderia.. Minha marmita porque a comida deles era justamente para eles... E jogavam fora quando sobrava.

Foi o pior momento da minha vida. Daí em diante decidi crescer na vida. Fui terminar o ensino médio em escola pública, estudei muito e vendia Suflair nos faróis, com o dinheiro arrecadado eu ia em Lan House estudar ainda mais. Até que o meu professor de História chamado S., professor não, um anjo! Me incentivou a prestar para todas as faculdades possíveis e fora as horas na Lan House ele ia na minha casa aos sábados me ensinar ainda mais. Passei na UNIP, entrei na faculdade de arquitetura com 75% de bolsa. Os outros 25% ele decidiu pagar para mim! Graças à ele também, no primeiro ano de faculdade consegui um estágio para ganhar 900 reais por mês. Fui subindo na empresa e hoje comprei um apartamento no valor de R$ 200.000,00 financiado em 10 anos. Me casei, e continuo morando com meus irmãos menores, pois meu irmão mais velho está em Recife, conheceu uma pessoa e foi pra lá. E esse professor S. é padrinho de meu casamento! Venci na vida! Graças a Deus.

*

Queria contar a minha história. Minha avó foi doméstica, minha mãe prestava serviço em casas, trabalhou muito cedo e comigo foi um pouco diferente. Não fui doméstica, mas prestava serviços para uma casa de festas infantis. Sempre trabalhei na cozinha ou nas banquinhas no salão, fazendo cachorro-quente, crepes, pipoca, mas um dia fui convidada para trabalhar nos brinquedos como monitora. Na época, me senti aumentando um status, já que era um lugar onde a maioria dos estudantes de educação física trabalhavam, então eu com 16 anos, revezando meus horários da escola pra estar lí, me senti com o trabalho valorizado. Porém, um dia, um problema aconteceu. Uma criança se machucou na cama elástica, enquanto eu trocava de brinquedo com meu colega. Estava ainda me desatando do rappel, para ir para a cama elástica, mas meu colega saiu antes da cama, deixando uma criança sozinha. Ela machucou o joelho em um canto duro, começou a chorar e vi meu colega, que preciso informar que era o enteado da minha chefe, sair mais rápido de perto da cena. Desatei tudo que me prendia ao rappel e fui acudir a criança. Os pais me tranquilizaram, dizendo que estava tudo bem, que não tinha sido nada, mas a chefe me fuzilou com os olhos! No final da festa, me humilhou na frente de todos e o enteado também. Nas próximas festas, passei ficar responsável pelo banheiro, porque ela disse que se eu fizesse uma "cagada", ninguém veria. Trabalhei na limpeza do banheiro tranquilamente, mas me doía no coração aquela humilhação pública que tive no pós-festa e que minhas tentativas de argumentar não valiam nada. Tentei justificar o que tinha acontecido, mas o enteado tirava o corpo fora. Não tive voz. Fiquei trabalhando lá até os 18, desempenhando diversas atividades, dependendo do humor da chefe (um dia ela me chamou de FDP, só pra demonstrar o tipo de humor a que me refiro) quando entrei na universidade pública. Até hoje me pergunto, que relação é essa de poder que fazem alguns se acharem mais que os outros? Quando sairemos dessa relação colonial? Muito caminho pra andar ainda, meninas. E muita luta.

*

Eu comecei bem cedo a trabalhar como doméstica pq precisava ajudar minha familia.

Hoje não entendo como podem dar emprego a uma menina de 12 anos mas na época eu achava que tive sorte por estar empregada e poder levar dinheiro pra casa.

Passei vários casos vexatórios, porém pra mim os mais marcantes foram duas casas que trabalhei.

Eu, negra e de família pobre.

Trabalhava numa casa que precisava dormir pra cuidar de uma bebê.

Ela me fazia limpar os objetos sexuais dela, sim eram pênis plasticos e eu tinha que limpar pq como ela dizia eu era paga pra isso.

E quando eles saiam de casa o filho dela que já era um homem casado, ia pra casa que eu trabalhava ligava a TV em um canal pornô e nossa só de lembrar me arrepio do medo que eu tinha de ser estuprada por ele. Eu me trancava no quarto da criança levando comida e agua apenas pra ela. Por vezes passei o dia segurando a fome e a vontade de ir ao banheiro com medo de sair do quarto.

E ao tentar conversar com ela, ela me demitiu dizendo que eu era uma neguinha favelada mentirosa. Eu tinha 12 anos.

O segundo caso, foi em outra casa que eu trabalhei que a patroa me obrigava a lavar a mão as calcinhas dela sujas de coco e menstruação.

Nesses tempos eu experimentei como o ser humano pode ser mal e durante muito tempo eu acreditava que estava vivendo um pesadelo.

Hoje tenho 30 anos e trabalho numa empresa, e sim, ainda conheço algumas pessoas que se acham mais que os outros mas nada se compara as humilhações que passei como doméstica. Por vezes eles acham que vc é um escravo.

Quero deixar claro que eu comecei a trabalhar cedo não por culpa de minha mãe, ela assim como eu começou cedo também. e na época meu pai nos abandonou e meu irmão era pequeno. não tínhamos nada em casa e ela não tinha estudo. O que propiciou que pudéssemos comer e vestir foi o trabalho dela e o meu. Minha mãe é uma guerreira e tambm passou inumeras humilhações trabalhando como doméstica. Nunca me deixou parar de estudar apesar de toda dificuldade.

*

Eu trabalho desde os 15 anos e sou formada professora de educação infantil. Porém, com as dificuldades de se conseguir emprego na minha área e com a falta de dinheiro, resolvi arriscar como empregada doméstica.

Minha experiência durou apenas 3 dias e foram os mais humilhantes da minha vida. Logo no primeiro dia, eu ja tive que fazer serviço acumulado de meses, não pude comer na mesa e nem a mesma comida, além do patrão olhando o tempo todo e dando a entender coisas desagradáveis.

No segundo dia, ela me colocou pra passar roupas *que não era minha função* e disse que era pra ocupar meu tempo vago, uma vez que ela não me pagaria pra ficar parada.

No último dia, o pior de todos, eu ja exausta de tantas humilhações, de ouvir que tinha que fazer tudo do jeito dela, de ter que ouvir cantadas desaforadas do patrão e ter que ouvir que teria que lavar o banheiro com escova dental, ainda tive que lavar o canil descalça pisando nos excrementos do cachorro e ouvir que eu teria que lavar calcinhas enroladas e sujas de menstruação "na mão" pra não estragar a renda…

Não apareci no quarto dia e recebi os dias que trabalhei com desconto por uma garrafa de vinho que supostamente desapareceu enquanto eu trabalhei lá.

Obrigada pela oportunidade de poder mostrar às pessoas, o quanto as domésticas sofrem na mão de alguns patrões!

*

Minha mãe de origem muito humilde começou a trabalhar como babá e empregada doméstica aos 12 anos de idade. Minha avó foi abandonada pelo marido, tinha 5 filhos e nenhuma formação. Por necessidade, precisava encontrar um emprego para que a filha mais velha, no caso minha mãe, ajudasse a sustentar a família.

Na primeira casa em que trabalhou e viveu os patrões não ofereceram-na um quarto, uma cama ou qualquer dignidade. Deram-na um TAPETE NO CHAO para dormir. Como minha mãe não podia perder aquele emprego, aceitou a oferta. Trabalhou meses nessa casa até que a minha avó humilhada e enfurecida pelo o desrespeito tirou-a de lá.

Na segunda casa em que trabalhou, todos dias os patrões comiam com fartura: queijo, presunto, suco de laranja, café. Mas não a "empregadinha". A empregada, que cuidava da filha deles com amor e dedicação, que servia a mesa e tornava o ambiente mais confortável a todos, podia comer apenas café com pão dormido. Um dia, após a senhora sair, minha mãe encheu um pão com bastante queijo para matar a vontade de todos os dias. A patroa voltou e despediu minha mãe por não saber respeitar a comida dos outros.

Essa história aconteceu há mais de 40 anos, mas a realidade no Brasil ainda é a mesma. Milhares de meninas de baixa renda são exploradas por famílias em todo país. Hoje minha mãe não dorme mais no tapete, tem seu próprio dinheiro e alcançou um bom nível financeiro graças a seu trabalho duro, mas ela nunca se esquece desses dias. Hoje milhares de meninas estão no lugar que já foi da minha mãe.

PATROA; você roubou os dois relógios da minha filha, um não faço questão mas o outro custou R$7.000 mil reais e quero ele de volta, ha não precisa já achei os dois estava aqui no guarda roupa. Se quer me pediu desculpas por me acusar.

*

Sou V., moro no extremo Sul da capital paulista. Minha mãe é empregada doméstica, e ela me relatou uma coisa esses dias que eu fiquei muito feliz!

Eu sou bolsista integral pelo Prouni, e estudo na mesma faculdade que a a filha da patroa.

Conversa vai, conversa vem ela soltou a notícia da minha bolsa na Anhembi Morumbi para a chefe, e ela embasbacada soltou que a filha estuda na mesma univesidade, porém pagando. Hehehe, minha mãe, nordestina, deve ter ficado muito orgulhosa, né não?

*

Sou neta da Dona M. que trabalhou desde os 7 anos de idade.

Ela trabalhou como empregada doméstica em uma casa por mais de 35 anos (foi contratada como cozinheira, mas quando chegou lá…)

Todos esses anos dedicando todo seu tempo ao trabalho, "deixando de lado" seus filhos (não porque ela queria mas porque precisava trabalhar)

Ela falava que o patrão dela "deu" um terrreno (com uma casa de dois comodos, na época era um bairro afastado, com brejo na parte de trás) a ela. Mas ela não notou que era mais lucro para ele fazer isso que dar o dinheiro de uma época em que minha avó passou 20 anos sem ganhar férias nenhuma. Sendo que durante um ano a patroa cobrou aluguel da minha avó sem que seu marido soubesse.

Há algum tempo esse patrão visitou a casa da minha avó e ficou com um olhar de supreso, quando chegou em casa passou mal. Minha avó disse que foi remorso. "Remorso porque ele achou que com aquele "belo salário" (como ele dizia) eu tinha uma casa "arrumadinha", mas ele não contava com chão de cimento, paredes de reboco, lençol no lugar de portas. Ele tá acustumado com luxo" , disse minha avó.

A patroa sempre dava presentinhos pra familia, mas quando minha avó ia falar dos seus direitos, dizia que só valia para as empregadas mais novas que estavam entrando agora.

Quando eu falei para minha avó da vontade de fazer um curso de inglês, ela disse para a patroa que precisava de um ajuste no salário dela, pois não estava recebendo conforme seus direitos. A patroa resolveu pagar a escola para mim (era muito mais barato que pagar os direitos da minha avó).

Lembro-me quando minha avó pintava o cabelo e me pedia para fazer chapinha, o seu rosto luminoso quando se olhava no espelho e resgatava sua vaidade, pois não tinha tempo para isso. E quando chegava em casa, ela vinha se queixando que a patroa colocou algum defeito em sua aparência, "não gostava da cor do cabelo"...

Quando cheguei com a noticia que tinha passado em um vestibular minha avó e mãe se encheram de alegria (mesmo elas trabalhando como empregada e passando por poucas e boas, preferiram me colocaram em escola particular na infância para que eu pudesse ter um "melhor aprendizado", como diziam. A patroa achava um absurdo eu em escola particular). Minha avó contou para sua patroa e a reação foi : "haa mas tem futuro isso que ela escolheu?". Toda vez que eu chegava no emprego da minha avó e se "faculdade" fosse o assunto, a patroa fazia questão de dizer como seus netos estudaram nas melhores faculdades, nas mais caras e como eram bem sucedidos, mas ela sempre me questionava se eu ia aguentar pagar a faculdade, se dava dinheiro, se eu havia escolhido o curso certo e se eu já havia arrumado um emprego para fora da faculdade. Minha avó dizia para eu não ligar pra tudo isso, porque "ela acha que neta de empregada e de preta não pode estudar, só trabalhar, por isso eu esfrego na cara dela mesmo. Eu me mato de trabalhar, mas você vai estudar e não vai servir a eles".

Sempre que minha avó caia, se machucava no serviço ou sentia alguma dor a patroa queria alto medica-la, "não era nada" (minha avó já trabalhou até de braço quebrado), ela tinha que ir trabalhar até quando os patrões estavam viajando, para cuidar das plantas da casa (sendo que uma outra empregada deles morava lá) E quando minha avó faltava era pelo menos duas ligações ao dia.

E nisso ela continuou seguindo...Sofrendo com chantagens emocionais da patroa e ganhando migalhas para ficar quieta.

Uns dos últimos dias da minha avó nessa casa, houve o desaparecimento de uma bolsa em que a patroa guardava dinheiro, e minha avó ficou magoada com a possibilidade de certas insinuações serem para ela (ela achou a bolsa, "tinha esquecido onde tinha guardado"). Até que minha avó descobriu que tinha um problema grave e ireversível no coração, foram visitar ela no hospital uma vez, e quando souberam que ela não poderia voltar a trabalhar, não foram mais. Minha mãe entrou em seu lugar no emprego como empregada doméstica, pois eles não queriam "gente doente" na casa deles (essas foram as palavras) mas minha mãe não aguentou se submeter a aquelas humilhações.

Ela dizia que eles falavam mal da minha avó para ela, que sempre falavam dela como "barraqueira", briguenta...Até que um dia minha mãe disse ia deixar o emprego para que pudesse cuidar da minha avó, e a resposta deles? "Meus pêsames". Eles pediram para minha mãe pegar o dinheiro dela, mas ela não aceitou, então a patroa segurou a mão da //minha mãe e o patrão colocou o dinheiro nos seios dela, enquanto ela dizia que tinha orgulho da mãe e que não era igual a alguns filhos que só ia atrás dos pais por dinheiro. Eu sei porque estava presente nesse dia, fiquei sem reação e vi minha mãe sair chorando daquela casa, se sentindo humilhada.

Finalmente minha avó colocou eles na justiça.

Foi o advogado dele e uma funcionária de sua empresa (sendo que ela trabalhava na casa dele, não na empresa), lá eles humilharam minha avó dizendo que "deram" muita coisa para ela...Enfim, minha avó humilhada e com o valor que não chegava a ser nem a matade dos direitos que ela teria de receber (pela justiça ela só ganharia de acordo com o tempo que a lei atual das empregadas começou a agir. Ela perdeu uns 30 anos de direito).

Tudo isso que eu contei foi só parte de muitas situações humilhantes que minha avó já passou, eu sentia que ela era como uma escrava, as vezes até ia trabalhar na casa dos parentes dos patrões (nem mencionei as experiências horriveis da minha mãe que trabalhou para os parentes deles também).

Me dói o coração ao ver as lágrimas em seus olhos quando ela conta a alguém as humilhações que passou nesse emprego, a dedicação que teve e como foi tratada como lixo e jogada fora por aquelas pessoas.

Pelo menos hoje ela tem tempo para a familia e o mais importante: para ela mesma.

*

Minha mãe trabalha na área da limpeza em um lugar onde tem pessoas da área da educação (isso mesmo, educação).

Segundo ela (e eu já vi), as pessoas não respeitam se ela e suas colegas de serviço estiverem limpando o local, sempre dão ataques de fúria quando algo não está ao gosto deles (em certa ocasião vi uma mulher berrar com minha mãe por algo que nem era culpa dela, e depois dizer que não fez nada). Nos banheiros a turma é porca (bem esse termo mesmo), jogam papel no chão e outras coisas que vocês já possam imaginar.

Minha mãe diz que tem gente que é até simpática com elas, mas outras falam "que nojo" a cada vez que minha mãe passa para limpar as coisas.

*

Acho que já deu para perceber a importância da sua página, então, vou me contentar em parabenizá-la por dar voz a essas histórias.

*

Tenho uma para contar, de uma copeira que conheci há alguns anos e por quem tenho imensa admiração. Ela trabalhava desde os 14 anos em SP, em uma casa de família, ajudou na criação dos filhos, incluindo os cuidados com um garoto deficiente que vivia acamado. Por mais de 20 anos, trabalhou na mesma casa, onde também morava, e executava as tarefas com perfeição, com raras folgas aos domingos.

Um dia, por conta do trabalho árduo, precisou fazer uma cirurgia no joelho, dessas que necessitam de repouso absoluto para recuperação. Mas ela morava na casa dos patrões e foi obrigada a continuar fazendo os 'serviços mais leves', como passar a roupas (oi?). Como ela não conseguia ficar em pé, passava a roupa ajoelhada, apoiada apenas no joelho bom, enquanto o outro ainda estava engessado. Ela sempre sofreu alguns excessos por parte da família, mas, sempre que falava desse caso, se emocionava.

Depois de tantos abusos, uma amiga lhe falou sobre um concurso público, ela estudou e foi aprovada como copeira. Trabalhou por mais 30 anos neste local, onde a conheci, pois, claro, antes não tinha direitos trabalhistas, e se aposentou com quase 70 anos. O trauma foi tanto que precisou de anos de terapia para superar. Ela me disse uma vez que foi na psicóloga que percebeu que era uma pessoa, que seus sentimentos também importavam e que ninguém poderia tratá-la como alguém inferior. Mesmo com essa história de vida conturbada, é uma das pessoas mais sábias e fortes que conheço, com um astral incrível, impossível não se apaixonar por ela! Acho que essa era a melhor resposta que poderia dar a tudo que houve: mesmo com tanta crueldade, não se igualou, se manteve generosa, sorridente, cultivou amizades e encontrou a felicidade de aprender a se amar.

Que sua página, mais que conscientizar, traga mudanças efetivas na sociedade. Sucesso!

*

Eu morava eu uma cidade do interior de Goiás e minha mãe foi para Goiânia tentar uma vida melhor, logo empregou-se como doméstica em uma casa de família. Ela morava nesse emprego. Quando eu terminei o EM na minha cidade, eu disse para minha mãe que queria fazer medicina. Apesar de ser um sonho praticamente impossível, ela me apoio e conseguiu uma bolsa de estudo em curso pré vestibular, mas era apenas por 6 meses.

Minha mãe perguntou a patroa se eu poderia morar com ela no emprego, pois eu queria tentar medicina. A patroa riu, disse que filha de empregada não poderia ser médica, assentiu, mas o salário teria que ser revisado, pois era outra boca para comer. Além disso, minha mãe teria que trabalhar mais. Minha mãe concordou.

Ironicamente, o filho da patroa já tentava medicina por 3 anos, sem obter êxito em nenhum vestibular. Passado 6 meses, minha bolsa tinha expirado, eu não tinha sido aprovada, mas continue a estudar na casa da patroa mesmo. Estudava com qualquer livro, não tinha uma rotina, ajudava minha mãe com afazeres da casa. Mas isso começou a incomodar a mulher, que passou a humilhar minha mãe e a mim. Falava para por-me no meu lugar.

Uma dia teve um almoço na casa, tinha muitas pessoas nesse dia, quando minha mãe estava servindo a mesa, a patroa pediu para ela dizer para todos o que eu queria ser, humildemente ela disse MÉDICA, isso serviu de chacota. Minha mãe saiu chorando da sala humilhada.

Um dia, o filho da patroa perdeu um dos livros do cursinho e a patroa pois na cabeça que eu tinha pegado. Foi no nosso quarto e revistou tudo, como não achou, acabou descontando o livro no salário da minha mãe. O livro custava uns 120 reais, ela descontou 380,00. Se quebrasse um copo, mesmo que fosse um de extrato, era descontado no salário. Minha mãe trabalha de domingo a domingo, não tinha férias, cuidava da mãe da patroa com alzheimer, que incluía dar banhos, trocar fraudas, dar remédios e perder noites e noites de sono. A patroa era tão perversa que ela mesma fazia compras, listava tudo, contava todas as frutas e verduras que tinha comprado, de modo que, se alguém pegasse uma banana ela saberia.

O filho da patroa me deu a senha do wi-fi da casa para estudar, mas quando ela descobriu, ficou furiosa, trocou a senha do roteador e falou para minha mãe se eu quisesse usar, era para ela pagar 150,00. Isso porque o combo de internet, tv a cabo e telefone não era nem 200,00.

Obviamente eu me sentia um lixo, por fazer minha mãe passar por essas rotinas de humilhação, mas ela insistia que eu tinha que estudar, que só aguentava aquilo por ser o único serviço que aceitava que morássemos.

Felizmente minha aprovação veio com um ano e meio de estudo, passei em um universidade publica. O filho da patroa ainda não tinha conseguido. quando ela descobriu que eu tinha sido aprovada, ela ficou furiosa. Disse que o nível das universidades públicas vem caindo por culpa de pessoas como nós. Que se não fosse as cotas, eu não teria passado. O nível de revolta dela foi tão grande, que ela demitiu minha mãe no mesmo dia por justa causa e denunciou minha mãe por ter agredido a mãe dela (a senhorinha com alzheimer), obviamente calúnias. Nada foi provado, minha mãe saiu daquele emprego de cabeça erguida e moveu um processo contra ela, por assédio moral, calúnia e danos morais.

Mudamos para outro estado, não foi fácil, passamos por dificuldades, pensei em desisti do curso, mas me lembrava que essa era a única oportunidade para dar um futuro tranquilo para minha mãezinha. Inicie meus estudos (estou no 4°período) e ela arrumou outro emprego como doméstica. Eles não nos trata como se fossemos da família, mas o principal temos deles, DIGNIDADE E RESPEITO.

*

Olá! Sou de uma família grande de 9 irmãos. Meus irmãos mais velhos passaram muito trabalho, pois éramos muito pobre e eles cedo tiveram que deixar de estudar para trabalhar. Minha irmã mais velha começou a trabalhar com doze anos em casa de família, ela conta que comeu o pão que o diabo amassou nas casas que passou. Por ser muito nova se prevaleciam tratavam com descaso e não tinham paciência. Ela conta que qdo tinha 15, 16 anos uma patroa dava resto de refrigerante dos copos para ela tomar qdo ia almoçar depois deles. Certa vez os patrões levaram ela para uma Estância, lá colocaram ela pra dormir num quarto separado da casa escuro não tinha luz nem banheiro. Foi o piores dias da vida dela. Com medo de noite e com muita vontade de ir ao banheiro ela diz que não teve opção e fez xixi num balde e jogou pela janela. Não lembro se nesta mesma casa ela foi picada por uma enorme aranha pois o quarto em que ela dormia tinha muito entulhos quase um depósito. Nesta Estância tinha um homem que trabalhava lá, este homem não parava de olha-lá e ela tinha medo dele. Como tinha que fazer as refeições depois dos patrões, o homem jantava com ela. Com medo nem olha para cara dele. Ele olhou para ela e disse: Quer namorar comigo? Ela se apavorou não disse nada, e saiu correndo. Só Deus mesmo pra proteger minha irmã. Porque se dependesse dos patrões negligentes e irresponsáveis? Por ela ser menor tinham que zelar pela segurança dela.

*

Minha mãe foi empregada doméstica quando era muito nova. Trabalhava pra uma prima dela da "cidade grande" que a tratava em condições sub-humanas. Quando saia trancava a casa pra que minha mãe não saísse, tinha cadeado na geladeira e armários e minha mãe fazia somente uma refeição por dia e não podia comer carne. Não recebia salario, em troca recebia a "alimentação" e roupas usadas da prima como pagamento. Minha mãe conheceu meu pai, casou, terminou os estudos, abriu uma empresa e fez faculdade. Hoje é microempresária e me ensinou os grandes valores da vida. Muito orgulho!

*

Nos anos 90, minha mãe trabalhava de empregada na casa de uma doutora aqui em Goiania.
A mulher tinha dois filhos homens, ja na adolescencia, e no dia a dia minha mãe nao se dava muito bem com um deles, pois era bem marrento. Não comia o que ela fazia, quebrava coisas pra ela limpar, era um tipico 'gentleman'.
Certa vez, minha mãe chegou em casa arrazada, pois o garoto que nao se dava bem com ela, havia apalpado ela, achando que 'era isso que ela queria'.
Minha mãe chegou a contar pra patroa, mas a mesma garantiu que o filhão dela nunca faria aquilo.
Minha mãe pediu pra sair, e nunca mais trabalhou de empregada.

*

Praticamente todas as mulheres da minha família iniciaram suas vidas como empregadas domésticas. Minha vó foi escravizada (porque essa é a palavra certa) desde criança. Minha mãe, ainda adolescente começou como babá em casa de família. Minha tia atualmente está se recuperando de crises de asma e uma pneumonia que adquiriu devido ao excesso de trabalho com água e produtos químicos (as irmãs da patroa dela levam as roupas de casa para ela lavar, como se ela trabalhasse em mais de uma casa). Como ela estava precisando pegar vários atestados, decidiu entrar de férias para poder descansar. Fez esse pequeno desabafo no Facebook... e quase perdeu o emprego.

*

Na minha família por parte de mãe a maioria das mulheres já trabalhou como empregada doméstica. Eu fui babá aos 09 anos, minha mãe criou os três filhos assim e antes dela a minha avó Regina também foi doméstica.

Eu uma das casas onde ela foi fazer faxina, no primeiro dia de trabalho, chegou a hora do almoço e ela ouviu a patroa gritando "Regina, vem almoçar". Minha avó, que já tinha trabalhado a manhã inteira sem receber nem um copo d´água atendeu na hora. Chegando na cozinha a patroa respondeu sorrindo "Não é você não, to chamando a minha cachorra. Não trouxe sua marmita?"

No desejo que nossa voz ecoe, que os privilégios sejam rompidos e histórias como essas nunca mais sejam contadas.

*

Trabalhei em um escritório e por uma época em que eu estava completamente cansada e não cuidava da minha aparência, minha superior me chamou no canto e disse que eu deveria me arrumar mais, pois andado daquele jeito eu parecia uma empregada doméstica, não uma estagiária. Disse que amarrando o cabelo em um coque parecia que ia limpar os banheiros, igual a Dona Joana (quem fazia a limpeza do local), ainda mais sendo escurinha como ela. Oi?

Até hoje não entendo qual o problema de se parecer com a Dona Joana, que não se veste de terninho para trabalhar, mas que é uma excelente profissional e sabe tratar as pessoas muito bem.

*

Assim, sempre fui de uma família pobre, já passamos altas necessidades no rolê e, tentando desviar delas e se rendendo a contradição de não ter segundo grau completo, minha mãe foi pra vida de doméstica. Substantivo forte esse! DOMÉSTICA. Dos muitos lugares que ela trabalhou, a casa grande de primeiro andar da senhora contadora foi uma das que frequentava, as vezes, com ela. Não tinha costume de ir nos rolês que mainha ia faxinar. Eu estudava com a filha da dona numa escola pública de referência. Isso não dizia muito da nossa diferença.

Um dia, enquanto minha mãe trabalhava, saímos da escola e fomos a casa dela. Sumiu um Toddynho da geladeira dos 4 que tinham. Uma confusão. A gente nunca acha que pra gente rica, ou que se diz rica por poder dar míseros 800 reais pra alguém limpar sua casa, pequenas coisas farão falta. Nunca mais nos falamos. Depois de umas semanas mainha saiu do emprego. Claro que ela soube da história. A minha relação cá amiga nunca mais foi a mesma. Lembro nome, rosto e de tudo como se tivesse acontecido ontem. A idéia de superioridade que a representação patroa tem pode não ser hereditária, mas atrapalha e muito as relações.

*

Fui indicada a cobrir férias na casa de uma senhora No Ibirapuera.

Já havia conversado com ela no telefone e fui no dia seguinte no horário combinado.

Chega do lá ela me entrevistou pelo portão.

— QUEM É?

—BOM DIA MEU NOME É MAGDA, NOS FALAMOS ONTEM POR TELEFONE.

(ela sabia quem eu era pois tinha visto pela câmera)

— MAIS VOCÊ É MUITO NOVA, ONDE VOCÊ MORA?

— CAPÃO REDONDO

— ESPERA AÍ!! Ela me deixou esperando vinte minutos.

Quando eu entrei me mando colocar um uniforme.

Era um vestido.

Falei que estava menstruada pra desbaratinar, mais ela me disse que eram normas da casa por que algumas meninas já foram fedendo.

Mano que ódio daquela mulher.

Resumindo. Ela tinha um lugar cheio de pássaros presos.

Dentre ele uma arara super brava claro né! !

E eu tinha que limpar mesmo morrendo de medo.

O filho dela olhava pra minha bunda. E assim foi quase um mês por que não aguentei e saí antes!

*

Já tive muitas experiencias ruins. Mas gostaria de relatar uma experiencia boa, essa sim me marcou muito, e é essa que quero levar sempre comigo. Há uns 5 anos fui trabalhar em um casa, com 4 pessoas na familia (Patroa, Patrão e 2 filhos homens). Sempre fui bem tratada por todos. Mas em especial pelo meu patrão(Fernando),um cara muitooo rico, mas o que se exaltava nele não era seu status e sim a sua humildade, seu respeito para comigo e com o próximo. Nunca vi uma pessoa com coração tão grande. Ele dizia que eu era a filha que ele nunca teve. Lembro-me que certa vez meu celular quebrou e no momento não tinha como comprar outro... Ele se aproximou e perguntou-me: "M. não vi você ouvindo música mais no seu celular, o que houve?", disse a ele: "meu celular quebrou", logo minha patroa escutou e disse: " Fernando vende o seu pra ela, você vai trocar mesmo, é bom que economizamos um mês de salário dela"...., eu e meu patrão ficamos em silêncio por uns minutos.....No final do dia ele me chamou e disse: "M. vou te dar o celular, não acho justo vender para você, e além do mais estou comprando outro. "Não aceitei em primeiro momento.... Depois ele me convenceu...quando sai de lá foi pra uma oportunidade melhor, mas nunca tive vergonha de ser EMPREGADA DOMESTICA. Sempre soube dos meus direitos e deveres e nunca deixei qualquer pessoa me humilhar.

*

Minha família por parte de mãe é branca. Saiu da zona Rural e foi pra cidade (a geração da minha mãe, meus avós morreram no sítio). É um "povo pobre mais limpinho", tinham terra, são brancos e conseguiram minimamente ir para as cidades, cursar faculdade e trabalhar em empregos "dignos" como diriam. A irmã mais velha da minha mãe é uma senhora "digníssima" em Campina Grande na Paraíba, severa, teve um casamento bom, segundo minha família. Eu não sei bem a história mas posso pesquisar. Ela "pegou" uma moça para trabalhar na casa dela, a moça saiu possivelmente da cidade, ou perto do sítio, não sei, mas na paraíba, ela não tinha documentos e passou muito tempo da vida sem ter, ou talvez nem tenha... Ela é negra, deve ter seus 50 anos, trabalhou a vida inteira na casa dessa minha tia. E ainda deve estar por lá. (Eu não sei muito porque sou filha de mãe solteira e ela desprezou a irmã e eu tenho pouco contato, só sei histórias pela metade). Ela não tem contato com a família, não viaja, mora na casa dessa minha tia, nunca namorou, não teve filho ou vida própria, a vida dela foi isso/está sendo (quem comentou isso foi uma outra tia a muito tempo atrás). Minha família não é rica nem cheia de privilégios, mas se acham uns pobres lascados. Ninguém nunca falou nada sobre o encarceramento que a irmã fez com a moça, que hoje é uma senhora. Eu posso saber mais dessa história, o que posso fazer para denunciar? Você conhece casos assim? Eu tb não tenho todas as informações....

*

Em 2002 sai de uma cidade pequena do Interior do Paraná e fui morar em Curitiba/PR tendo um sonho de me formar em uma Universidade, comecei trabalhando como doméstica numa residência de Médicos (ele Psiquiatra ela Psicologa). Na hora do almoço me trancavam na lavanderia e eu não tinha como sair, a patroa dizia que quando eles estivessem almoçando eu não poderia comer e tinha que comer o que sobrava. Para não dizer que ela me trancava ela dava para mim o pano de louça para levar no tanque, quando eu entrava na lavanderia ela passava a chave, quantas vezes chorei e rezei para que Deus me livrasse daquilo. Em outra ocasião falei para ela que eu não poderia ficar até as 20:00 na casa dela que eu queria estudar e me formar nossa ela foi muito rude comigo e disse que eu tinha nascido para trabalhar em casa de família. Graças a bom Deus hoje eu sou funcionária Publica do estado do Paraná sou formada em Administração de Empresas, não desejo esta vida para ninguém, é sofrido é doloroso você ver os filhos dos patrões te desdenhando e ver que são motivados pelos próprios pais. Adorei esta pagina que você criou muitas vibrações positivas a todas.

Meu sonho e que nenhuma mulher negra sofra humilhação, principalmente em seu trabalho pois isto desgasta isso corroí a alma.

Beijos muita luz para você;

*

Minha mãe trabalhou em uma casa no Morumbi que a patroa depois que ela limpou toda a casa, derrubou um prato de arroz pra ela limpar tudo de novo, mas a minha mãe se recusou, ela buscou um revolver e saiu correndo atrás da minha mãe, que pegou sua bolsa e desceu 10 andares correndo e não voltou mais lá. Por sorte meu primo trabalhava de porteiro no prédio e buscou o pagamento do mês, pois minha mãe não tinha coragem de voltar mais lá.

*

Eu não sei se vocês vão aceitar minha história, que não vem de quem já foi ou é filha da empregada doméstica, na verdade vem da filha da patroa. Eu cresci sendo criada pelas empregadas domésticas que vivam na minha casa. Eu pequena, sempre gostei mais de ficar na cozinha, ou acompanhando minhas amigas que cuidavam de mim limpando a casa da minha mãe. Por vezes, tive atritos com minha mãe por não entender porque o papel higiênico de Ceça e Cris eram diferente mais escuro e menos macio do que eu usava ou porque eu não podia comer na cozinha junto com elas tinha que comer na sala de jantar. Afinal era tudo uma mesa onde se coloca um prato, questionava uma menina de 10 anos. Não entendia porque minha mãe não podia ajudar a filha de Cris a fazer um colégio legal, ou porque ela não podia trazer a filha dela pra brincar comigo? Por anos não entendia essas diferenças que minha mãe insistia em acentuar. Mas afinal era as pessoas que passam o dia comigo, comiam comigo e brincavam comigo. Por que elas eram diferentes?

Hoje eu tenho 23 anos e essa rotina fez parte da minha vida por toda minha infância e adolescência. Mila a moça que ajuda lá em casa é a única pessoa que eu abraço e falo "bom dia, tudo bem Mila?"

*

Tenho 19 anos e trabalhei a poucos meses antes de começa em um Call Center como doméstica. Na verdade era na casa do namorado da minha cunhada, um AP pequeno, porém muito sujo e mal cuidado. Uma ou duas vezes pelo mês eu ia lá. Na primeira vez, como nunca tinha feito faxina me deixaram ir no sábado e domingo, mas decidi que no sábado terminaria tudo, além disso, mas tarde descobri que só pediram para que eu fosse esses dois dias para que levasse o tapete da sala para casa, para lavar (Tapete grande, pesado, de ônibus, e sem nenhum adicional), como eu morava num conjugado atrás da casa da minha cunhada não esitei, pois precisava do dinheiro para minhas coisas pessoas.

Nesse dia fiquei lá umas 12h sem comer nada, essas foram as ordens, mesmo com algumas coisas na geladeira a tempo, pois ele nunca ia lá. Além de que em uma faxina diária tive que lavar todos os pratos, panelas e etc, mesmo sem está sujo.

No final de tudo coloquei na cabeça que não foi tão ruim, msm não aguentando mais.

Quando fui no outro dia colocar o tapate, limpei mas uma vez os vidros para ficar impevavél. E quando o Sr. chegou, ainda ligou para minha cunhada na hora dizendo que eu estava cega, pois a mesa estava toda manchada. E disse que se eu não voltasse, nunca mais faria nada lá.

Fiquei calada e dois dias depois descobriu que a mancha na mesa foi feita pela lavadeira quando levou as roupas para o AP.

Nunca recebi um pedido de desculpas.

Engraçado, que quando vivia com minha mãe, tinhamos domésticas e sempre que vinha uma nova minha mãe dizia "Não pede para que ela pegue água para você, nunca deixe louça suja na pia depois que ela tenha lavado, nem fique passando ou ficar num comodo quando tiver limpando"

Levei isso para vida, até porque na geração da minha família todas nós temos historico de domestica e o que não gostamos que façam conosco, não iremos fazer com outros. Texto grande, me desculpe, desabafo de uma mulher de classe baixa e negra.

*

Sou S.O, filha primogênita da T. V., hoje com 56 anos. Ela trabalhou a vida inteira como doméstica e criou a mim e às minhas duas irmãs assim.

Quando ela ficou grávida de mim, em 1984, ela tinha 24 anos e já era doméstica há oito. Os exames davam negativo, mas mesmo assim ela sabia que estava esperando um bebê.

Ao relatar isso para a patroa, a patroa ofereceu a ela um "comprimidinho" para "ajudar os resultados dos exames a darem positivo".

Alguma coisa dentro da minha mãe a alertou a não tomar o comprimido. Só depois ela descobriu que aquele era um remédio abortivo, afinal, a patroa não queria uma empregada grávida fazendo corpo mole no serviço.

Essa história sempre me doeu muito, pois era a minha vida ali em jogo, e minha mãe me queria loucamente na vida dela. Eu poderia simplesmente nem existir porque esse era o desejo de quem a explorava com sobrecarga de tarefas e dias inteiros de trabalho sem descanso. Não era um desejo dela, mas de quem achava ter soberania sobre o corpo e a vontade dela.

*

Comecei a trabalhar muito cedo, e com 14 anos minha mãe me arrumou um "emprego mais leve" na casa de uma médica de São Matheus que morava só com a mãe e o filho de 24 anos. Fui contratada para fazer almoço e cuidar da senhora e eu teria que dormir no mesmo quarto que ela.

Até aí tudo bem. Mas percebi que muitas vezes o filho da médica abria a porta do quarto na madrugada e ficava puxando o cobertor para ficar me olhando, e eu com medo, nem me movia. Mas um dia quando ele abriu a porta para puxar o cobertor, eu sentei de uma vez na cama e puxei também e ele se assustou. A partir deste dia, quase não dormia e passava o dia inteiro com sono.

Um dia ele tentou colocar a mão em mim e eu disse que iria falar pra mãe dele e ele disse que iria parar, mas sabe o que ele fez? Pegou uma sunga e uma camiseta usada dele e colocou na minha mochila de roupas e disse pra mãe dele que eu ficava espionando ele e roubando as coisas dele. Não adiantou eu dizer que era mentira, pois ela ainda o protegeu dizendo: " Esta já é a 5ª que faz isso com você, meu filho, essas vagabundas querem dar golpe de barriga em você. Tadinho…". Depois da minha folga de fim de semana, nunca mais voltei lá, nem pra receber. Meu sentimento com tudo isso: TRISTEZA E REVOLTA.

*

Moro no exterior, e por aqui empregadas são descartáveis. Tanto pelas leis trabalhistas do país quanto pela atitude dos patrões.

Eu vou contar duas histórias que aconteceram com a minha sogra.

Morávamos com ela, em uma casa de dois andares. Ela tem problema de locomoção e não podia ficar subindo e descendo a escada o tempo todo, então ficava na sala e usava o lavabo quando precisasse.

Um dia, ela viu que a empregada tinha usado o lavabo e pediu para que eu falasse para ela lavar com agua sanitária pois ela queria usar depois. Eu me recusei, ela me deu o maior sermão porque "essas moças tem um monte de doenças" (mas tudo bem "essas moças" cuidarem dos netos dela e fazerem comida… vai entender!). Eu me recusei, ela não conseguiu ir ao banheiro do andar de cima a tempo e eu fiquei como a vilã da história.

Outra vez, eu estava limpando a geladeira e vi um peito de frango gosmento, que já havia passado do prazo de validade. Quando fui jogar fora ela brigou comigo por estar desperdiçando comida, que deveria dar o frango pro jardineiro. Eu me recusei de novo e disse que se o frango não estava bom para mim, não estaria bom para quem não tem dinheiro para pagar médico e remédio caso ficasse doente.

Hoje em dia moramos em casas separadas e eu não tenho empregada. Não posso lutar contra isso, mas não perpetuarei esse tipo de comportamento dentro de casa. E se for para levar bronca por defender um trabalhador, tudo bem.

*

Nunca tive a experiência de trabalhar como doméstica, mas um dia ouvi um comentário que me incomodou muito. Eu estava procurando um apartamento para alugar e minha sogra, querendo dar conselho para me ajudar a escolher, me alertou para que eu procurasse um que tivesse mais de um banheiro, assim a empregada não usaria o mesmo sanitário que eu.

*

Trabalhei em uma casa onde havia uma moça especial. Nunca nem gostei de passar na porta dessa casa pois a frente era um bar (tipo beeeem duvidoso), mas sou espírita kardecista e em uma das muitas intuições que já tive acabei por ir trabalhar lá. Sei o quanto pra essa moça fui importante pois ela me deixava cuidar dela e outras pessoas nem perto dela chegava.

Mas, já no primeiro dia ouvi, Ana vc faz as coisas da casa só não faz a comida. Eu ok. Quando os filhos foram chegando aquele clima estranho eles me olhando torto perguntando entre dentes quem havia feito o almoço, a mãe então acalma todos e algum tempo depois ela mesma me fala. É que o fulano (filho mais velho) tomou trauma. Uma vez quando adolescente o castiguei contratando uma PRETA pra cozinhar e colocava ele lá olhando ela. A comida era boa mas o coitadinho morria de nojo Risadas desde então faço isso como castigo pra eles. Só que com vc Ana não é castigo por isso vc não precisa cozinhar tá. Eles não vão nem vir em casa enquanto vc estiver aqui e no sábado não precisa vir pra eles acordarem bem. E usa bastante água sanitária pra encobrir o cheiro das coisas sabe....?

Um certo dia ela dona da casa me perguntou pq eu não comia lá na casa. Que eu podia por comida na vasilha de sorvete e ir pro quintal comer hahahaha.

* Eu ainda oro por essa família para que todos ali saíam desse mundo obscuro do preconceito. DEUS é maravilhoso e não lembro o nome da benção da patroa

*

sou enfermeira, e fui contratada para trabalhar como cuidadora de uma senhora na casa de uma família de nome aqui na minha cidade... as cargas horárias eram desumanas e não tinha direito a alimentação humanamente digna... isso quando eles disponibilizavam restos de comida de outros dias para almoçar às 15h ou mais (única refeição que teria direito, segundo eles)... chegando na casa, era revistada e era obrigada a deixar meus pertences trancados numa "casinha" que ficava fora da casa... o senhor quem me contratou para cuidar de sua mulher, ainda se aproveitava de mim enquanto levantava e cuidava da sua mulher, pois a mesma era totalmente dependente dos cuidados de enfermagem, como: comer, levantar, sentar, tomar banho, etc... e ele se aproveitava nesses momentos em que a estava apoiando para passar a mão em mim...

*

Olá, tudo bem tenho um relato da sobre a minha mãe, quando eu era pequeninha minha mãe me levava para o trabalho de doméstica, os patrões não reclamavam quanto me levar, mas um dia eu (bebê com 2 anos) queria um pedaço de bolo de fubá e minha mãe me deu, quando o patão viu que estava faltando um pedaço humilhou minha mãe dizendo que se eu quisesse comer bolo que ela fosse comprar na padaria pq aquele bolo era pra família dele e não pra criança da empregada

*

Sou L., de MG, filho de C., que trabalhou a vida toda como empregada doméstica e de quem tenho muito orgulho!

Em uma das casas que minha mãe trabalhou, há alguns anos atrás, a patroa fazia pães caseiros e, depois de prontos, contava-os para ter certeza de que minha mãe não os estava "roubando". Na época eu havia decidido que queria estudar medicina (curso que estudo hoje) e, ao contar à patroa, minha mãe ouviu algo como "Medicina não é curso pra filho de doméstica não. Dê graças à Deus se seu menino se formar no Ensino Médio". Posteriormente, minha mãe foi despedida desse emprego após negar ter "roubado" balas de coco de um pote de doces que pertencia ao neto da "sinhá".

Gostaria, ainda, de parabenizar a quem teve a ideia de criar a página! É uma excelente forma de dar visibilidade a uma classe trabalhadora tão desfavorecida e mal tratada em nosso país!

*

Tenho lido muitas histórias sobre empregadas domésticas, maltratadas, humilhadas e afins, porém existem empregadas que foram amadas e protegidas por seus patrões e a minha mãe foi uma delas.

Minha mãe trabalhou há 42 anos numa casa de um coronel militar, chegou la muito nova não lembro a idade ao certo, criou todos os filhos desse coronel e até viu um nascer.

Foi madrinha de casamento da filha do meio ou mais velha (não sei), comia na mesa com eles, ceiava com eles no Natal, viajava e tudo mais, claro que ela fazia o seu trabalho como todas as outras fazem mais nunca foi humilhada nem maltratada.

Meu avô (o ex patrão dela) deu um terreno pra minha mãe e a ajudou a fazer a nossa casa, sempre cuidou dela e de mim, a protegeu do meu pai, e a ajudou me criar.

Quando ela teve um AVC ha 11 anos atrás foi graças a Deus claro, e ao plano de saúde que eles pagavam pra ela sem descontar do salário que a salvaram.

Eles sempre deram suporte pra nós duas e nunca nos desemparavam.

Infelizmente meu avô (como eu o chamava) não está mais entre nós, mas enquanto esteve foi o melhor patrao do mundo.

E apesar de ter saído de la ela ainda tem contato com a família dele e eles com ela, ligam no aniversário dela, no Natal, no Ano Novo, ou simplesmente pra saber se ela está bem.

Os netos do meus avô quando a encontram a abraçam e a chamam de "bá" mesmo estando com seus amigos, eles não tem vergonha dela e a ama de verdade.

Hoje ela está trabalhando em outra casa de cozinheira e os novos patrões dela falaram que abrem mão de tudo menos do estudo da filha deles e da minha mãe, mas uma vez minha mãe é amada e tratada com o respeito que todas merecem.

*

Sou doméstica em uma casa a 3 anos e quando fiquei grávida minha patroa disse que era burrice pois pobre não tinha que ter filho fiquei tão triste comecei a chorar e logo depois dei a resposta a ela dizendo que meu unico erro era ter ficado grávida de um rapaz humilde e não fazendo o mesmo que ela fez engravidando para entra para alta sociedade de salvador. Minha filha nasceu após 10 dias ela faleceu e após 20 dias quw minha filha tinha falecido ela me ligou dizendo para eu voltar ao trabalho pois minha filha ja tinha morrido mesmo então não precisava eu tirar a licença dia primeiro agora termina minha licença maternidade e ja estou decidida nessa casa eu não fico vou pedir minha demissão.

*

Quando eu era pequena, acredito que devia ter meus 4/5 anos mais ou menos, minha mãe trabalhava como doméstica em uma casa onde havia mais pessoas que também trabalhavam lá. Por ser muito longe, e por eles precisarem da minha mãe praticamente todo o tempo, ela meio que morava no serviço. Ela tinha um quarto e quando chegava final de semana nós íamos, eu e minha irmã, até lá pra ficarmos com ela. Diferente de tanta gente, minha mãe era mesmo tratada como da família. E nós também. Nós brincávamos com os filhos dos patrões dela, saiamos todos juntos e eles não nos diferenciavam dos filhos deles. Festa de aniversário das crianças da casa, nós sempre estávamos presentes, e no meio de um monte de crianças "ricas", éramos tratadas por igual. Minha mãe gostava muito de trabalhar lá, ela nunca foi destratada por eles, nem pelas crianças de lá.

Lendo todos os relatos hoje, eu só consigo ter pena do ser humano! Eles crescem no intelecto mas caem cada dia mais no quesito humanidade. Queria que existissem mais pessoas como esses patrões que minha mãe teve!

*

Eu gostaria de deixar um relato da minha mãe, dona Irani Miquelino, após ser demitida de um serviço como faxineira de banco, ela começou a fazer faxinas pra ajudar no orçamento de casa, minha mãe trabalhou pra uma senhora que pagava pra ela 5 reais por faxina, por 4 horas de serviço, um dia essa mesma senhora pediu pra minha mãe ir limpar uma outra casa , que ela iria se mudar, a casa tava virada de cabeça pra baixo, minha mãe precisou de 3 dias (trabalhando o dobro do tempo) pra deixar em ordem, e recebeu os mesmos 5 reais pelo serviço, pq de acordo com a patroa, foi uma faxina só.

*

Minha mãe trabalha de empregada doméstica desde os sete anos de idade, quando precisou se virar na rua pra viver.

Atualmente está com problemas nas mãos e braços, faz terapia e teve que diminuir as diárias, também está com problemas psicológicos de depressão e ansiedade.

Creio que é um emprego humilhante sim, por mais que os patrões sejam gente boa. Eles não levam nem o copo na pia, tudo fica para a empregada, no caso minha mãe. Meu sonho é quando me formar, ajudar ela financeiramente para que ela não tenha mais que trabalhar na casa dos outros.

Minha mãe mora em Novo-Horizonre SP

*

Aos 13 anos vim morar na casinha dos fundos da casa dos patrões da minha mãe, onde ela era e ainda é empregada doméstica. Morava na "casa dos outros", como minha mãe sempre lembrava quando eu perguntava se poderia convidar alguns colegas da escola para tomar banho de piscina.

Aos poucos, fui aprendendo qual era o meu lugar, o de filha da empregada. Lembro de estudar na mesa da cozinha da casa dos patrões, pois na minha não tinha um lugar próprio para isso, e lembro do quanto eu parecia incomodar. "Você não pode ajudar a sua mãe e continuar a estudar depois?", perguntou a patroa da minha mãe certa vez e ouvi, em seguida, a negação da minha mãe que me salvara: "Ela já acabou e estava indo pra casa. Não preciso de ajuda. Já estou acabando aqui…". E foi assim que perdi o meu local preferido de estudo, perto da minha mãe.

Os anos passaram e, com a iminência do vestibular, precisei, mais uma vez, de um lugar calmo para estudar. Lembro-me de perguntar à patroa da minha mãe se poderia ocupar a escrivaninha de um dos quartos vazios da casa para esse propósito e a resposta foi positiva e, até, elogiada. Até que, um certo dia, já tarde da noite, me assustei quando a luz do quarto apagara; era ela, a dona da casa, apagando a luz. Ela não tinha me visto e quando avisei que ainda estava ali, ouvi como resposta: "Você não me disse que iria estudar até tão tarde. Sua mãe irá me ajudar a pagar a conta de luz? Se não vai, por favor, guarde isso tudo e vá para a sua casa e aprenda a não abusar da boa vontade."

Respondi apenas um "tá bom" e ela continuou: "você tem que aprender que aqui a dona da casa sou eu e você e sua mãe são minhas empregadas". E, assim, mais uma vez, perdi mais um lugar de estudos, mas não desisti. Continuei a estudar na minha casa, — quero dizer: na casa dela, mas que era destinada a ser o meu devido lugar — de madrugada, e assim passei para uma universidade federal, me formei pedagoga e, no último ano, tornei-me Mestre em Educação.

*

Nossa, já fui babá e passei por cada humilhação. Faz 16 anos que não sou mais, porém desde que larguei esse serviço, por algumas vezes tenho pesadelos com as situações ruins que eu vivi.

Podem publicar meu relato, só peço que abreviem meu nome.

Obrigada!

Uma vez minha patroa mandou eu fazer um suco de laranja pra filha dela e a avó sempre se intrometia nas coisas que eu fazia. Antes da menina tomar ela deu um gole e foi correndo falar pra filha que o suco estava muito adocicado. Imediatamente a minha patroa queria me forçar a beber o suco todinho. Ela gritava comigo me dando ordens, eu tinha 15 anos apenas. Minha família toda em Minas e isso era no Rio de Janeiro.

Me lembro também uma vez que atrasei para descer do prédio até e estacionamento e ajudá-la a descarregar as compras. Nossa ela ficou um tempão me ofendendo chamando-me de filha da puta.

Obrigada por criar essa página. Uma chance que a gente tem para desabafar e compartilhar esses abusos que tantas de nós sofremos sem ninguém para nos socorrer.

*

Minha mãe começou a trabalhar de domestica aos 8 anos de idade, o primeiro "emprego" foi cuidando de uma bebê, descobri essa história pois essa "bebê " se tornou minha professora e a mesma tentava humilhar a todos gratuitamente, lembro que eu reclamava muito da forma que ela tratava a turma e vivia me queixando disso, contei pra minha mãe quem era ela, minha mãe a reconheceu e me contou que havia sido babá dela. Isso me partiu o coração. Minha mãe era uma criança, será que ninguém se dava conta desse absurdo??

Depois desse emprego minha mãe começou a trabalhar numa casa de família, passou quase 20 anos com essa família, passava meses sem ver a mim e meus irmãos, em 2010 essa família faliu e minha mãe não teve direito a receber nada, nadinha mesmo. Minha mãe não fala sobre como era tratada, mas conhecendo um pouco dos ex-patrões dava pra ter noção, e hoje vendo minha mãe eu sei que ela passou por muitos abusos pois ela é uma mulher de semblante muito sofrido, e agora aos 56 anos voltou a estudar e se redescobrir como ser humano!

Vou deixar o relato da minha tia.

Ela era doméstica em uma casa onde a patroa tinha uma filha que regulava de idade com minha tia. Quando o pessoal da vizinhança começou a achar minha tia, a empregadinha, mais bonita que a filha da patroa, ela cortou o cabelo da minha tia a força, a proibiu de usar qualquer acessórios e começou a tratá-la com pronomes masculinos.

Tiveram meses que o pagamento foi feito com chinelas havaianas, porque sandálinhas também foram proibidas.

Ela não consegue falar o nome da patroa de tanta raiva, foi em Mauá-Sp, nos anos 90

*

Minha vizinha foi demitida após criar os dois filhos da patroa, um de 8 outro de 6. Ela já é uma senhora, terá dificuldades em arrumar outro emprego. Está cumprindo aviso, chora todo dia. É de partir o coração! Sentirá falta das crianças. O menor comemorará o aniversário esse fim de semana. Ele sentirá muita falta da mulher que o pegou no colo, trocou-lhe as fraldas, contou-lhe histórias, enfim. Ela não foi convidada. Eles compraram um cachorro de presente para ele. Que bosta.

*

Minha mãe foi chamada para ser diarista em uma casa, no primeiro dia ela estava em seus afazeres enquanto a patroa preparava o almoço. Minha mãe limpava a área da piscina enquanto ouvia o filho mais velho da patroa pedindo que a mãe não fizesse algo, quando minha mãe olhou em direção a cozinha a patroa estava juntando os restos de comida de toda a família em um prato, e o filho implorava que ela não fizesse aquilo. A patroa chamou minha mãe para almoçar e serviu aquele prato de restos a ela, e pediu que antes de comer minha mãe ensaboasse a cozinha, assim minha mãe fez, encheu a cozinha de sabão e depois FALOU QUE NÃO ERA CACHORRO PARA COMER RESTOS E FOI EMBORA!

*

Minha mãe começou a trabalhar como doméstica muito nova. Um certo dia saiu pra comprar o pão da família logo cedo da manhã, no caminho de volta encontrou o noivo da filha da patroa que a ofereceu carona. Depois de insistir muito, ela aceitou. Quando subiu na moto, queimou a perna, passou semanas escondendo a ferida dos patrões. Pq sabia que seria demitida por isso

*

Minha mãe começou a trabalhar em uma casa onde moravam um casal de aposentados, aqui em Curitiba.

Uma das condições propostas pela patroa era de que ela não podia almoçar no mesmo horário que eles, e quando o fizesse, deveria ser na cozinha.

Um dia a patroa pediu que minha mãe levasse o suco à mesa. Após eles se servirem, minha mãe perguntou se poderia beber um copo. E, então, a senhora respondeu:

— Olha, você já pediu, agora beba, mas não deve beber o nosso suco. Traga para você, se quiser.

Minha mãe não disse nada. Apenas terminou o serviço daquele dia e, à tarde, disse à patroa que não trabalharia mais lá, pois ela era uma empregada, mas não uma morta de fome como a dona da casa pensava.

Este fato me faz chorar até hoje.

Graças ao trabalho pesado de minha mãe, eu e meus irmãos nunca precisamos largar os estudos.

Hoje eu estudo em uma boa faculdade porque ela sempre me disse que a maior herança que pode deixar para o meus irmãos e eu é o estudo."

Este é o meu relato.

Caso seja publicado, peço, apenas, que utilize somente as iniciais do meu nome e preserve o nome da minha mãe. Não por mim, mas por ela, que não gosta nem de lembrar esta história.

Agradeço desde já e parabenizo pela linda iniciativa.

*

Achei que valeria a pena deixar o relato da minha mãe, mulher negra.

Quando ela tinha 13 anos trabalhava de empregada doméstica na casa de uma família na região leste de SP capital. Um dia eles chamaram ela pra ir pra praia, minha mãe nunca tinha ido a praia e ficou toda feliz com a proposta e topou com certeza, quando chegou lá, eles não deixaram ela ir na praia junto com eles, ficou trancada limpando o apartamento, ela não conheceu a praia naquela viagem.

Hoje ela conta essa história dando risada, ainda não consegui fazer ela ter noção do quanto isso é absurdo e escravista.

*

Quando a pessoa que me pegou para "criar" me devolveu pra minha mãe, eu tinha 15 anos. Voltando a morar na capital, São Luís, fui procurar emprego, de uma família de Mulheres empregadas domésticas, era a única opção com 15 anos.

Fui a uma agência de emprego com minha irmã mais velha. Chegamos às 7 da manhã. Ficamos lá, esperando alguém que "precisasse" de nós. Passamos o dia todo, sem comer. Minha irmã que tinha sido mãe recente não aguentava mais a dor do peito cheio de leite. Foi embora.

Eu fiquei lá, até uma mulher me buscar as 19h.

Ouvia meu estômago, chegando lá, nem comida me ofereceu. Comi escondido um pão. Pra poder lavar a louça do jantar que a família já havida comido. Fui dormir com o bebê da patroa, pois tinha que acordar de madrugada pra fazer mamadeira. E assim começou minha vida de trabalhadora doméstica. Salário mínimo da época R$ 70. Comprei uma caixa de picolé napolitano da Kibon e o restante era para minha mãe, também doméstica em outras casas.

Eu tinha folga só no domingo e tinha que "morar" com eles.

*

Trabalho desde os 14, comecei como babá de um filho de um casal de professores, trabalhei mais ou menos quase 4 anos, não tive nem um abuso, nem um problema, adorava trabalhar lá, cuidava da criança, e quando possível dava uma arrumada na casa, mas eles tinham também uma moça para a limpeza, eu somente fazia porque queria, acredito que em meio a tantas histórias tristes de experiências horríveis, a minha é uma boa, sempre me orgulhei de dizer que trabalhava como babá, pois adorava, no início era complicado, mas, meus chefes sempre me ajudaram, me ajudaram com outros empregos, sempre me apoiaram em tudo, ainda mantenho uma relação afetiva com eles, sendo que ele ainda continua sendo meu "chefe", mas hoje, sou auxiliar administrativo, trabalhamos juntos, ele como Presidente. Sem contar que ele é meu professor na Universidade, curso Educação física, e realmente meus exemplos são eles dois, tenho orgulho de dizer que fui empregada doméstica, minha mãe e grande parte das mulheres da família foram!

*

Mostrei essa página para nossa diarista. Ela nem expressou horror. Para ela os relatos são bem "lights" comparados com o que ela passou e/ou ouviu.

Como ela é muita religiosa, ela se recusa a entrar em detalhes sobre tudo que envolva o puro e simples assédio sexual, mas me contou outra coisa que também me surpreendeu:

É a chamada estratégia do "Roubo no final do mês", onde as patroas começam a procurar algo no dia 28 ou 29, desesperadamente (tudo é claro, não passa de encenação). Daí, poucos dias antes do pagamento do mês, acusam a empregada de ter roubado o objeto fictício e a mandam embora, com uma mão na frente outra atrás. Com esse golpe, várias madames contratam empregadas a cada mês, sem pagar nada.

*

Gostaria de relatar um episódio que me aconteceu a alguns anos, me chamo Paula sou de Campo Grande Mato Grosso do Sul quando tinha 18 anos comecei a trabalhar mais como ainda não tinha terminado os estudos só conseguia emprego como doméstica, um dia uma amiga minha tinha ficado doente e precisou se afastar do trabalho ai ela me ligou e perguntou se eu poderia cobrir ela por um tempo, eu disse que sim e então fui a casa da patroa dela pra conhecer o local e o trabalho que ela queria que fosse realizado, depois que me mostrou toda a casa e o trabalho ela me levou eu um quartinho onde tinha um armário velho uma cama com colchão encardido e algumas coisas pra o serviço da casa então ela me mostrou no armário alguns pratos, copos e talheres e me disse assim: esses aqui são as suas coisas você só pode comer e beber nas coisas que estão aqui dentro, as da casa você não use por favor. Menina fiquei tão indignada com aquela mulher que quando ela teminou de falar eu peguei a minha bolsa e fui saindo e falando pra ela: perai ninguém me falou que tinha gente com doença contagiosa na casa a senhora me desculpe mais eu não quero o trabalho não é fui saindo a mulher ficou me olhando e não teve o que falar e eu fui embora morrendo de dar risada da cara de pamonha dela kkkkk. Foi cômico minha amiga me ligou depois perguntando o que eu tinha feito pra mulher que ela me chamou de mal educada e algumas coisinhas mais que tava brava ai eu contei pra ela o que ela tinha me falado e o que eu tinha feito, caimos na risada e no fim ela ficou sem ninguém pra trabalhar na casa dela pois nem minha amiga quis voltar a trabalhar com ela. Nunca deixei ninguém me humilhar só pelo tipo de trabalho que exercia respeito é uma coisas recíproca se não tem comigo então paciência vai levar com toda sutileza mais vai. Não lembro o nome da criatura só lembro que ela era dona de uma grande casa de tintas

*

Quando trabalhei em uma das casas tinha uma patroa que não levantava um dedo na segundas eu tinha uma pia cheia de louças dentro de bacias no balcão quem olhava dizia que estava tudo limpo calcinhas amontoadas no box do banheiro e ainda dizia para lavar a mão e fora outras coisas por baixo da cama uma criança de 5 anos que me dizia tu é empregada não pode sentar ... e outra casa a patroa passava a mão no chão para ver se ficou limpo... é muito triste tudo o que passamos por que precisamos humilhações que ficam marcadas pra sempre.

*

Sou filha de mãe solo, mulher negra que sempre trabalhou e ainda trabalha como empregada doméstica, minha mãe Dona Luzia.

Batalhou pra que seus três filhos concluíssem os estudos (ensino médio), pois ela não teve a mesma oportunidade, parou de estudar na quarta série do ensino fundamental.

Eu a filha primogênita concluí meus estudos assim que completei os 18 anos, na época morava no Bairro dos Pimentas, era um dos bairros mais violentos e São Paulo.

Obviamente não tive oportunidade de trabalho, mas precisava chegar junto com a grana pra salvar em casa.

Comecei a trabalhar numa casa, a família era pequena (mãe, pai e um filho), logo a mãe da patroa me chamou pra trabalhar na casa dela também, (sem registro).

Um dia após receber a intimação de um oficial de justiça que veio notificar a tal mãe da patroa, a ex empregada dela entrou com ação judicial porque não recebeu todos os direitos trabalhistas.

Fui demitida no dia seguinte, não me deixaram sequer entrar no apartamento, recebi a notícia em pé ao entrar na sala.

Posteriormente, consegui outro trabalho, a função seria pra cuidar de três crianças (15, 13 e 7 anos) além de cozinhar, lavar as roupas e limpar a casa enorme.

Os abusos eram diversos, eu tinha que descarregar todas as compras pra madame, eu tinha ficar aguardando até ela chegar pra que eu pudesse ir embora pra casa, tinha horário de entrar mas não de sair.

A madame tinha costume de não tirar sequer os absorvente das calcinhas, essa função era minha.

Ainda assim eu suportava, pois não tinha outros recursos!

Até o dia que eu fui trabalhar em um sábado, limpei a casa, inteira, lavei as roupas e preparei o almoço para a madame e seus três filhos, numa quantidade de comida para que todos pudessem se alimentar, inclusive eu. Acreditei que eles iriam lembrar de mim. Abri as panelas e não tinha nada, nada de almoço. Passei o restante do dia com fome.

Chorei durante todo o retorno pra casa.

Demorou um tanto para que eu pudesse pedir as contas, mas este dia chegou.

Pedi e foi no meio de uma mudança, deixei ela no meio daquela bagunça interminável, me senti livre, voltei pra casa rindo.

Hoje aos 35 anos, sou formada em Serviço Social e sigo muita vida fazendo o que eu amo. Minha mãe voltou a estudar e é o meu maior orgulho.

Tenho certeza que vou tirar ela deste trabalho.

*

Olá me Chamo Sandra 36anos , solteira sou doméstica desde os 15 anos , vim do Sul para trabalhar em casa de família onde meu primeiro emprego foi de babá trabalhava direto muitas vezes sem folgas dormia na dispensa do apartamento com aquelas camas tipo q dobra porque não tinha espaço suficiente e o mesmo não tinha quarto de funcionária fiquei uma ano nessa residência, depois sai fui trabalhar na outra casa onde sofri abuso da parte do pai da patroa onde naquela noite em q eu dormia com o neto dele de 5 anos q eu cuidava , ele entrou no quarto e começou me molesta um nojo tão grande me tomou naquele exato momento eu fingi q dormia e travei minhas pernas pra não acontecer o q eu mais temia , eu rezei tanto naquela hora pra q aquilo não acontece mas rezei tanto q o imundo parou graças a Deus eu nunca contei isso pra ninguém, mas relembrar é como se estivesse acontecendo ainda , o q dói mais é saber q eu vou carregar o resto da vida essa culpa essa sujeira em meu corpo, e eu não consegui falar pra ninguém e passou impune e só eu sofri as consequências eu me sinto culpada suja …eu já sabia q era abuso porque já tinha sofrido abuso quando era criança eu nasci mulher eu luto todos os dias para q nada nem ninguém mais abuse da minha pessoa do meu corpo da minha vida .Eu sou doméstica meu trabalho eu faço com gosto sou respeitada e é isso q quero para nossas guerreiras , q o respeito prevaleça e todos trabalhem com amor, q os patrões tenham mais humildade nos corações e antes do trabalho respeitem o ser humano q está ali trabalhando se dedicando muitas vezes longe da família dos filhos . Eu acredito em Deus ele q me sustenta a seguir em frente à pensar na minha família. Todos nós temos um fardo a carregar eu carrego os abusos q sofri e tenho raiva de mim mesma por não ter denunciado na época.

*

Acompanho a página de vocês a muito tempo, sempre leio muitos relatos sobre "propostas" abusivas para babás e diaristas/empregadas domésticas, hoje gostaria de compartilhar com vocês algumas das muitas propostas que atendentes/vendedoras recebem e aceitam, trabalhando muito por uma miséria!

Atendentes trabalham no comércio da minha cidade (interior de SP), por apenas R$ 60/R$ 70,00 das 9h às 19h, com a função de também limpar e organizar a loja

Conheço uma menina que trabalha em uma loja ao lado da minha de terça a domingo, das 13h às 18h30 e (quarta/sábado/domingo) o horário é das 10h às 18h30 e ganha apenas R$ 600,00. Isso não dá nem R$ 25,00 por dia, incluindo limpar e organizar a loja.

Outra área onde as propostas são muito abusivas é na recreação, muitos menores de idade trabalham das 9h às 22h por diárias BAIXÍSSIMAS de R$ 70,00 ainda tendo que aturar mamães madames que acham que os recreadores tem o dever de dedicar toda a atenção para uma única criança, sendo que um recreador fica responsável por grupos de 15/20 crianças. Já vivenciei isso, e as mães acham que temos obrigação de olhar os pequenos nos horários de descanso, não respeitam a hora de buscar as crianças, no momento das refeições cabe a nós fazer o prato de cada crianças porque as mães simplesmente "jogam" eles no refeitório, fora trocar a roupa após a piscina, é uma abuso atrás do outro

Esse é apenas alguns dos muitos relatos que já escutei e vivenciei.

Cada vez mais as pessoas com um pouco mais de dinheiro se aproveitam de quem precisa muito trabalhar

*

Trabalhei durante um ano e três meses como babá na casa de uma parente da minha mãe. Fiquei feliz, porque a conheci um pouco e nas vezes que nos vimos sempre me tratou muito bem. Mas, a verdade é: Você só conhece uma pessoa convivendo com ela debaixo do mesmo teto.

Os patrões eram educados e falavam que eu era da "família". Na casa trabalhava uma senhora como empregada doméstica, mas me avisaram para não conversar com ela, porque estava aborrecida por outra pessoa estar trabalhando lá. Mas, com o passar dos dias e observando seu comportamento percebi que o seu incomodo era outro. Ela foi contratada para realizar os afazeres domésticos. Mas, a patroa a colocava para cuidar do bebê, mesmo não ganhando para isso. A mulher se fechava no quarto e dormia a tarde toda e a empregada além de cuidar da casa tinha que tomar conta da criança.

Quando comecei a trabalhar na casa a criança tinha 7 meses e a mãe estava grávida. Como era parente da minha mãe e sempre me tratou bem queria ajuda-la com a maior boa vontade. Mas, esse foi meu maior erro.

Trabalhava doze horas por dia e ganhava um salário mínimo. Chegava no trabalho ás 7h da manhã e saia ás 7h da noite, só voltava para casa para dormir. Nem uns minutinhos livres para comer eu tinha, fazia as refeições em pé andando atrás da criança. Quando o outro bebê nasceu passei a cuidar dele também, mas ganhando o mesmo salário. Os pais se fechavam no quarto e eu tinha que me virar com uma criança de poucos meses e outra de 1 ano.

Com o passar do tempo, aquela situação começou a me incomodar muito porque sabia que eles estavam abusando de mim. Mas, precisava do emprego e por estar na casa de uma parente da minha mãe me calava. Tinha vergonha de reclamar.

Conversando com uma amiga, ela me contou sobre um pré vestibular comunitário perto de casa e perguntou se gostaria de fazer. Claro, que me animei porque fazer faculdade sempre foi meu sonho e queria sair daquela situação. Minha ex-patroa concordou mas tive que começar a trabalhar sábado para compensar uma hora mais cedo que saia para poder estudar.

Com muito esforço e estudando no ônibus, nos momentos que as crianças dormiam e no domingo consegui passar no vestibular. Falei com minha ex-patroa que só trabalharia até começarem minhas aulas na faculdade para que ela pudesse contratar outra pessoa. Ela não gostou, disse que permitiu que eu estudasse e agora que estava com dois crianças pequenas iria deixa-la na mão. Expliquei que seria muito cansativo conciliar trabalho e estudo e queria um trabalho mais próximo de casa, porque levava três horas para ir e três horas para voltar do serviço.

No dia seguinte quando cheguei ao trabalho, meu ex-patrão estava me esperando na cozinha aborrecidíssimo, parecia que eu havia feito algo de muito errado. Perguntou porque falei aquilo para sua esposa e até quando iria trabalhar em sua casa. Fiquei muito surpresa e chocada com sua atitude. Ele sempre disse que era da família mas nesse momento percebi que era da família no momento que os servia e fazia tudo que eles queriam. Mas, querer progredir e buscar voos mais altos na vida era demais para eles.

Continuei trabalhando porque precisava receber o salário integral. Nesse período, começaram a me tratar mal mas precisava aguentar. Antes do final do mês, contrataram outra babá e assim que cheguei para mais um dia de trabalho, já estavam me esperando na cozinha com o dinheiro pelos dias trabalhados. Pediram a chave da casa e bateram a porta na minha cara.

*

Sou doméstica em uma casa a 3 anos e quando fiquei grávida minha patroa disse que era burrice pois pobre não tinha que ter filho fiquei tão triste comecei a chorar e logo depois dei a resposta a ela dizendo que meu unico erro era ter ficado grávida de um rapaz humilde e não fazendo o mesmo que ela fez engravidando para entra para alta sociedade de salvador. Minha filha nasceu após 10 dias ela faleceu e após 20 dias quw minha filha tinha falecido ela me ligou dizendo para eu voltar ao trabalho pois minha filha ja tinha morrido mesmo então não precisava eu tirar a licença dia primeiro agora termina minha licença maternidade e ja estou decidida nessa casa eu não fico vou pedir minha demissão. Patroa celia de salvador.

*

Li muitos relatos de sua página, fiquei muito chateada com todos, pois sou filha de doméstica. Minha mãe já me contou várias histórias horríveis que ela passou nas casas em que já trabalhou. Mas de uns anos pra cá, ela tem trabalhado em casas ótimas e venho dar um relato dela, de uma das casas que ela trabalha, um relato positivo.

*

Minha mãe trabalha em um apartamento de um casal de médicos, super educados e fazem questão de minha mãe almoçar com eles em casa e em restaurantes com eles quando não almoçam em casa. Em época de natal, páscoa, dia das mãe, sempre a dão presente, fazem muita questão dela, não a tratam como simplesmente uma diarista. Minha mãe é negra, e seus patrões são brancos, classe alta. Mas ainda existe pessoas boas nesse mudo! El trabalha nesta casa faz 3 anos.

*

Minha mãe já foi empregada doméstica, mas esse caso aconteceu em um mercado...ela realizava a limpeza de todo o mercado incluindo banheiros, certo dia quando ela foi realizar a limpeza do banheiro, alguém, sim, um ser humano tinha defecado no CHÃO, obviamente foi proposital pois o sanitário estava ao lado.

*

Estou no ônibus a caminho de casa e não esperava me emocionar tanto com os relatos que li, então aqui vai o meu.

Mina mãe Dona Sônia, trabalhou como doméstica para um casal de médicas em Osasco (gostaria de lembrar o nome delas, mas lembro q uma trabalhava na época no Emílio Ribas), eu era pequena quando minha mãe me levou um dia pro serviço (ela dormia no trabalho, e foi para casa passar o feriado que naquele ano foi numa quinta feira e na sexta me levou junto para trabalhar), lembro com clareza que minha mãe limpava o coco dos dois gatos e dois cachorros das patroas, coco que os animais haviam feito desde quarta feira à noite quando minha mãe saiu de lá até a sexta de manhã quando chegamos. Mas o pior foi a patroa dela se irritar e jogar um objeto que se não me engano era um telefone, na cabeça da minha mãe e isso foi o limite, após isso minha mãe pediu as contas e a patroa levou alguns dias para pagar minha mãe, e quando pagou deu um cheque e assim que minha mãe saiu da casa dela o cheque foi sustado pela mesma, a sorte da minha mãe foi que o gerente do banco se compadeceu com a situação e ligou para a patroa (que alegou não ter sustado nada) e ajudou minha mãe a retirar o dinheiro, pq naquele dia minha mãe não tinha nem como pegar o ônibus para voltar pra casa.

*

Minha mãe, Diarista e Empregada Doméstica

Quando eu vi o seu relato, a primeira coisa que me veio à cabeça foi a minha mãe e as coisas que ela passou e passa desde pequena, contei a ela, sobre o seu relato do acontecido e ela disse que queria contar algumas coisas que ela já passou.

Ela contando...

Fui contratada para passar uma roupa numa residência, onde fui indicada pela irmã da patroa, ao começar a passar a roupa, senti nos bolsos algo incomodando o ferro de deslizar pela roupa, procurei ver o que tinha nos bolsos, quando eu vi, eram notas de 20, 50 e 100R$ que estavam espalhadas pelos bolsos das roupas, fiquei tão indignada e chorei pela humilhação que estava passando ali, a patroa tinha colocado várias notas pra saber se eu iria pegar o dinheiro pra mim, quando terminei de passar a roupa, juntei a quantia que estava nos bolsos, fui até a sala onde ela estava com a família, pra dizer que tinha terminado de passar a roupa e coloquei o dinheiro em cima do centro da sala e disse que não fui pra lá pra ser testada, mas sim para fazer o meu trabalho e receber honestamente pelo que trabalhei, fiquei tão chateada que não quis receber o dinheiro sujo que ela iria me dar. Nunca imaginei que seria tratada daquela forma pois ela sabia que eu era uma pessoa de confiança da irmã dela.

Trabalhei durante uns anos na casa de uma patroa, que mal me pagava direito, um certo dia ela ligou para mim dizendo que tinha um presente para mim e pediu para eu ir buscar na casa dela, fiquei contente por ela nunca ter feito nada do tipo, ao chegar lá, ela me entregou um presente embrulhado, fiquei tão emocionada que trouxe o presente para abrir em casa, ao chegar em casa, abri o presente e quando vi era uma caneca, fiquei horrorizada. Não pensei que depois de tanto tempo de trabalho iria receber uma caneca, como se aquilo fosse válido por todo o meu tempo de esforço na casa dela.

Fui mandada pra casa de uma madrinha, por que minha mãe não tinha condições de me dar o que a gente precisava, eram eu e mais quatro irmãos, mas quando cheguei lá fui tratada como uma empregada e não como uma afilhada, ela me colocava pra cuidar da casa e dos dois filhos dela, deixei até de estudar para ela poder se formar em Advocacia, eu chorava todos os dias ao me deitar por que não podia estudar, certo dia falou pra mim que ia mandar construir uma piscina em casa, para os meninos por ela não ficar muito tempo em casa, ai os meninos tinham como se distrair, mas ela nunca permitiu que eu entrasse na piscina, sempre chamava os amigos no final de semana para eu ter que fazer o almoço e cuidar também dos filhos dela e das amigas, para ela poder curtir a piscina, a noite eu pedia para eu ir conversar com minhas amigas na rua, mas ela não permitia, dizia que estava cumprindo ordens da minha mãe, sendo que minha mãe nunca soube disso, pois ela não queria que eu fizesse amizades, nem conhecesse nenhum garoto por qual me interessasse, cheguei a ter um namorado, mas ela inventou uma calunia, ela disse que o rapaz tinha sido preso no bar que ela estava com o marido e no outro dia me obrigou a acabar o namoro e eu sem saber de nada, terminei. Todas as vezes que chegava finais de ano ela comprava roupa para ela e para os filhos e me dava as usadas de anos atrás, por que dizia que não tinha condição de comprar pra mim, uma vez eu comecei a juntar uns trocados para poder mandar para minha mãe, por que ela não me dava salário, eu ganhava dinheiro das minhas amigas que elas trabalhavam na mesma rua que eu e elas tinham muita pena de mim, e elas me davam dinheiro escondido da minha madrinha, uma vez, véspera de Ano Novo, eu fui na cidade, comprar uma roupa pra mim com o dinheiro que minhas colegas tinham me dado, ao chegar em casa minha mãe ficou horrorizada, ao ver uma roupa daquela para final de ano, ela disse que nem se ela estivesse sendo criada com ela, isso teria acontecido, um pano bem fraco, a vendedora disse que só tinha aquela, A partir daí eu fiquei muito chateada e pedi para voltar a morar com minha mãe, mas ela se recusou dizendo que minha mãe não tinha condições para me dar o que precisava, (para ela poder continuar comigo na casa dela), ela convenceu a minha mãe e eu continuei morando com ela. Certo dia o marido dela chegou chamando palavrões comigo, me chamando de negra, ele disse que Pobre Negro, só servia para ser empregado de gente rica. Depois desse dia voltei para casa da minha mãe.

Em outra casa, fui trabalhar tomando conta de duas crianças, só que ela era muito exigente, certo dia eu estava brincando com as crianças quando a menina menor começou a gritar dizendo que eu tinha dado nela, (sem que eu não tinha encostado nela) ai a mãe das meninas partiu pra cima de mim e me bateu no rosto, só que a cozinheira viu que eu não tinha feito nada disso com ela, mas mesmo assim ela não quis saber, o pai da menina ao chegar viu a casa viu aquele barulho, e perguntou o que tinha acontecido, ela(patroa) disse que eu tinha batido na menina, mas a cozinheira desmentiu dizendo que a menina chorou por causa do brinquedo e nem assim ela acreditou, fui embora, o marido dela me deixou na minha casa, no outro dia, ela foi me pedir desculpa, por ter me batido e pediu pra eu voltar pra cuidar das filhas delas, mas eu me recusei.

Fui trabalhar numa casa num fim de semana que ficava perto de uma praia, a casa muito chique, cheia do luxo, eram eu e minha colega que era cozinheira, no decorrer do dia nós arrumamos a casa, mas ela não permitiu que nós comessem na sala e nem na cozinha, a gente comia do lado de fora da casa, ao chegar à noite ela disse que a gente tinha que dormir num quarto fora da casa, ela pediu que o caseiro levasse a gente até o quarto onde iríamos dormir, o quarto ficava muito distante da casa no fundo do quintal, onde era cheio de mato, tinha que passar por uma trilha até chegar ao quarto, o caseiro abriu a porta, e disse para nós ficarmos lá e ele disse que teria que trancar o quarto e trazer a chave para a patroa. No outro dia de manhã ele foi abrir o quarto, mandando a gente subir por que ela estava chamando, só que eu e a minha amiga pedirmos para vir embora, e ela disse que não ia nos dar a passagem de volta, nós pegamos nossas roupas e voltamos de pé e pegando carona, foi quando um homem nos ajudou e nos trouxe de volta para onde nos morávamos.

Ela pediu que não citasse o os nomes nem dela, nem dele, por medo.

Mas, eu espero que um dia nenhuma Diarista nem empregada doméstica precisem sentir medo de contar algo real que acontecem com elas.

*

Um dia estava preparando a mesa pro café da manhã na casa onde eu trabalhava, e senti umas fortes cólicas. Corri pro banheirinho de empregada no térreo da casa pra verificar... Quando retornei, uns dois minutos depois, o casal d patrões estava à mesa e de muito mau humor a patroa falou: "Telma, estava faltando a colher de mexer o café! Meu marido precisou levantar e pegar sozinho ali na gaveta porque vc não colocou na mesa!"

Fiquei tão irritada e chateada que quase perguntei ao cavalheiro se ele estava passando mal, se havia encontrado feras selvagens no trajeto e sido atacado, se sofrera um acidente sério ao se levantar e andar os 3 metros até o armário!!!

Pedi demissão no dia seguinte. Não tenho paciência com esse tipo de gente.

Um dia estava preparando a mesa pro café da manhã na casa onde eu trabalhava, e senti umas fortes cólicas. Corri pro banheirinho de empregada no térreo da casa pra verificar... Quando retornei, uns dois minutos depois, o casal d patrões estava à mesa e de muito mau humor a patroa falou: "Telma, estava faltando a colher de mexer o café! Meu marido precisou levantar e pegar sozinho ali na gaveta porque vc não colocou na mesa!"

*

Minha mãe, M., foi mãe solteira e trabalhou de empregada doméstica pra me criar. Somos da Paraíba. Morávamos na casa dos patrões, fui criada lá.

Dormíamos em um quarto minúsculo. Eu na cama, minha mãe no colchão no chão. Durante o dia ficava pela casa, a tarde ia para a escola e a noite, quando todos estavam em casa, ficava apenas da cozinha para o quarto, que era ao lado. Não me aceitavam convivendo na casa.

Sempre que viam minha mãe sentada, nem que por um minuto de descanso depois das tarefas, já mandavam ela fazer outra coisa. Não importava o que, ela só não podia estar sentada. Eles também diziam que eu não podia ficar morando lá por mais tempo ou acabaria "pensando que pertencia aquele meio", mas óbvio que não, eu era apenas filha da empregada. Hoje minha mãe não trabalha mais lá e nem de doméstica, apenas na própria casa. E eu, bem, eu sei que não pertenço àquele meio, meio de gente esnobe e que se acha superior.

*

Oi Preta a minha mãe e fomos empregadas domésticas diante de muitas coisas que aconteceram com a minha mãe e vivemos juntos como empregadas querem destacar a mais inacreditável que nos aconteceu.

Os meus padrinhos de batismo foram Patrões da minha mãe, que morava no emprego, aos 11 anos minha mãe me falou que o meu Pai era um ex-patrão que me passou toda a discrição dele. Eu nunca entrei na casa dos meus Padrinhos e muito menos eles vieram em minha casa enfim nunca tivemos uma relação fraterna, o pouco que pude ter contato com o meu padrinho até era amigável mas a minha madrinha sempre foi distante, fria e indiferente comigo. A minha mãe é falecida há 25 anos, a questão de uns 5anos atrás do nada comecei a notar a grande coincidência do meu Padrinho com a discrição do meu Pai, conforme a minha mãe me falou. Então sem maldade e sim com suspeita mandei uma carta para o meu Padrinho perguntando para ele se ele era o meu Pai e relatei o porquê. Então um dia ele me liga no meu celular e me pergunta que carta era aquela e se era oficial a minha dúvida disse que não, me disse que a minha Madrinha passou mal, estava com voz em tom aspero desligou e daí nunca mais nos falamos a 4 meses ele faleceu. Eu não queria e nem quero dinheiro apenas que um abraço de padrinhos com afilhada.

*

Comecei cedo a limpar a casa da minha avó para ganhar uns trocados.

Desde pequena acompanhava minha mãe nas faxinas pra conseguir um dinheiro pra comprar minhas coisas sem ficar pedindo grana pro meus pais. Foi então que minha mãe pediu pra eu fazer uma faxina sozinha na casa de uma moça "pobre metida a rica" chamada Adriana. Tinha meus 17 anos por ai. Cheguei lá cedo, me apresentei e ela foi logo me direcionando para o que deveria ser feito. Comecei o trabalho e quando deu a hora do almoço ela me perguntou se eu ia na casa da minha avó pra almoçar pois ela não tinha feito comida que sobrasse pra eu comer. Eu disse que nao teria como ir até a casa da minha avó pois perderia muito tempo, foi então que esperei todos comerem pra ver se sobraria pra então almoçar. Resumindo, comi a rapa do arroz com um ovo frito. Mas nao desisti e continuei a limpar. Durante a tarde me deu uma crise de choro e liguei pra minha mãe aos prantos dizendo que queria ir embora correndo daquela casa, que eu não merecia comer resto de comida, ela me respondeu força minha filha você vai vencer. Terminei a faxina e estava caindo um temporal, a dona da casa me disse espera a chuva passar pra vc ir embora, eu respondi que não podia esperar. Peguei meus R$45,00, coloquei no sutiã e fui embora correndo pra casa. Cheguei em casa ensopada e com o dinheiro todo molhado e disse pra minha mãe que nem se eu estivesse passando fome voltaria a limpar a casa daquela mulher novamente.

Eu nunca tratei a Silvana, a ajudante da minha casa dessa forma, pelo contrário sempre a chamei pra sentar à mesa conosco e partilhar da mesma comida e bebida. Espero que a Sra A. tenha se tornado uma pessoa diferente.

*

Uma vez estava na casa deles, e minha sogrita linda me contou uma história que havia ocorrido na semana anterior (isso foi em 2013). A moça que limpava a casa, uma puta casa enorme pra coitada limpar sozinha, digasedepassagi, também cuidava do filho pequeno deles, de uns 7 anos na epoca. Como a moça que agora não me lembro o nome, acho que era Beth, passava o dia todo com o menino, tinha um afeto muito grande por ele. Certo dia, ao ir embora pra sua casa, Beth, tinha acabado de dar banho na criança, e foi se despedir dela dando um abraço. Assim que saiu pela porta, minha sogra deu outro banho na criança, pois a Beth era 'muito fedorenta de cece'. Detalhe, foi a propria sogra que me contou essa historia, indignada por ter que dar outro banho no filho...

Certa vez, a mencionada sinhá, como assidua frequentadora de um grande centro espírita, resolveu fazer a caridade dentro de casa e ensinar a diarista (nao lembro se ela era passadeira de roupa ou diarista, mas tinha ficado no lugar da Beth, que tinha pedido demissão) a ler e escrever. Só que conforme passou um tempo desse ensino, parece que a senhora (que já era idosa, e ainda assim, precisava ganhar o pão, ralando pra caramba, pq lá na casa, a demanda de roupa e serviço é brava) não tinha muito interesse nas aulas, até pq foi uma decisao impositiva da minha sogra em 'ajudar', e acabava por não fazer corretamente os exercicios que lhe eram passados. Daí, a snake uma vez me contando, perto do marido, que ' a empregada não soube aproveitar a oportunidade que teve' dela ensinar a ler e a escrever, e que era um absurdo a pessoa querer ser ignorante pro resto da vida. O marido interviu e disse 'é, esse povo tem mais é que passar a vida limpando banheiro, povin ingrato'

*

Com 16 anos fui trabalhar na casa de uma moça tomando conta do seu filho, pegava no trabalho às 8, largava as 18, pegava no colégio as 18:30. O bairro onde ela morava era muito longe do meu colégio, normalmente eu chegava atrasada sempre... Comecei a tomar conta do bebê com 3 meses e fiquei até ele completar um ano... Todos os dias eu tinha que fazer a faxina da casa dela e ajudar a mãe dela com a faxina de sua casa também ao todo eu tinha que fazer faxina de duas casas e tomar conta de uma criança. Antes de ir embora eu tinha que limpar os brinquedos do bebê, deixar ele dormindo, de banho tomado, a casa toda arrumada e quando eu tinha tempo de fazer meu trabalho de colégio, já estava na hora de ir embora... Certa vez antes do aniversário do menino (que seria no dia seguinte) eu fiquei até tarde, ajudei na maioria das coisas da festa, saí exausta de lá... E quando falei de pagamento sabe o que ela disse? Que eu já tinha sido convidada pra festa, não precisava de pagamento. Ganhei 120 reais do meu "salário" de 450. Nunca mais voltei a casa da madame que dizia que eu era da "família". Até hoje ela acha que eu devo algo a ela...

*

Eu tinha 18 anos, ensino médio completo, desempregada, deficiente auditiva bilateral e morava no interior.

Meu irmão indicou-me para um casal de engenheiros (com dois filhos) que frequentava o Hotel-Fazenda em que ele trabalhava.

Estava precisando, já tinha trabalhado em outras casas e tinha um pouco de experiência (comecei a trabalhar aos 14.). Lá vou eu.

Local: São Paulo — Moema — morar no emprego.

Apartamento duplex

Folga depois do almoço de sábado (que acontecia as 16 horas) e domingo.

Rotina:

Ela não trabalhava e ele trabalhava em casa.

06:00 — levantar e preparar o café para os filhos irem para a escola

07:00 — lavar as roupas (encardidas das crianças), começar a fazer faxina e encerar o apartamento

10:30 — iniciar o almoço

13:00 — limpar a cozinha

14:00 — limpar armários, cuidar dos bichos, passar roupas, guardar, ir ao mercado, padaria, farmácia

17:00 — começar o jantar

19:30 — antes de servir o jantar, limpava a cozinha.

20:30 — Aguardava a patroa chamar para retirar a mesa e lavar os restos das louças para poder dormir.

eu atendia prontamente a este chamado e um dia desse ela virou pra mim e disse: "NOSSA, VOCÊ NÃO ESCUTA NE? MAS QUANDO TE CHAMO PRA RETIRAR A LOUÇA DO JANTAR VOCÊ VEM CORRENDO!!"

Foi ridículo ouvir aquilo, mas aqui vai a resposta (mesmo que tardiamente) CLARO SUA ANTA! VOCÊ NÃO SABE O QUE É ROTINA?!

Outras cenas desagradáveis também aconteceram, como me acusar por um vidro de azeite dendê sumir do armário depois que ela tinha feito faxina nele!!! "VOCÊ SUMIU COM ELE!!"

As frutas que sumiam da geladeira, pois os filhos e o marido viviam alimentando os passarinhos. "SE CONTINUAR ASSIM, VOU TER QUE SEPARAR SEU PRATO, TODO DIA!!! VOCÊ ESTÁ COMENDO TUDO"

A blusa que ficou desaparecida por ter enroscado numa mala e foi parar debaixo da cama, num dia que precisava encerar todo o apartamento!! cadê minha blusa?!! "VOCÊ SUMIU COM ELE!!"

um dia que coloquei um conjunto de moletom de molho para lavar, a roupa ela importada, e uma lista vermelha desbotou e manchou a roupa... "VOCÊ VAI TER QUE PAGAR, MAS CUSTA MAIS QUE SEU SALÁRIO"!!!

Aguentei por 3 meses. A única coisa boa que lembro, foi um dia que ela olhou pra mim e disse: "QUANDO TE OLHO, VEJO QUE VOCÊ ESTÁ COM O PENSAMENTO DISTANTE"

Ela tinha razão, SIM, EU TINHA SONHOS!!! SONHAVA ACORDADA!!

Saí de lá, voltei para minha terra e com todo o sacrifício do mundo, foi isso que fiz. Batalhei, busquei bolsas de estudo, vivi de migalhas e com roupas usadas e velhas por muito tempo.

*

Eu sempre trabalhei nesta área de limpeza ... E sempre à preconceito sempre surge um comentário um episódio que faz com que a gente se sinta constrangida, trabalhava na csa de uma família que a dona sempre tirava o resto das panela e dava pra mim levar pra csa, frutas que estavam passada, e certa ocasião estava impossibilitada de ir ao salão de beleza, e nesta ocasião as funcionárias do salão foram lá na csa dela pra fazer cabelo unha estas coisa. Daí ela me chamou na frente delas é começou a falar e apontar pro resto de comida na mesa, leva isso pra vc isso aquilo, bem assim fiquei tão constrangida de passar por esta situação. Ela estava querendo se fazer de boa caridosa na frente das amigas do salão. bom só vou contar está se não vai faltar tempo e espaço neste email.. Fora que o marido dela sempre querendo me oferecer dinheiro pra que eu desse bjs nele...

*

Minha mãe desde que chegou no RJ sempre trabalhou em casa de família. Inclusive Boa parte desse tempo, morando no emprego (inclusive eu e meu irmão nascemos numa dessas casas). Já passamos por muita coisa. Mas o q me marcou e me lembro até hj é que nos finais de semana os patrões iam para o sítio. Iam sexta-feira de manhã e voltavam no domingo à noite. A patroa pegou toda a comida da geladeira (inclusive as sobras) deixando só água, ñ deixou nenhum dinheiro e ñ estava no dia de pagar o salário das empregadas (minha mãe e mais duas) resumindo, ñ tínhamos nada para comer e nem dinheiro. Elas acabaram dando um jeito: temperaram o dorso de frango, costela e pescoço (dos cachorros dos patrões) assaram e fizeram o arroz (tbm dos cachorros). Comemos o final de semana todo só isso. O arroz q era de um tipo q era colorido e chupava os ossos do frango. Isso ficou marcado...

*

Olá, estou muito feliz com a sua página. Minha filha de 15 anos eu e me falou sobre a sua página. Você me fez voltar a 8 anos atrás. Lembrei de uma casa em que trabalhei como doméstica 3 vezes na semana, lembro claramente além das humilhações do dia eu lembro de cada laranja que eu tinha que lavar e secar uma por uma. Hoje em dia não consigo nem ver laranja na minha frente.

Olha, que Deus te abençoe grandemente. Você tá de parabéns. Me emocionei muito com sua iniciativa, pois, vc deu vida a milhares de mulheres.

*

Tenho 21 anos e nunca trabalhei como empregada doméstica, porém, minha mãe trabalhou grande parte da vida dela como empregada doméstica, e é por ela que enviou essa mensagem... Teria muitas coisas pra contar, porém tem uma que me marcou muito...Minha mãe trabalhou durante uns 4 anos na casa de um casal como empregada, ela acordava as 4horas da manhã para pegar 2 ônibus e um metrô até na casa da família, lá ela cozinhava e fazia limpeza, trabalhava até as cinco da tarde, gastando aproximadamente 3 horas pra chegar em casa devido a distância e do trânsito. Eu e minhas irmãs mal víamos ela... Era assim todo dia, de segunda a sexta, ganhando na época $380,00... sim, 380,00 por mês, pra toda essa jornada de trabalho... até que um dia minha mãe engravidou da minha irmã mais nova, e as coisas ficaram mais difíceis, a patroa não gostou e começou a destratar minha mãe... até o dia em que minha mãe chegou em casa e vi ela chorando, com um barrigao de grávida, pq a patroa dela tinha reclamado pq ela tinha almoçado no trabalho... Isso me destruiu por dentro. na época eu tinha uns 10 anos, mas me lembro como se fosse hoje ... minha mãe saiu de lá, ficou desempregada grávida, e sem nenhum direito... nenhum direito... Hoje, dez anos depois, eu ainda vejo "pessoas" reclamando dos direitos trabalhistas das Empregadas domésticas, como se fosse um absurdo... E realmente lamentável..."

*

Minhas experiências como diarista e empregada foram muitas, mas seguem as que marcaram...

Meu primeiro emprego como empregada doméstica, foi aos 11 anos. Meu patrão vereador "importante" desde o primeiro dia que entrei na casa, me sentia desconfortável perto dele. Qdo esposa viajava pro interior, ele falava com amigos, que eu era gostosinha demais, mas tinha nojo de mim.

Sempre que podia, se encostava nas minhas costas, pedia para eu limpar melhor embaixo da mesa. Chegou por duas vezes pegar escova e limpa carpete, para eu me ajoelhar e ele me olhava rindo. Fez isso junto com um amigo, que estava na casa.

Acho q eles se mastubavam no quarto, pois depois vinha com uma toalhinha e me passava no rosto. Nem sabia na época, o que era masturbação, nem espermatozóide.

Fiquei quase um ano assim, sendo abusada, sem saber o que fazer, nem contar a ninguém. Ele dizia: caladinha, tua família precisa dos empregos que eu dou. Direi que vc se oferecia.

Quando completei 12 anos, ainda ali naquela casa, comendo o que sobrava, normalmente para mim era a comida do outro dia que sobrara, eles a feita na hora, normalmente por mim.

Lembro que uma vez, tinha na mesa do café da tarde que a patroa dera às amigas, o que fiquei conhecendo naquele dia…pão de queijo. Peguei um escondido, pois me deu muita vontade de comer aquele pãozinho amarelinho. Ela sentiu falta, e veio me ofender muito por eu "ter roubado" da mesa que pagava meu sustento.

Me ofendi muito, chorei muito. Eu nunca roubaria, mas me fez acreditar que eu fora desonesta. Eu ainda tinha 11 anos, logo que entrei na casa trabalhar. Muitas outras humilhações, por eu não saber colocar os pratos e talheres certo.

Dizia que eu incomodava pois cantava sozinha limpando a casa, lavando louça. Era verdade, cantava muito baixinho, sempre a mesma frase da música da Ângela Maria. Quando brigava em casa, desde quando morava na roça. Faço isso até hoje!

Continuando…

Ainda com 11 anos, me levaram junto para Praia. Pra cuidar das duas crianças e casa, claro!

Então…no caminho para ir, pararam para comer em um café colonial ou algo assim. Eu mandaram ir no banheiro e voltar pro carro, que levariam comida para mim lá. Assim foi…levaram uma coxinha e a patroa disse que eu tomasse do suco que levaram de casa, e que o menininho menor tinha deixado mais da metade. Foi o que comi durante toda viagem. Uma coxinha, é o resto de um suco quente.

Ao chegar na praia, Camboriú, fiquei num colchão junto da garagem. Depois que foram dormir, andei os poucos metros até a praia, onde conheci o mar.

Foi a primeira vez que senti vontade de me suicidar. Mas a emoção de ouvir o som das águas, e a força da natureza...me senti infinitamente pequena diante da magnitude de quem criou àquilo. Foi muito forte essa experiência do meu encontro com o mar.

A vontade de morrer continuou por muitos anos...mas não pude fazer o que queria nesse momento de certeza da existência de ser maior. Na época chamava de Deus. Hoje continuo crendo, ainda mais...porém não sei seu nome, nem só o creio estar na religião cristã.

Esse ser maior, já senti e encontrei diversas vezes em ateus. (Paulo Roberto Cequinel foi minha primeira experiência, com Luiz Skora a segunda, a terceira, com Marcia Tiburi, e por aí seguem os ateus me estendendo a mão.

Então aos 12 anos, sozinha na casa de um cristão rígido, que levou mais três, poderosos, que são todos da bíblia, bala e boi, fui estuprada.

Vieram os quatro pegar em a empregadinha pobre, que dava nojo, mas era gostosinha, e me curraram. Sim, aos 12 anos!

Não, nunca tive justiça, sim tentei, sim foi pior, pois uma "ninguém" ousou contar anos depois e o desfecho foi o que me matou por mais de 30 anos de silêncio, dor, revolta, estadias longas dentro de psiquiátricos, em um tempo que depressão era considerada loucura.

Assim fui diagnosticada. Louca. Carrego esse estigma até hoje. É o meu rótulo menos cruel.

Os outros são ter inventado tudo para sair candidata e ter votos, outras, ser esquizofrênica, outras megalomania, outra de disco voador, pois tenho uma alegria nos olhos e no rosto transbordante. Então meu brilho de sobrevivente que ilumina outras que viveram o que vivi...ofusca.

A inveja dessas pessoas da minha força ainda que doendo e ter dias que parece que não vou dar conta...sim, essa minha força e luz, é confundida com o disco voador.

De todas as maldades, essa é uma das piores, pois a difamação e o assédio moral, por parte de uma que se suto denonmina de "feminista" são os mais letais. As pessoas minam outras e outras, fazem perder apoios financeiros, trabalho etc... enfim.

Como disse a musa Maria da Penha " sobrevivi e posso contar".

Eu com a autorização dela, plagiei... SOBREVIVI E POSSO AJUDAR ♥

Hoje tenho uma ONG...

G. firma por ser verdade e por aprender a subir na mesa e gritar: FODA-SE!

Ps: fui diarista de uma médica jovem, linda...

Quando foi abrir à porta, me perguntou, vc é a Goretti, diarista? Só concordar ela me olhou da cabeça aos pés e disse: " tem o elevador de serviços, só use ele".

Eu respondi: entrei no que o porteiro me encaminhou, me acompanhou até o social, entrei.

Ela entao diz o que sempre ouvia das patroas: vc não parece pobre, por isso o porteiro te abriu a porta do elevador social, avisa que vc é diarista.

Voltei umas três vezes na casa, então um dia ela me perguntou: "onde vc consegue essas roupas tão bonitas e elegantes"?

Respondi: eu compro, tenho bom gosto, adoro brechó, como sei costurar, transforma as peças ao meu estilo, pois não gosto de usar moda. Então faço peças únicas, é compro roupas fora de estação. Sempre!

Também venho arrumada porque quando saio daqui, vou direto pra faculdade.

Ela me olhou desconfiada, não acreditando. Não me chamou mais para trabalhar!

*

A dona Rosa trabalha na casa a anos como diarista, sempre contou histórias que aconteceram em outras casas, um dia contou da nova namorada de um dos patrões que a acusou de roubar suas calcinhas (oi? Sério moça?), mas aqui ela sempre foi muito mais que funcionária é sempre foi muito querida por todas nós. Um tempo atrás, ela tirou uma tarde pra me ajudar a arrumar o guarda roupas da minha filha, passamos a tarde toda juntas nos ajudando e pela primeira vez percebi que ao ir ao banheiro, ela não usava nenhum dos dois banheiros da casa, mas ia no banheiro da lavanderia, pra ir até lá ela tinha que atravessar a casa e atravessar o quintal. Quando eu perguntei porque ela me respondeu que não queria incomodar, quando insisti em perguntar porque seria um incômodo ela respondeu que a maioria dos patrões não permitem que ela use os banheiros principais.

Ao mesmo tempo que me revoltei e entristeci com a atitude das pessoas, me entristeci ao perceber que mesmo ela estando duas vezes por semana conosco, nos ajudando, sendo parte importante das nossas vidas, nunca havíamos notado esse hábito desnecessário que ela tem por conta do preconceito dos patrões.

*

Minha avó é negra e sempre foi lavadeira, às vezes também fazia outros serviços domésticos. Quando eu tinha 11 anos (uma criança ainda), ela começou a lavar roupa para uma família que morava perto da gente. Certa vez, voltando da aula, a patroa dela me parou e disse que estava precisando de empregada e que eu poderia ir trocar de roupa e já ir limpar a casa dela. Eu disse que não era empregada. Ela disse: mas você não é filha da lavadeira? Eu disse que tinha que estudar e ela riu: "pra quê?". Bom, a verdade é que essas famílias ainda gostariam de ter escravos, afinal, pobre e negro nasceram para servir eles, não é mesmo? Nojo. Respondendo a pergunta dela: para ser jornalista.

*

Meu relato começa exaltando o orgulho que eu tive que de ser filha de empregada doméstica.

Minha mãe foi pra Recife tentar uma vida melhor, era empregada doméstica. Fiquei com uma tia, que também era empregada doméstica em Natal-RN. Minha tia morava na casa dos patrões e sempre me levava quando as coisas apertavam em casa. Era casa de um comerciante famoso da cidade de Natal-RN, tinham uma loja de tecido muito renomada na cidade. Eu pequena, com meus 7, 8 anos achava o máximo ir pro trabalho da minha tia mesmo com as restrições, não podia passar da porta de vidro, não podia falar alto e nem cumprimentar os patrões, eles podiam não gostar. Eram regras da minha tia, mas eu não seguia. Na inocência de uma criança eu queria explorar aquela casa inteira, peguei um pano e fui limpar os móveis escondido da minha tia, me vi admirada com aquela varanda de frente pro mar, aquela estante cheia de livros, aqueles enfeites de sala vindos da Itália, os patrões me viram e pra minha supresa eles nem sabiam que eu habitava por lá, meias palavras trocadas com minha tia, alguns questionamentos sobre por que me esconder tanto tempo, chegaram a uma conclusão. Eu podia ter acesso à toda casa, as estantes de livro, a sala de jogos. Me tratavam como da família, me ensinaram a ler, a jogar xadrez e a rezar antes de dormir, um dia a filha da patroa me pediu pra vestir um jaleco branco e com as palavras mais doces me disse: "Um dia você vai ser doutora como eu, e nós todos teremos orgulho de você." foi como ouvir música dos anjos, hoje sou fisioterapeuta, minha tia aposentada, eles já faleceram mas mantive contato com a filha deles até ano passado. Sempre quis relatar isso, foi um marco na minha vida.

*

Minha mãe sempre trabalhou como doméstica, e graças a Deus teve sorte de encontrar alguns patrões realmente muito "queridos". Mas uma vez eu lembro, que roubaram uma bicicleta na casa de uma Patroa e ela "delicadamente" pediu pra minha mãe perguntar pros filhos dela, se não tinha sido algum "amiguinho" nosso?! oi?

Minha mãe respondeu: — Tu acha que foi um dos meus filhos? Vamos AGORA na delegacia que eu faço questão de dar queixa!!

Veja só, obvio que ela se recusou a ir, depois de alguns dias puxaram as imagens da câmera de segurança da casa e ela mesmo havia deixado a bicicleta do lado de fora da casa e alguém levou... Ela influenciada pelo marido, que parecia ser mais racional, pediu desculpas pra minha e falou que a intenção não era acusar ninguém!!!

*

Minha mãe sempre trabalhou como doméstica para sustentar a casa e dois filhos sozinha. Certa vez, trabalhando para uma senhora sem receber salário, apenas para poder morar em um cômodo nos fundos da casa numa época em que passávamos por extrema necessidade, ouviu por diversas vezes que os cachorros desta senhora (na época eram 12 cachorros) podiam se alimentar melhor que a minha mãe e seus filhos, pois jamais teria dinheiro parar comprar por exemplo um pedaço de queijo importado que estava dando para seu cachorro e ele adorava.

Atualmente minha mãe ainda trabalha como doméstica, mas a minha vontade e objetivo é poder proporcionar condições para que ela não precise passar por humilhações desse tipo.

*

Fui empregada doméstica desde os 11 anos de idade.

Aos 14 comecei a trabalhar na casa de um casal. Ele médico, ela advogada.

Uma vez estava limpando a estante repleta de livros e comecei a admirar a coleção de livros médicos que estavam ali. Ele se aproximou e perguntou se eu gostava, falei que sim, que meu sonho era ser médica como ele um dia. Ele riu e me falou que eu teria que largar a faxina e fazer muito programa pra conseguir ser pelo menos técnica em enfermagem.

Naquele dia quando cheguei em casa chorei até soluçar.

Esse ano passei pra medicina, numa federal, mas não pude ir por não ter dinheiro pra viagem.

Quando isso aconteceu aquilo que ouvi, que já tinha esquecido, voltou arrebentando o meu peito. Chorei com dor em dobro.

Não desisti do meu sonho e não vai ser por pessoas como ele que vou desistir.

*

Trabalhei como empregada doméstica por quase 20 anos. Meus patrões eram boas pessoas. Não era necessário usar uniforme, nem mesmo roupa branca. Minha patroa sempre me pagou corretamente. Sempre fui responsável, nunca fui de faltar trabalho. Minha patroa sabia que eu tinha filho pequeno e mãe idosa e que eu dividia meu tempo entre sair do trabalho, pegar meu filho na escolinha e ir à casa da minha mãe, pois ela sendo idosa, era eu que fazia a limpeza da casa dela. Depois pegava meu filho e voltava pra casa, onde eu também arrumar. No total, eu tinha que limpar três casas, a minha, a da minha mãe e mais a casa do meu trabalho como doméstica. A patroa sabendo disso e vendo que eu era responsável e como eu trabalhava de segunda a sábado, resolveu que eu trabalharia um sábado sim e o outro não.

Como eu tinha gastos com a escolinha do meu filho, uniforme, roupas pra ele, material quase não me sobrava dinheiro e então durante esses vinte anos quase não comprei roupas pra mim, pois a patroa sempre me dava roupas.

*

Minha mãe trabalhava como diarista, duas vezes por semana, numa casa de uma família de classe média. Certo dia, às 8h00 da manhã, como de costume, minha mãe estava chegando em seu local de trabalho quando, após apertar a campainha, foi abordada por um assaltante que levou sua bolsa e seu celular que estava no bolso da calça. Isso não seria estranho se não fosse pelo fato de o seu patrão estar do lado de dentro do portão, ouvindo toda a ação sem prestar socorro e só saiu quando o assaltante havia ido embora. Como se não bastasse, quando minha mãe entrou em sua casa em choque e chorando, seu patrão olhou para ela e disse "Ah, mas você tava usando bolsa, né? Faxineira tem que usar sacola de faxineira."

*

Minha mãe veio de uma familia rica, mas as circunstâncias a levaram não ter muita grana (mesmo seus pais tendo bastante) aos 50 anos, uma sobrinha dela perguntou se minha mãe não podia tomar conta de seus tres filhos 3x por semana no valor x, minha mae precisava muito de um trabalho e aceitou.

Primeiro dia em que ela voltou desse trabalho, ela chorou muito, perguntando o que tinha feito pra ter que vrar uma empregada. Na maior calma, expliquei que não era humilhação e sim um trabalho digno como qualquer outro.

O trabalho que era apenas olhar as crianças, virou tomar conta da casa inteira. O valor continuava x. Minha tia ia visitar os netos uma vez por semana, mas minha mae era obrigada a ir junto porque era ela q tinha q dar banho nas crianças e arrumar seus uniformes.

Minha prima tirava ferias, minha mae tinha desconto no salario se fizesse o mesmo

*

Minha mãe trabalhou por anos em uma casa que até hj levo os patrões como meus pais postiços! Porém ela saiu dessa casa pois seu falecido marido lhe propôs vida " boa" até ser preso... Ela como mulher de fibra voltou pra correria então achou uma casa, patroa com aparência de boa pessoa até chega certo dia que acusou minha mãe (e minha mãe guerreira) de furto de uma corrente de ouro humilhou ela como se não houvesse amanhã e minha mãe foi embora para casa até que eu atendi o telefone de casa era a Patroa " Boa" dizendo que a corrente estava guardada em outro lugar porque a filha usou e esqueceu de por no lugar!

E oque minha mae fez? Um B.O mais não para ganha indenização por calunia e falsa defamacao e sim pelo constrangimento causado!

*

Trabalhei em uma casa q a patroa me ofereceu uma laranja podre e falou q dava para aproveitar um lado.

E me dava o almoço q estava vários dias na geladeira. Mas tbm já trabalhei em outras casas q as patroas hj em dia são minhas amigas,

Tem uma até q curtiu a página q é uma fofa. (bju lulu)amei trabalhar pra ela.

Mas graças a Deus hj Trabalho em outro ramo, mas não tenho vergonha de ter Trab de doméstica, pelo contrário ganhei muito dinheiro e aprendi muito na vida.

Bju para todas as doméstica.

Somos guerreiras.

*

Oi gente. Aqui estou eu, falando de coisas que fizeram eu me sentir desvalorizada, mas ao mesmo tempo me sinto culpada por estar falando de algo sem tanto impacto para a sociedade, mesmo assim, queria fazer o desabafo. So trabalhei 2 vezes como empregada, na verdade, na primeira não fui bem uma empregada, fui mais uma babá. A moça era bem rica e o filho bem mimado, ele parecia um amor na frente de quem não conhecia, mas quando ganhava intimidade era um nojo, a mãe dele não tinha confiança em ninguém e provavelmente não teve em mim. Ela não me pagou por ter ficado cm ele, adiava sempre o pagamento dizendo: vou passar ai, pra te entregar o que te devo. Até hoje não recebi, e ela ainda tentou convencer minha mãe a não me deixar casar, tentou colocar minha mãe contra a parede com argumentos e perguntas. Até hoje não gosto dela por essas atitudes... E recentemente trabalhei com minha mãe em uma casa onde a mulher era mega suuja e a familia toda era porca também, eu costumo ajudar minha mãe, ela recebe e eu trabalho de graça (faço por ela e não pelas pessoas pra quem trabalhamos), nesse dia sabíamos o que deviamos limpar na casa ou não, pois era uma faxina basica. Minha mãe não sabia a quantia que ia ganhar, so sabiamos que iamos ganhar alguma coisa. No fim, limpamos muito mais do que deviamos, limpamos tanto que passei mal no outro dia, de tanto esforço que fiz, foram 10h trabalhadas,10h seguidas limpando sujeiras que nao deveriamos nem ter encostado, pra minha mãe ganhar 100r apenas. E no fim, ela ainda mandou minha mãe voltar e limpar uma janela que não deu tempo de limpar (de tanta bagunça que tinha, SIM GENTE,ERA MUUUUITAAAA) e ela ainda achou que a atitude da minha mãe de não querer voltar era errada. Bem, fazer o que neh?

Desde ja agradeço gente, o trabalho de vocês aqui é lindo de verdade, parabéns! Em meio ha tantos preconceitos podemos desabafar e conscientizar por meio de depoimentos que expõem atitudes tão abusivas e absurdas. Mais uma vez, obrigado e parabéns!

*

Contratada para fazer todo o serviço do apartamento e cuidar de uma bebê de 2 meses.

"Você vai comer a mesma comida que a gente, só não coma doces pq o Fulano(marido) é uma formiga. também não tome leite e refrigerantes por é light e é muito caro. Também balsâmico, castanhas, saladas, frutas, coisas desse gênero pq esses itens eu já compro na quantidade certa para mim e o marido mensalmente.

Você disse que ama café e aqui não tomamos, então vc pode comprar se quiser, também compre o açúcar, se preferir adoçar.

O fulano precisa de tomar o café às 6:00, e jantamos por volta das 23:00, depois das nossas refeições vc pode comer, mas não se preocupe, aqui vc terá seus momentos.

A tv você pode ligar por 30 min, depois do seu expediente.

Nós gostamos de reunir os amigos aos sábados, tipo assim, nunca passa das 4:00, daí v vai no domingo de manhã, se bem que as vezes você podia ficar até mais tarde com a bebê, para que eu possa descansar um pouco".

Alguns finais de semana vamos a à praia ou ao nosso sítio e aì não tem jeito, vc precisa ir conosco. Mas não se preocupe eu sou muito boazinha, você vai amar trabalhar aqui.

Opção 1: voltar para o norte de Minas, sem 1 R$ no bolso, sem roupas, enterrando o sonho de ser independente, de fazer faculdade, de ajudar os pais e irmãos a sair daquela miséria.

Opção 2: Aceitar as condições, e receber um salário mínimo

Aceitei as condições por longo tempo

*

Nos anos 90

Minha mãe trabalhou para uma família onde na hora do almoço "única refeição que fazia no dia" tinha que ser trancada a chave no quartinho. A refeição era composta pela comida e uma fruta. Certo dia ela pediu para trocar a banana pela pera para levar aos meus irmãos que estavam em casa a sua espera para dividir entre eles. A senhora patroa disse que minha mãe tinha que comer o que era oferecido, pois tinha que agradecer pela comida recebida.

Amém, graças a Deus tinha o que comer.

Um dia ela pegou seu filho na escola e chegou em casa e jogou da lancheira do seu filho 3 bolachas no lixo. Estavam embalada por guardanapo, como minha mãe somente tinha o almoço pegou as bolachas do lixo e iria comer no caminho para a casa. A senhora patroa perguntou o que minha mãe estava fazendo, e ela disse que pegou as bolachas para comer no caminho, já que tinha fome pois só tinha o almoço no dia... ela disse para minha mãe colocar as 3 bolachas no lixo novamente, pois o lixo era dela e que se minha mãe pegasse era roubo. Já que minha mãe pegou as bolachas do lixo dela minha mãe roubou, portanto era uma ladra. Minha mãe muito sábia, agradeceu pela oportunidade de trabalho e falou que não iria mais trabalhar la, que não queria receber pelos dias de trabalho, e que Deus a abençoace muito.

Fico muito triste pela situação, mas Deus deu o livre arbítrio a nós, onde você paga por cada atitude sua para com os outros e as coisas.

*

Eu esporadicamente trabalho como doméstica em uma certa ocasião desempregada e com 2 filhos pequenos trabalhei na casa de uma senhora chamada Tereza, nunca fui tão humilhada e entrava pro banheiro pra chorar, eu pobre, de comunidade e precisando era um prato cheio pra ela, não podia comer a comida fresca, ela sempre pegava o que sobrava dos dias anteriores, me oferecia pão duro e não permitia nem que eu tomasse um café, até que um dia cheguei com uma bolsa de compras com alguns pacotes de fraldas e ela dizia que nem ela podia comprar aquele tipo de fralda e insinuava que eu tinha roubado, eu chorava muito e perguntava como uma pessoa poderia tratar a outra dessa forma, fiquei 4 meses nesse inferno e quando sai de lá eu desenvolvi raiva de mim por me permitir passar por aquilo, demo rei para me recuperar das humilhações daquela mulher.

*

Oi Preta, como vai? Parabéns pela página, tenho certeza que vai mudar muitas vidas! Venho de uma família em que todas as mulheres tiveram seus primeiros empregos, e, em alguns casos, os de sempre, como doméstica. Vi muitas atrocidades, mas como só posso falar por mim, decidi contar minha história.

Eu sou jornalista, e enquanto fazia faculdade, há uns 8, 9 anos atrás, consegui um freela heheh como babá, aos finais de semana. Eu não conseguia estágios na minha área, por n questões, sobretudo a dificuldade de uma mulher negra entrar no mercado. Mas para empregos domésticos, as vagas para nós abundam (que coisa não?!).

Eu não tive problemas com as minhas patroas na época. As duas eram vizinhas e eu cuidava esporadicamente das crianças de uma e de outra. Elas sempre me trataram como amigas, bem como seus maridos. Mas percebia que a relação das vizinhas com suas babás era diferente. Elas estavam sempre uniformizadas, de branco de cima abaixo. Sempre destratadas pelas crianças, marginalizadas. As patroas delas me ofereciam trabalho constantemente. Todas me queriam.

Achavam algo incrível uma babá com curso superior. Às vezes me sentia como um objeto exótico em exposição. Me queriam nem que fosse somente nas minhas férias. Mas eu via bem como tratavam suas funcionárias. Algumas acumulavam funções como cozinhar, limpar e cuidar do idoso da casa, além de cuidar das crianças. Ficava apavorada. Nunca aceitei essas propostas indecentes. Elas não podiam frequentar a piscina do prédio, eu sim. Nas festas, eu era bem vinda às mesas, enquanto as outras tinham que ficar sentadas longe, numa mesa só das babás ou nem mesa tinham.

Nem todas as crianças tratavam suas babás com carinho, reproduziam o discurso ensinado pelos pais "você é só uma empregada". Talvez essas coisas não me acontecessem porque eles tinham medo de que eu gritasse, porque bem ou mal, ainda que pouca, eu tinha mais voz do que aquelas mulheres. Tenho plena certeza que eu não era querida ali. Sabe aquela história de amigos perto e inimigos mais perto?! Imagino que era algo assim. Eu, por minha vez, não fiz muitas amizades entre as outras babás, me sentia distante da dor delas, apesar de ter vivido tudo isso com as minhas tias e minha mãe, mas naquele contexto, eu estava no meio e isso ficava muito claro, não por minha culpa, mas pela forma diferente como era tratada.

Como minha família não podia me sustentar, com 13 anos fui trabalhar como doméstica.

O pior na casa era a avó, extremamente racista e elitista. Trabalhava como babá e doméstica, de 6h às 22h da noite. Apartamento de luxo, com ar-condicionado central e aquecimento de água por boiler, 4 suítes. Mesmo assim, meu chuveiro era frio e no meu quartinho não podia nem ligar o ventilador. Só podia comer carnes que sobravam do prato deles. Mesmo com jornadas abusivas e sendo menor de idade, acordava de madrugada com a senhora desligando meu ventilador e falando: "Se está de lençol, não precisa usar ventilador". Também reafirmava como eu era feia por ser negra. Ela me vigiava o dia inteiro, quando comecei a querer estudar, ela boicotava, apagava a luz do quarto para não gastar energia. A nora dela tentou me defender, mas era oprimida pela senhora e seu filho, marido dela, pois também era vítima de relacionamento abusivo. Levei muitos anos para recuperar a auto-estima e a dignidade. Mas hoje superei.

*

Em primeiro lugar, parabéns pela iniciativa, espero que a repercussão positiva que a página está tendo servirá para que alguns "patrões" tomem consciência da atitudes e pensamentos que para eles não causam nada, mas que para quem os recebe pode deixar marcas permanentes.

Minha mãe trabalhou como empregada doméstica durante muitos anos e passou por diversas situações, como algumas que relato a seguir.

— Uma de suas patroas lhe disse uma vez que era um privilégio pra ela trabalhar em sua casa, ganhando comida de graça e ainda recebendo um salario no final do mês. Nesta mesma casa os patrões entravam escondidos em casa quando estavam fora para espiar o que ela estava fazendo, na tentativa de dar algum flagra nela fazendo algo de errado.

— Em outra casa em que ela trabalhou, ela falou para o patrão que eu havia entrado na faculdade (pelo ProUni). Ele falou que eu não deveria perder tempo fazendo faculdade e sim um curso de manicure que era mais de acordo comigo.

*

Eu sou filha de empregada doméstica vivenciei cada situação que Mainha passou. Uma certa vez minha mãe me levou ao trabalho até então os patrões da minha mãe não sabia minha cor, até por que minha mãe é branca. Ao chegar comigo a patroa da minha mãe disse -É dona Maria eu toda feliz por que você é branca e você traz sua filha e me surpreendeu fato pobre sempre dá um jeito de mete um preto no meio. Minha mãe a baixou a cabeça com os olhos cheios de lagrimas foi trabalhar, até por que ela tinha uma filha para criar sozinha, minha não falou nada o dia todo. Dava para sentir a tristeza dela em sua respiração.

"O patrão ficava correndo atrás de mim minha filha, até me deu a senha do cofre pra me comprar. Teve um dia que eu tava dormindo no quartinho e acordei com ele chupando meus peitos, tomei um susto terrível. Eu não falei nada pra branca, depois ela ia pensar que eu que tava dando ousadia. Peguei minhas coisas e fui embora".

*

Minha mãe já trabalhou como empregada doméstica em uma casa em, Santos.

Na mesa do almoço hoje onde estavam meus pais e uns 3 funcionários do restaurante dos meus pais e eu comecei a contar sobre a hashtag e meu pai pegou o assunto do meio e questiona "Nossa, você conhece essa sinhá e essa pessoa que é tratada como escrava?"

E olha que ele é "ignorante" nos meios acadêmicos da vida. Mas noção de vida não medimos assim. Eu disse que não e expliquei da campanha.

Minha mãe completa "Ah, um dia eu estava trabalhando e fui preparar o almoço, a patroa falou "hoje é filet mignon, aí você frita um ovo ou qualquer coisa e come depois, ok?" Ela disse que sentia o cheio e ficava imaginando como aquilo era especial a ponto de ela não poder comer, quando teve condições comeu e nem gostou tanto assim, deu risada e disse que era uma época difícil, não ter dinheiro nem pra comprar a lata de leite. Mas que agora ela come quando quer. Inclusive nossos funcionários são liberados para almoçar qualquer refeição que estiver no cardápio do dia.

*

Antes de ir pra faculdade, comecei a trabalhar como diarista pra tentar juntar um dinheiro pra me virar durante os primeiros meses na universidade. Pois bem, eis que um dia me liga uma mulher e pede uma faxina, contou uma história e pediu mais barato, a faxina custava 30,00 e eu precisando fiz por 25,00. Quando cheguei na casa e olhei a cozinha eu vi uma situação que nunca tinha sequer sonhado antes, tinha louça suja até o teto, no chão tbm, junto com mamadeiras e fraldas sujas, (sim, tinha um bebe na casa naquela situação), muitas garrafas de bebidas, latas de cerveja, na pia tava dando larvas e a agua tava podre. Enfim passei o dia todo limpando a cozinha com ânsia de vômito. Disse pra contratante que não daria pra terminar e que voltaria no outro dia para limpar o resto da casa e que seriam assim duas diárias. Ela não gostou, mas concordou.

Quando eu cheguei no outro dia, ela ja veio me falando que nao ia mw pagar 2 dias porque eu fiquei enrolando serviço e começou a apontar marca de dedos nas portas e nos batentes. Falou barbaridades, me chamou de porca, disse que só me chamou pra me ajudar porque conhecia minha mãe, enfim, me humilhou.

Esperei ela falar, não chorei, não discuti. Fui ao banheiro troquei de roupa, cheguei no quarto e falei fulana: estou indo, não precisa me pagar.

*

Eu queria fazer um relato pela minha mãe, que é analfabeta e sempre foi empregada doméstica.

Ela trabalhou por anos em uma casa de familia, onde o patriarca era acamado, a patroa dizia que "pra deixar ele contente, ela deveria usar roupas curtinhas quando fosse cuidar dele", depois de tantos anos sofrendo, ela decidiu não aceitar mais essa condição. Então certo dia a patroa descontente chamou ela na sala e disse; fazendo gesto de furto: eu sei que você "afanou" um brinco meu, eu não vou chamar a polícia, só peço que vá embora.

No edifício onde moro, a pessoa que nos ajuda em casa foi subir pelo elevador social e uma das moradoras não quis deixar. Mesmo assim, ela foi, contrariando a senhora de engenho. Fiquei muito triste com o fato e sei que se repete muito por aí. Existe uma lei estadual que impede esse tipo de discriminação, minha mãe imprimiu e colocou no elevador, a síndica retirou e nos deu uma advertência.

*

Sou filha de uma empregada doméstica, mãe solteira de 3 filhos.

Minha mãe começou a trabalhar aos 12 anos de idade, porque a família era muito pobre, e vivia apenas de trabalhar no roçado, ganhando muito pouco e plantando quando os donos da terra cedia um pedaço da terra para meu avô, para ajudar a família ela foi para a cidade trabalhar de doméstica, abandonando os seus estudos. No início da minha adolescência minha mãe sempre falava que não queria me ver trabalhando como doméstica, porque ela não queria que eu passasse o que ela passava na "casa dos outros". Ela sempre tentou me manter longe desse ramo, mais aos 14 anos, por iniciativa própria e contra a vontade dela, arrumei meu primeiro emprego de babá, para tentar ajudá-la. Abaixo segue os meus relatos:

1° experiência (Babá)

Cuidava de uma criança recém nascida, trabalhava de dia e estudava a noite, a patroa escondia a comida e vivia sentindo ciúmes de mim com o marido dela, um cafajeste que só esperava ela sair para ficar me mandando indiretas, um homem de 30 anos (eu tinha apenas 14 anos na época). Pedi para sair porque não o aguentava mais.

2° Experiência (Empregada Doméstica)

Arrumava a casa, lavava, passava, cozinhava e cuidava de duas crianças por apenas R$120,00, me sujeitei porque precisa.

Primeiro ela chegava no horário e dava tempo para ir para escola, depois de alguns meses começou a chegar às 20h00, e eu ficava esperando ela chegar com suas filhas, uma criança de apenas 9 meses e outra de 6 anos, nessa época eu tinha apenas 17 anos.

Uma certa vez ela chegou na hora do almoço, e não sei o que deu nela, me chamou para sentar a mesa e almoçar, quando sentei para almoçar a sua filha de apenas 6 anos se recusou a sentar na mesa, pois segundo ela: " Ela não iria almoçar junto com a empregada sentada à mesa". Nesse momento me retirei da mesa e sair angustiada, com um nó na garganta querendo chorar.

Pedi demissão porque quando o marido dela sempre que estava em casa, ficava assistindo filmes pornô na sala e me chamando para assistir junto com ele.

3° Experiência (Empregada doméstica)

Cuidava de uma casa para uma senhora de 80 anos, onde a mesma deixava a porta do quarto dela fechada, onde depois eu ouvi ela falando para uma das filhas dela, que deixava a porta fechada para eu não roubar. Ela sempre me chamava para sentar a mesa e almoçar junto com ela e os netos dela, até sua filha mais nova entrar na cozinha e me ver sentada a mesa, onde a mesma usou a seguinte expressão: " É um absurdo a empregada sentar na mesa para comer com vocês, ela tem que comer depois!", e no mesmo dia pedi demissão.

Depois dessas experiências resolvi focar nos meus estudos e procurar outras formas de renda, vendia lingerie, bijuterias e etc.

Estudei para o vestibular, passei, e hoje eu curso o 6° período de Ciência Econômica em uma universidade federal.

Minha mãe ainda trabalha como empregada doméstica, mais espero um dia, dar uma vida melhor para ela.

*

Fico indignada não pelo fato de que passei fome ou por varias vezes escutar palavras q doe nem por ser babá tenho orgulho de ser uma. mais sim fiquei indignada quando arrumava os brinquedos da criança. a mãe trancada no quarto e o pai também so que ele estava trabalhando era advogado. a criança passou o dia comigo. queria a mãe, correu e entrou no quarto abraçando os dois mas a mãe n gostou saiu gritando q eu n prestava pra ser babá q eu era farsante q tinha q segurar ele de todo jeito tava sendo paga pra isso e outas coisas mais. Ai expliquei com lagrimas nos olhos e com medo, que o filho dela so queria um abraço dela q estava o dia todo em casa mas parecia q não tinha nimguem eu poderia fazer de tudo mas n suprir com o carinho da mãe dele. o pai levantou achei q ia me chingar mas disse q eu estava certa.

*

Minha vó mulher negra e solteira, criou os três filhos trabalhando como doméstica. Na época que as leis trabalhistas não era nem pensada para essa classe trabalhadora. Cresci ouvindo seus relatos, um mais horrível que o outro. Como por exemplo, o que aconteceu em umas das casas em que ela trabalhou, onde era obrigada a comer o resto das comidas que sobravam do dia, e ainda dividir com o cachorro. O que não era suficiente para acabar com sua fome. Vovó então, passou a comer arroz cru, durante muito tempo. O que acabou gerando um problema intestinal sério, onde foi preciso ser feito uma cirurgia, que a deixou entre a vida e a morte. Hoje ela carrega no próprio corpo e na memória as marcas de uma sociedade desigual, racista e desumana.

*

Tenho 23 anos, já trabalhei de muita coisa nessa vida, inclusive de empregado doméstico. Aos 6 anos fui morar com minha mãe e logo ela começou a me levar para o trabalho. A patroa não gostou no início, mas logo se habituou, pois eu tinha que ajudar a minha mãe e principalmente subir as escadas todo tempo pra levar alguma coisa. Alem é claro de sair pela rua fazendo algum mandado deles. Nunca entendi a submissão da minha mãe, quando comecei a questionar por que éramos obrigado a catar o cocô do cachorro no jardim. Levei uns tapas da minha mãe, e nunca entendi por que insistiam em me chamar de "neguinho" mesmo sabendo meu nome.

*

Ser empregada doméstica por 4 anos mudou minha vida. As pessoas com quem convivi nesse período só me trouxeram experiências positivas e incentivos verdadeiros de crescimento profissional. Quando deixei esse emprego chorei diariamente por um mês junto com minha amiga(patroa)... até hoje, 10 anos depois, temos estima e carinho uma pela outra. Graças à essas pessoas sou o que sou hoje: Humana, professora, crítica...

Mas sei que isso poderia ter acontecido entre nós independente do tipo de relação profissional, se fôssemos colegas de trabalho em uma empresa, vizinhas ou outra coisa existiria uma relação de amizade. Isso nada tem haver com a relação patrão empregado e sim com relação humana. Pessoas do bem são sempre do bem e pronto!

*

O meu relato hoje vai na contramão dos demais que tenho visto.

Minha mãe se chama Maria, hoje em dia é aposentada e não trabalha mais para fora.

Há 25 anos atrás ela e meu pai foram morar na casa de uma patroa da minha mãe, (eu nem era nascida ainda). A patroa era uma executiva importante de uma empresa em campinas, e seu marido um engenheiro químico, professor renomeado e com vários livros lançados. Ricos, mas verdadeiros exemplos de humildade e generosidade.

Dois anos após estarem morando lá, minha mãe descobriu que estava grávida de mim, e foi acolhida pela patroa. Meus pais sempre contam que eles se reuniram para dizer que isso não seria um problema para eles, e que meus pais poderiam continuar morando lá. chegaram a pedir que minha mãe não fizesse nenhuma besteira como abortar (não que ela quisesse). Minha mãe teve todo o suporte que uma grávida requer. Eu nasci e passei boa parte da minha infância lá. Morávamos numa casa de dois cômodos + banheiro e tínhamos livre acesso ao que precisássemos. Comíamos o mesmo que eles, e com fartura. Nunca nos regularam nada, nem mesmo o acesso a piscina. As crianças da família da patroa foram os meus amiguinhos de infância. Brincávamos juntos com os mesmos brinquedos. Eu podia ir para a mansão brincar com eles como eles também podia ir para nossa casinha brincar. Fui presenteada, paparicada e minha mãe nunca foi humilhada naquele local.

Ela não precisava da minha mãe aos finais de semana, a menos que fosse receber muita gente para almoçar lá, e a deixava livre para sair ou receber visitas.

Resumindo, foi uma moradia feliz, e hoje mesmo com a diferença social e financeira que existe entre nós, há consideração e reciprocidade de ambas as partes.

Mesmo tendo saído do emprego, ela e meus pais sempre mantiveram contato, e quando passamos pela cidade nos encontramos.

Hoje tenho 23 anos, sou casada, estou a me formar, e nossas famílias continuam a se encontrar sempre que dá. A última vez que eu a vi foi em 2014, quando levei meu esposo para ela conhecer pois moramos em outro estado e já tinha quase 3 anos que não nos encontrávamos. E mais uma vez não poderia ter sido melhor.

Fico triste em saber que muitas mulheres não são respeitadas e reconhecidas em seu trabalho como minha mãe foi. Isso é tão básico que deveria ser regra e não exceção. Tentei me colocar no lugar daqueles que relataram precisar morar com a mãe no serviço e não poder ter a liberdade de brincar, comer o que vê ou até estudar. Dá vontade de chorar só de imaginar o quanto deve doer, e como isso deve interferir de certa forma na vida de quem teve que passar por isso. É triste, lamentável, repugnante saber que por diferenças sociais as pessoas se prestam a estes papéis de querer rebaixar o outro. Como se aquele não fosse merecedor, ou lhe faltasse direitos.

O meu desejo é que as pessoas se conscientizem, que essas trabalhadoras consigam ser tratada com respeito e que estes filhos que moram no emprego das mães consigam ter a liberdade de passar por cada fase sem precisar se privar do básico.

Minha eterna gratidão a dona H, pelo carinho, amizade, e por sempre tratar minha rainha e todos nós de forma respeitosa e humana.

*

Minha mãe trabalhou por muitos anos como empregada doméstica na mesma família, quando o filho do casal nasceu ela acumulou uma função e passou a ser baba do menino. Quando ele tinha 3 anos a patroa dela quis levá-la na festa da escola do dia das mães (para trabalhar) na hora que a professora do menino entregou o presente para ele, ele correu e entregou o presente para minha mãe, que ficou super sem graça e ainda levou uma bronca.

*

Com 14 anos. Para não ficar parada, pois meus pais tinham se separados e então resolvi fazer alguma coisa. A princípio era pra tomar conta de duas crianças, mas n primeiro dia já me colocaram p limpar a loja deles. Quando vi, já estava: arrumando a casa, lavando passando, e cozinhando! Sim! Foram 9 meses fazendo todos os serviços da casa inclusive as calcinhas da sinhá de quando ela estava naqueles dias, só que isso eu me recusava a fazer, muitas vezes fui assediada pelo avô dos meninos, moralmente e sexualmente " você tá aqui por que precisa" " sua família é pobre" dentre outras coisas... Me sentia um lixo por ter q passar por td aquilo até que um dia que era pra viajar cm os meninos a mãe deles a pedido da vó me deixou n casa para fazer os afazeres domésticos. Foi aí que criei coragem e sair de lá sem nem olhar pra trás não valia a pena ganhar 80,00 por mês e ser tratada como ninguém. Hoje tenho 27 anos sou formada, e luto pra tirar minha mãe dessa vida.

*

Nos anos 90, minha mãe praticamente criou minha irmã e eu sozinha, meu pai era caminhoneiro e viajava muito. Em uma época, uma tia minha, por parte paterna, rica, ofereceu emprego pra minha mãe. Minha mãe tinha cortar as frutas pra ela comer, tinha que deixar a carne picada no prato e só podia comer depois disso. Uma época minha mãe adoeceu, foi diagnosticada com leptospirose, porque quando ia lava o quintal tinha contato com urina de cães e ratos, já que tinha que lavar com os pés descalços e mesmo doente minha tia exigia que ela fosse trabalhar. Uma outra vez, em que ela trabalhou para outra mulher, que se dizia amiga dela, a mulher prendeu ela no trabalho e ela perdeu a hora de pegar a gente com a tia do transporte escolar.

*

Minha mãe, dona Vera, trabalhou de empregada doméstica por um tempo na casa de uma tia, onde sua filha e neta moravam juntas. A neta, que é prima da minha mãe, fazia questão em enrolar o máximo possível de tempo no almoço, mesmo já com a comida fria, só para judiar da minha mãe, e fazê-la trabalhar mais tempo, além claro dela não poder comer na mesa, nem a mesma comida. E todo mundo, da 'família', era condizente com a situação!

*

Já tinha ouvido falar nessas coisas pq minha sogra já contou várias histórias que aconteceram com ela e com as irmãs. Mostrei seu face pra ela e ela pediu pra eu mandar essa história abaixo. Depois ela manda mais.

Minha sogra Vanda tinha de 17 para 18 anos (isso foi mais ou menos em 1967/1968) quando arrumou emprego em uma casa em santo amaro próx. ao laboratório que fabricava a Novalgina. Logo no primeiro dia depois do almoço a patroa foi lá na cozinha e disse a ela para almoçar. Ela pegou um prato pôs comida e começou a comer, a patroa voltou e quando viu aquilo fez o maior escândalo dizendo que ela não poderia comer no prato dos patrões, pegou o prato da mão dela e pegou um outro prato debaixo da pia (todo mofado, velho e sujo) e jogou a comida lá, não satisfeita falou que ela não poderia comer ali, levou o prato lá pra fora até uma mesinha de cimento e disse que ela tinha que comer lá. Detalhe ela tinha muitos cachorros que ficaram lá ao redor da mesa. Minha sogra disse que esperou ela sair e jogou a comida fora, nem recebeu, deixou a cozinha cheia de água, pois ela estava lavando, nem tchau ela deu.

Achei bem feito pra sinhazinha.

Bjos, sucesso e parabéns pela iniciativa!

Tomara que isso ajude as pessoas e se tornarem mais humanas!

*

Conheci minha patroa Patricia, antes dela ter os filhos. O primeiro a nascer foi Luiz Felipe, hoje com 6 anos. Comecei cuidar dele com 5 meses, ela me confiou seu filho, sem ao menos eu saber trocar uma fralda. Anos depois, veio, Luiz Henrique hoje com quase 2 anos. Sempre me trataram muito bem, bem até demais. Sempre ganhei presentes de aniversário, até dia das mães é nem era mãe ainda. A amizade é tanta que sou madrinha do Henrique e amo eles como amo o meu bebê. Me chamo Josiane trabalhei por quase 6 anos lá, e foi, pra mim, uma experiência única. Hoje, somos amigas, comadres e parte da nossa família.

PS leio todas as histórias postadas, e não consigo imaginar como pode um ser humano tratar outro com tanto desprezo só pelo fato de ser empregado. Adoro sua página, desejo TD sucesso do mundo pra você

*

Primeira casa como empregada doméstica, eu tinha quase doze anos, tinha que dormir lá. Casal e um filho solteiro de dezoito anos.

As regras foram colocadas já no primeiro dia:

"Você não senta na mesma mesa que a família, sua comida é a que sobrou de ontem e a que sobrar hoje, você não pode comer, deve guardar para comer amanhã (e se não sobrasse? Faça sobrar!). Não come antes da família, lembre-se, você não é minha filha, é a empregada da família. No café da manhã, você PODE comer, o pão de ontem, leite com café, o achocolatado (na época o toddy), é do meu filho e ele não gosta que mexam. Só vá dormir depois da família, pode ser que precisemos de você. Fique na saleta ao lado até acabar a novela (essa é uma das partes de maior sofrimento, mesmo que eu estivesse cochilando na mesa ao lado, só me liberava, depois que o marido se recolhia...). Acorde às 5h e vá na padaria (sozinha, numa rua escura, num bairro nobre, onde, na época, a construção de edifícios estavam em alta, eram 4,5 ou mais num mesmo quarteirão, DEUS ME PROTEGEU! Na fila do pão raramente um ser pelo qual eu pudesse sentir um mínimo de segurança, só haviam homens, e eu ficava nessa fila por longos minutos e voltava no mesmo breu e rua deserta). Você amassa o pão de queijo e assa, e eu já contei e se faltar um, eu vou saber (eu tinha direito a comer um, aquele que ela escolhia, e se ficassem velhos demais, pq ninguém comeu, iam p lixo, ela ficava ao lado para certificar que eu não "roubaria" nenhum.

*

Minha mãe tem PAVOR de comemorar aniversário, principalmente o dela.

Aos 11 anos de idade, prestes a fazer 12 anos, ela trabalhava numa casa e tinha os fim de semana de folga para ir ficar com a família. Morava no emprego.

Minha mãe, por coincidência, fazia aniversário na mesma semana da filha da patroa.

Tinha em mente estar junto da família no fim de semana de seu aniversário.

Mas a patroa lhe prometeu e convenceu meus avós a deixarem ela ficar no fim de semana. Ficando, seria realizado uma festa de aniversário duplo: De minha mãe e da filha da patroa.

Minha mãe acabou ficando. Nunca tinha tido sequer um singelo bolo de aniversário.

Ela participou dos preparativos, ajudando na cozinha, limpeza e inclusive servindo os convidados. Para ela não importava, só queria ter um "Parabéns pra você" e assoprar velinhas.

Mas na hora do parabéns, foi trancada no quarto do departamento de empregada, pois, segundo sua patroa "não se canta parabéns para empregada".

Foi tudo uma jogada. Foi-se um sonho de criança. Ficou um trauma.

Somos em 4 filhos e nunca tivemos aniversário em casa, mesmo com pai confeiteiro, pois minha mãe tem PAVOR de festa de aniversário.

*

"Minha mãe trabalhava de doméstica e babá desde os 8 anos de idade. Em uma das casas, em que limpava tudo e cuidava de gêmeos, quando a patroa saiu o patrão tentou estuprá-la. Ela conseguiu fugir. Mas quantas não conseguem...

Assim como minha mãe, minhas tias também trabalharam de domésticas entre os anos 70, 80 e 90. Não podiam comer na mesma mesa dos patrões, dormiam naquelas solitárias que chamam de quarto de empregada, trabalhavam muito mais de 8 horas diárias, sem férias, sem folgas, sem direitos.

Que tipo de gente faz essas coisas? É desumano,

Felizmente hoje domésticas tem direitos e não precisam mais se sujeitar a esse regime de escravidão. Apesar de que muitos tentam perpetuar essas práticas."

Em 2003 fui visitar a minha tia com minha mãe, lembro-me que a Dona O. a senhora que trabalhava lá fez um almoço pra nossa chegada, ela falava com orgulho da lasanha que preparava, quando estava tudo pronto sentamos a mesa e começamos a nos servir, ela fez o mesmo.

Meu primo gritou... O., esse almoço é pra família, vá pra cozinha!

Ela foi, chorou a tarde toda, no dia seguinte não voltou.

Eu tinha 10 anos, espero que Dona O. nem lembre disso, não lembre de mim nem dessa família, não tenho contato com eles, sinto é vergonha.

*

Minha mãe trabalhou a vida toda como empregada doméstica. As históricas delas são assustadoras. Eu achei que essa seria também a minha profissão...E foi até eu completar 18 anos.

Hoje sou gerente de vendas em uma empresa na qual trabalho a mais de 11 anos. Tenho uma vida ótima e tirei muitas lições de quanto eu trabalhava como doméstica.

Já encontrei muitas patroas sensacionais. Inclusive, algumas foram bases para minha formação como mulher. Me ensinaram muita coisa. Obrigada Lídia e Lígia!

Mas também encontrei algumas que eu queira esquecer.

A que mais me recordo foi uma senhora para qual trabalhava. Á nota dela que me contratou para cuidar da casa, lavar, passar, cozinhar e cuidar de uma criança de, na época, uns 7 anos. Isso tudo por 200,00 reais por mês. Lembro como se fosse hoje o meu "salário".

Essa senhora me vigiava e toda vez que eu usava o banheiro ela corria para limpa-lo. Passava álcool em tudo. Até na maçaneta da porta. E tirava o lixinho do banheiro colocando ele lá na garagem, bem longe da casa.

Eu fingia não perceber e começava a lavar as louças chorando de tanto desprezo.

Graças a Deus isso passou rápido e nunca mais precisei vê-la.

Até onde eu sei ela está com câncer lutando pela vida. Que Deus a dê força nessa batalha.

Nunca podemos esquecer da lei do retorno. Tudo que você faz um dia volta pra você. Então, trate seu próximo como você gostaria de ser tratado.

*

Tenho 27 anos. Minhas maiores lembranças da infância e adolescência são associadas às funcionárias que faziam os serviços domésticos na casa da minha avó. Eram sempre duas morando no quartinho dos fundos, trabalhando dia e noite, sete dias por semana, sem folga, sem carteira assinada, sem quaisquer direitos trabalhistas.

Minha avó era filha de fazendeiros, casou-se com um fazendeiro e logo foi morar na cidade. Sempre buscou por moças com as mesmas características, adolescentes, de famílias humildes que vivessem no interior e normalmente semianalfabetas. O aliciamento era feito por intermédio de mulheres que recebiam dinheiro ao acharem uma "moça de confiança" para trabalharem em residências das cidades maiores.

Durante as visitas à casa da minha avó, sempre ouvi de tudo. Desde respostas negativas para saídas ocasionais aos finais de semana, acusações de furto, até mesmo assédio sexual por parte dos filhos da minha avó. A Lei Áurea naquela casa só era assinada quando a moça casava ou ficava grávida, então ia morar com o marido e, rapidamente, era substituída por outra jovem.

Esse ranço escravagista e patriarcal permaneceu em nossa família por décadas. A situação desumana começou a mudar quando, de alguns anos para cá, por pressão dos netos, minha avó passou a, legalmente, contratar funcionárias. Fico absurdamente triste ao ler os relatos da página, mas feliz ao perceber que esses casos exploratórios estão tendo visibilidade. Esse é o caminho para a mudança.

*

Esse relato é de minha mãe, que trabalhou por muito tempo como empregada doméstica. Esse relato foi do último trabalho dela.

Logo após meu pai falecer de câncer, ela com quatro filhos pequenos se viu passando necessidade e logo recebeu convite de uma senhora que trabalhava na igreja do bairro. Uma senhora exemplo de bondade. Dona Celina.

Dona Celina, no segundo dia de trabalho de minha mãe, chamou atenção da mesma porque ela estava almoçando (13:30hs), passando até mesmo do horário. Falou que na casa dela, minha mae precisava primeiro servir os patrões, segundo servir os cachorros e só depois pensar em comer.

Era assim que funcionava lá. Nunca tinha visto isso de empregada comer antes dos bichos dela.

Ela chegou muito triste. Éramos pequenos e lembro como aquilo me doeu. Ela só voltou lá para dizer que não iria mais, causando espanto a senhora, que achou que ela não devia tá precisando tanto assim.

Ela conseguiu nos criar muito bem, estudamos e eu jurei que nunca mais ela passaria por isso. Depois vi essa mesma senhora em uma missa, falando sobre o amor ao próximo. Realmente, lamentável.

*

Trabalhei em um buffet infantil e as empregadas domésticas e babás acompanhavam os filhos das patroas, mas não eram contadas como convidadas, porque não podiam comer. Elas ficavam por quatro horas na festa, vestidas de uniforme, sem poder comer ou mesmo se sentar. Não era preciso nem mesmo convite para elas, porque realmente não entravam na conta. Isso acontece em praticamente todas as festas e buffet.

*

Ano passado eu estava aqui em casa e tocou a campainha, era uma moça uniformizada com um bilhete na mão, uma moça bem humilde, sabe? Ela se apresentou como faxineira do meu vizinho, pediu mil desculpas por estar supostamente me importunando, e me mostrou o tal bilhete, disse que meu vizinho havia deixado o papel sobre a mesa, mas não sabia ler, só conseguiu identificar o próprio nome, por isso veio me pedir ajuda. Ok, basicamente o bilhete acusava a moça de ter roubado uma toalha de banho azul e algumas referências a respeito do caráter e da classe social dela, além de demití-la, disse que se algo mais estivesse faltando em casa, comunicaria à polícia, mas o cara é tão covarde que não teve coragem de dizer tudo aquilo cara a cara. Lembro que eu fiquei com tanta vergonha e dó de dizer o que estava escrito, que apenas fiz referência a tal toalha, obviamente ela entendeu o recado, foi até o guarda roupa e arrancou de lá a bendita toalha azul, pediu pra eu escrever um bilhete dizendo que jamais se sujaria por tão pouco, desejou sorte e paz, pegou a bolsa e nunca mais voltou. Se eu tivesse lido tudo que estava escrito, seria o suficiente pra acabar com o dia, a semana e a auto estima dela. Pior é saber que essa maldade vem de pessoas que convivem bem perto de vc e se apresentam no dia a dia tão humildes e simpáticas.

*

Minha mãe trabalhou durante 10 anos como empregada doméstica de uma senhora, o horário que era um pouco puxado pois ela trabalhava 60 horas semanais (segunda a sábado das 8 as18), como ainda não tinha essas leis trabalhistas ela não recebia horas extra, mas apenas um pouco a mais que o salário, mas sua patroa era muito boa, eu almoçava e tomava café com a família várias vezes, ela nos tratava super bem, eu e meu irmão ainda somos amigos dos netos que ela criou. Quando ela morreu o que minha família ficamos chateados foi que os "filhos" muitos que quase não a visitavam não pagaram nem o aviso prévio (minha mãe depois de anos saiu com o salário do mês e ferias proporcional) em fim, muitas dessas empregadas cuidam dos patrões (minha mãe trocava fralda, ficou com ela no hospital quando ficou doente) e quando os mesmos se vão a família não reconhece e só querem saber da herança.

*

Minha mãe veio de Minas para São Paulo, muito jovem, e achou empregos como empregada doméstica, em um caso, a patroa a apresentou a casa e disse que ela não devia usar o mesmo banheiro que os moradores, disse que devia usar um banheiro imundo onde uma cadela ficava trancada de dia.

Um dia minha mãe estava passando roupas e precisou usar o banheiro, então foi ao banheiro dos moradores, pois não desejava usar junto à cadela, ao sair, se deparou com a filhinha da patroa esperando atrás da porta, segurando uma garrafa de produto de limpeza para jogar no banheiro.

Minha mãe perguntou o que a menina estava fazendo e a menina só respondeu que a mãe dela não gostava que minha mãe usasse aquele banheiro.

Então minha mãe indignada, reclamou à patroa e disse que mesmo sendo negra e pobre não queria dizer que era menos higiênica que eles, e nem terminou de passar a roupa mais.

*

Minha mãe sempre trabalhou como empregada/funcionária de limpeza desde que me conheço por gente (salvo alguns momentos). Não lembro de ter ouvido ela contar alguma história ruim. Algumas engraçadas/ nojentas como calcinhas perdidas nas escadarias e cocô de cachorro seco e velho no carpete. Talvez nunca tivesse me contado ou talvez não acontecessem.

Mas os patrões da minha mãe que conheci sempre se mostraram pessoas de bem e gostaria de contar sobre algumas destas pessoas que lembro da minha infância:

1 — Um dos patrões era um jovem empresário. Ele tinha uma casa linda e um casal de pitbulls mais lindos ainda. Quando a minha mãe precisava me levar junto para trabalhar, ele sempre era muito querido (a mãe disse que ele era assim mesmo) dizia que eu podia fica à vontade: assistir TV, usar o computador, comer tudo o que havia na geladeira, o que fosse. E ele fazia questão de guardar os cachorros (que, na verdade eram super dóceis) para que eu não ficasse com medo. Detalhe: como isso foi nos EUA, eu achava muito querido da parte dele se esforçar para comunicar diretamente com a minha mãe sem minha tradução, já que ela não falava inglês e nem ele português.

2 — Um casal de criadores de cães de concurso. Eles tinham uma família gigante de boxers e pediam à minha mãe que levasse eu e meu irmão para conhecer e brincar com os cães. Demorou para nossos pais aceitarem, e quando finalmente nos levaram, não deixaram a gente mexer EM NADA. Pais, né. E esse casal deu de presente no Natal um cheque para cada um: para mim e para meu irmão como presente.

*

Bom quero contar um pouca da história de minha mãe já falecida a 3 anos, ela trabalhou 20 anos na casa de uma família de portugueses a patroa era muito boa pra ela minha mãe ajudou ela cuidar dos filhos dela aos poucos eles foram se casando e minha mãe sempre ao lado deles, ela trabalhava lá de maneira informal e em uma lavanderia onde era registrada pq só o salário de domestica não dava pra nos criar ela criou 8 filhos menores sozinha pois meu pai faleceu quando tinha 3 anos, meu irmão mais velho tinha 15 anos passávamos muitas necessidades, bom com o passar dos tempos minha mãe ficou com bulcite e pressão alta e se aposentou por invalidez na lavanderia e nos crescemos começamos a trabalhar para ajudar e ela ia 3x por semana na casa de família cuidar da patroa que estava muito doente com 83 anos e o esposo dela com 85 anos enfim ela cuidou dos dois até falecerem antes de falecer a patroa da minha mãe disse que os filhos iriam pagar todos os anos que trabalhou que ela era como se fosse da família que era para ficar tranqüila quando foi pra fazerem o acerto dos anos que minha mãe trabalhou lá os filhos não quiseram pagar disse pra ela procurar os direitos dela visto que ela trabalhava aposentada por invalidez poderia perder a aposentadoria e ter que devolver o dinheiro pro INSS ela tinha 4 filhos só um se dispôs a dar um agrado pra minha mãe nossa ela ficou arrasada sentiu-se traída eu tinha 23 anos na época e fui lá e disse que eles podiam fazer bom proveito dos direitos da minha mãe e que não iria passar fome por isso mas a dor dos olhos dela eu nunca vou esquecer ela tinha a todos como da família enfim ser domestica no Brasil é isso não pensem em ser da família isso é ilusão.

Ah vamos parar com essa história de que existe mulheres vocacionadas para trabalhar em casa de família, existem pessoas sem perspectivas, e acabam se enredando para o serviço doméstico. Eu não quero que os meus filhos sejam domésticos. Eu comecei a trabalhar como doméstica aos 13 anos de idade, quando eu saí do Colégio interno. Então já da para saber que eu passei por todo tipo de humilhação. Sofri assédio moral e sexual. Fui proibida até de professar a minha fé. Não tinha horário nem pra ir a igreja. Mas o pior de tudo e que os patrões de doméstico acham que a gente não tem direito de ter vida social e família. Quando eu conheci o meu marido, um ano depois eu engravidei e esse foram com certeza os momentos mais difíceis para mim. A minha patroa não deixava o meu patrão fazer compras de mercado para eu não comer. Eu me sentia muito mal no início. Mas depois eu percebi que a pessoa má daquela história era ela. E apartir daí eu decidi que não queria olhar para cara da mesma patroa todo dia. E fui trabalhar como diarista. Mas eu acredito que da a alguns ano o serviço doméstico no Brasil será como na Europa escasso e valorizado. E mesmo como diarista, de vez em quando ainda topo com umas xiliquentas. Joice eu concordo com você que o serviço doméstico é um resquício da escravidão.

*

Minha mãe foi também doméstica. E não de desconhecidos. Foi da própria cunhada esposa do irmão dela. E não só foi domestica para a cunhada como também foi diarista da filha dela em São Caetano. No primeiro dia de trabalho na casa da cunhada ela levou a carteira para ser assinada. A cunhada disse que não registraria mais nenhuma empregada. Mesmo assim minha mãe permaneceu no emprego. Comia com eles na mesa e tudo o mais. Mas esse abuso ficou. Depois ela foi trabalhar de diarista na casa da própria sobrinha filha dessa cunhada. 50 reais por dia. Minha mar quebrou o pé. No último semestre de pedagogia. Meu irmão saiu de casa eu tive que ficar um mês em casa pra cuidar dela e sem trabalhar (na época era manicure e trabalhava em um salão sem registro) e também eu estava no ultimo ano de arquitetura. Nunca, nunca essa sobrinha de nada, nenhuma ajuda financeira, nada. Eu não estou falando de desconhecidos. Estou falando de alguém da própria família! Pensamos em entrar na justiça. as deixei pra lá. Hj minha mãe é professora e dá na aula na rede pública estadual em São Paulo aos 62 anos! Uma vitoria para quem viveu esse tipo de coisa. Mas hj penso que ela não deveria ter aceitado nada do que ela aceitou. Tinha como ela trilhar outros caminhos e não aceitar esse tipo de humilhação e abuso. Por isso espero que esse ESTE PORT SEJA PUBLICADO E SOBRETUDO LIDO!!! PARA QUE NINGUÉM ACEITE E VIVA O QUE MINHA MÃE VIVEU!!! NÃO ACEITE EMPREGOS ABUSIVOS!!! E sim concordo que a profissão de doméstica tem que ser extinta!!!

*

Eu sendo negra e para época que nasci, tinha que se filha de empregada doméstica, e me criei na casas das patroas de minha mãe, muita humilhação, não só por ser empregada mas por ser negra e mulher.

Me casei aos 18 aos 33 já separada, com 4 filhos todos menores. Foi uma vida muito difícil dormíamos no chão parecíamos mendigos, uma casa muito suja.

Mas eu tinha que mudar tudo isso, e com 46 anos fui estudar, fiz supletivo de ensino fundamental e o médio, e decidi fazer faculdade, meu desejo era fazer nutrição, mas o tempo e o dinheiro não dava, então fiz gestão de gastronomia e alimentos, pós em higiene e ciências de alimentos, e depois de tudo com 57 ano tive a oportunidade de fazer nutrição.

Foi a melhor coisa que eu pude fazer por mim, confesso que não é fácil, é um desafio, mas valeu a pena, estou no 3º ano de nutrição termino daqui a um ano e meio com 61 anos, e me sinto com 30.

O trabalho de empregada domestica e como qualquer outro, porque se você trabalhar em um banco, será empregada do banco e não dona do banco, ou qualquer outra multinacional. Nós é que fazemos a diferença com nosso trabalho, quando fazemos bem feito com amor seja ele qual for.

Mas uma coisa que uma emprega nunca pode esquecer, por mais amizade que tenha você nunca será da família, exija seus direitos, porque quando ficar doente a família acaba.

Com mais um ano e meio colarei grau pela terceira vez, sera uma gloria mais uma das muitas, então meninas não desanimem, façam o que puder por vocês.

*

Minha mãe era empregada doméstica e enquanto ela trabalhava, eu fui andar de bicicleta com os filhos dos seus patrões e a babá dos meninos.

Eu me desequilibrei, cai no chão e esbarrei na bicicleta de uma das crianças. A babá agressivamente se dirigiu a mim enquanto eu me levantava do chão machucada: "Se você machucar ele eu MATO você." Eu tinha 8 anos de idade.

Eu não julgo a babá. Ela certamente sofria uma inferiorização frente aos patrões, além da pressão para dar a vida dela por essas crianças. Mas situações como essa destruíam a minha autoestima e me faziam perceber que a minha vida valia menos do que a daquela criança rica, que nem sequer se arranhou.

*

Eu tinha um colega de trabalho que marcava com caneta o nível do galão de água mineral para saber se a empregada estava bebendo "da água dele".

Ao perguntar qual água então a funcionária deveria beber, ele disse:

— Da torneira, claro! Água mineral é só pros patrões.

*

Trabalhei na casa de uma artista plástica que os quadros dela iam para todo lugar do mundo, um quadro pagava meu salário do ano todo e se brincar ainda sobrava troco! Entrei para ganhar R$100,00 reais (mês) indo 3 vezes por semana, quando sai estava indo todos os dias inclusive aos domingos e ganhando R$50,00 reais (mês).

Meu trabalho era lavar as calçadas , em um mês eu já além das calçadas limpava a piscina , cuidava da grama , e já lavava os banheiros da casa , cuidava dos queijos que ela trazia da fazenda para curar antes de vender que careciam de um processo diário de raspagem umas 2 a 3 vezes ao dia até o seu processo de cura finalizar , além do mais difícil de todos os ofícios da casa que era limpar o "Ateliê" de pintura dela , eu ficava 2 dias só por conta do ateliê , era muita bagunça e sujeira q segundo ela nenhuma de suas empregadas havia conseguido limpar tudo como eu! Más um dia eu me cansei de tanto trabalho pois já não aguentava mais, minhas forças estavam esgotadas e o desempenho já não era o mesmo, mas ainda sim estava lá, até que ela percebeu que meu desempenho não era o mesmo e começou a procurar alguma forma de me fazer pedir para sair! Como eu não pedi , num certo dia ela chamou as duas pessoas que trabalhavam lá , a empregada da casa , e eu na cozinha e disse que havia "sumido" uma jóia da casa e que precisava ser encontrada , que já haviam revirado a casa e não a encontraram , disse que não sabia de jóia alguma pois transitava em lugares específicos da casa , más não adiantou tive que ouvir o que mais doeu ... Primeiro ameaçou chamar a polícia , quando viu q não reagi de forma preocupante ou assustada disse : " A Maria trabalha aqui a anos e nunca sumiu nada! Sempre deixamos joias , dinheiro em qualquer lugar que não acontece nada , De repente some uma jóia e ninguém sabe" ... Sai peguei minhas coisas e fui embora ,não voltei mais depois daquilo por que mesmo ela acreditando que poderia ser assumir algum tipo de culpa o que eu sabia que não era pois sempre tive dignidade , não seria uma jóia que mudaria meu caráter , ela foi atrás de mim várias vezes para voltar , até por que não iria encontrar alguém para ganhar a miséria q eu ganhava e fazer tudo a eu fazia . Ainda sim fui algumas vezes de tanto ela insistir para limpar seu ateliê de pintura. Ser dito ladrão é muito humilhante, um ato q vê não praticou, uma coisa tão grave q pode mudar uma vida. Más ainda hoje a forma de tratamento dos patrões mesmo com o avanço das leis, tecnologia, conhecimento etc., continua primitivo, muita falta de respeito, abusos, excessos e desumanização, as pessoas q cuidam para q sua família tenha o melhor são as menos valorizadas! Lamentável!

*

Trabalhei em uma casa em Sp 1998, onde os filhos da patroa usavam drogas e a patroa dona ana sempre acusava nos as empregadas (2 pessoas) de roubar dinheiro dela sendo que os filhos que roubavam.

Um dia quando umas amigas dela foram fazer uma visita um dos filhos falou bem alto para nos ouvirmos: Que ela sempre falava paras amigas não esquecer a bolsa na sala para as empregadas não roubarem.

Depois disso quando ela veio falar em chamar a policia quando outro dinheiro havia sumido eu peguei e falei então chama dona ana chama e eu só vou ir pra casa quando achar esse dinheiro pode revirar a minha bolsa toda. Nunca mais ela falou em chamar a policia.

*

Uma vez, minha mãe foi "convidada" pra ceiar na casa da patroa, que dizia "tê-la como membro da família".

Minha mãe nos arrumou com nossa melhor roupa, já que minha irmã e eu éramos crianças, e ela não podia nos deixar em casa.

Minha mãe, imbuída de boa fé, foi arrumada, achando que seria mais uma convidada.

Porém, quando chegamos, a Vera (patroa) pediu um "favor" de cortar o Chester, e servir aos familiares dela. A humilhação durou a noite toda, até a hora em que ao entrar na cozinha, deparei-me com a cena de minha mãe chorando.

Sua roupa nova estava com marcas de gordura.

Ela serviu os familiares da patroa, e por último, minha irmã e eu, e depois comeu.

Comemos a parte do dorso, pois foi o que nos sobrou.

Além disso, comemos na cozinha.

Reflito sobre o fato de "ser praticamente da família".

*

Era o ano de 2010. Eu, aprovada em 1° lugar numa federal. Realidade: Precisava mudar de cidade, não tinha emprego, não tinha onde morar. Sozinha! Como me sustentar?

Fui trabalhar novamente na mesma 'área' de toda minha adolescência: um combo, empregada doméstica + babá + professora de reforço escolar. Local: casa de uma sinhá, casada, dois filhos. Salário recebido: R$350,00. Salário mínimo da época: R$510,00. Condições: Morar na Casa Grande e ter uma folga a cada 15 dias.

De todas as perversidades que ouvi e passei... a mais simbólica: Numa tarde, na qual o filho mais novo recebera visita dos coleguinhas da escola, da cozinha ouço uma conversa: "Você precisa conhecer minha empregada. Ela tem só 18 anos, estuda e gosta de ler. Você acredita?".

Esse dado sobre minha vida estava sempre presente nos diálogos desta família e, principalmente, quando recebiam visitas.

O que me dói, tenho quase 1/4 de um século, muitos anos de experiência como empregada doméstica, babá, faz-tudo de lanchonetes, e minha carteira de trabalho jamais foi assinada. Nada! Só contratos temporários, anos exploradas na cozinha da sinhá, mal remunerada, choro contido, transbordado sempre às escondidas, silenciosa, feridas cicatrizadas sempre na expectativa de uma mudança, sempre na espera do amanhã.

E o que me dizem: "Se esforça mais", "Todo trabalho é digno", "Você é forte". "Não se consegue nada se ñ for na luta", "Amanhã melhora". Estou farta de ouvir discurso meritocrático, estou farta de vocês silenciarem racismo e misoginia. Estou cansada de esperar por um "amanhã" que nunca chega. Por que vocês me indicam só a cozinha? Por que se incomodam pela minha opção de ter duas graduações????

EU NÃO ACEITO MAIS MIGALHAS OU PAPÉIS DEFINIDOS PELA CARTILHA DA CASA GRANDE! EU VOU CONTRARIAR SEMPRE!

*

Sou de um município muito pobre no interior do RJ, e aos 4 anos fui tirada de casa por uma família que prometeu aos meus pais que eu iria estudar fazer pequenos serviços como tomar conta de outra criança. Ai começou o meu pesadelo eu trabalhava igual condenada mesmo sendo apenas uma criança arrumava a casa inteira subia no banco pra lavar louça, era abusada pelo homem da casa que me fazia ver revistas pornos enquanto abusavam de mim, meus talheres eram separados e ficavam embaixo da pia, e não tinha salário recebia apenas restos de comida e roupa velha.

tenho uma marca na testa pq um dia fui fritar ovo e sem querer quebrei a gema e jogaram o ovo na minha cara.

Dessa forma perdi anos importantes de estudo que jamais vou recuperar. Demorou muito tempo para eu perceber que aquilo não era normal, pois eu era apenas uma criança negra e pobre que aprendeu que não poderia ser nada na vida e fui crescendo vendo outras pessoas como eu nas casas passando pela mesma coisa.

Eu lavava cuecas com fezes, gritavam comigo na frente dos outros, minha comida era sempre o resto que sobrava do que eles comiam.

Eu tenho um apelo as mães não deixem suas filhas nas mãos dessas pessoas, não existe serviço doméstico sem abuso e sem humilhação. Ah se eu pudesse voltar no tempo e mudar minha história. Estou escrevendo esse relato chorando bastante porque eu lembro de casa abuso, de cada humilhação e isso doi demais.

*

Sou filho de ex-empregada e vou relatar oq minha mãe um dia me contou com olhos cheios d'agua. Coisa q nunca esqueci.

"Filho, uma das casas q trabalhei foi da família Cavamoto (SP), família japonesa. Eu tinha 14anos. Eu tinha q almoçar depois deles, pois tinha q servir a todos. e na hora q eles terminaram Eu sentei à mesa, mas a patroa me mandou ir lavar as mãos. Eu disse q já tinha lavado. Ela insistiu muito e eu fui lavar. Ao voltar meu prato já estava feito, mas parecia q a comida estava mexida. Eu estranhei, mas com muita fome eu comi e vi q não estava quente. Foram 1, 2, 3 dias assim. No quarto dia eu fingi q fui lavar mas voltei logo em seguida. E vi a patroa pondo os restos de comida dos outros pratos no meu. Filho, eu saí correndo e chorei muito. Principalmente porque eu precisava daquele emprego."
EU NUNCA ESQUECI AQUILO.

A minha mãe trabalhava com faxina, como diarista.

Teve uma época que ela fazia faxina na casa de uma patroa 1 vez por semana. ela gostava de lá. Aí a mãe (dona Rosa) dessa patroa ficou com câncer, e a patroa perguntou pra minha mãe se ela queria trabalhar fazendo companhia pra ela do meio dia as seis. A minha mãe aceitou. ela gostava muito do trabalho, passava a tarde vendo filmes e conversando com a dona Rosa, que tbm era legal. Ela não precisava fazer comida, pq a patroa comprava num restaurante. A minha mãe fala desse tempo como se fosse o maior luxo q ela já teve na vida. Comia comida de restaurante todo dia, via sessão da tarde e jogava carta. e ela gostava muito da dona Rosa, até hoje ela lembra dela e das histórias q ela contava. Infelizmente, não durou muito tempo, pq a dona Rosa faleceu um ano depois. A minha mãe ficou mto triste, pq tinha ficado mto amiga da dona Rosa.

Mas aí a minha mãe teve q voltar a trabalhar de doméstica. Foi trabalhar na casa do filho da dona Rosa, irmão da primeira patroa q eu falei. a minha mãe nunca quis falar mal dele em respeito a dona Rosa, mas ele foi muito fdp com a minha mãe. Ele acusava a minha mãe de roubar a ração dos cachorros dele e a gente nem tinha cachorro na época. A minha mãe tinha era é pena dos cachorros dele, tudo magro e morrendo de fome, aí ela dava mais comida do q o "patrão" mandava. aí um dia sumiu um tal chocolate q o patrão tinha ganhado e ele ficou acusando a minha mãe de roubar e ela se defendendo. ele ficou furioso pq a minha mãe tava se defendendo das coisas q ele dizia, aí ele jogou o dinheiro na cara da minha mãe e mandou ela sumir. ela chegou em casa chorando naquele dia. depois o cara descobriu q um dos filhos dele tinha comido o tal chocolate e ligou dizendo q se a minha mãe quisesse, ainda podia voltar a trabalhar, desde q fosse mais "educada" com ele. minha mãe é claro que recusou

a minha mãe teve boas experiências trabalhando como doméstica. ela sempre lembra com carinho da dona rosa e da filha dela, ams tbm teve mto babaca que nem esse cara. eu sempre fico pensando como q alguém trata tão mal outra pessoa, especialmente a pessoa que cuidou da tua mãe doente!!!!

felizmente hj em dia minha mãe não trabalha mais como doméstica. ela faz uns bicos como passadeira de vez em quando, mas graças a deus faz muito tempo q alguém trata ela mal.

*

Fui criada pelos meus avós uma família branca, que não tinha "preconceito " me tratavam por morena cor de jambo (odiava isso) e talvez por me identificar fisicamente e espiritualmente mais com a empregada minha querida D. Ruth sempre vivia em suas barras na cozinha, aprendendo a cozinhar, a ter orgulho dos meus cachos e de me defender contra o preconceito, ela me ensinou que minha cor era linda. Sempre que podia estava eu ali na cozinha e foi ali que me tornei observadora de como tratavam ela, que era parte da família, mas que quando almoçava era depois de todos e sozinha, apenas eu era sua companhia, que era uma boa pessoa, de confiança, sacudida mas que quando faltava por algum motivo, ah tá fazendo corpo mole, sempre achava estranho também que ela era ótima pra cuidar de mim, de meu avô doente, pra pagar a conta no banco, mas quando minha vó perdia alguma coisa D R. era a primeira a ser acusada afinal bom ter cuidado, porque não pode se pode confiar nesse tipo de gente.... Cresci sem entender a lógica do povo lá de casa, talvez porque pra eles eu era também esse tipo de gente, hoje sempre que volto a minha terra natal vou tomar meu cafezinho com D Ruth, ela tem um orgulho danado de eu ter me formado e de ter casado com nosso tipo de gente, esse ano ela vai ficar muito feliz, minha filha passou em medicina numa Universidade Federal, como ela mesmo diz um dia nois ainda colore o mundo...

*

Quando era pequeno minha mãe me levava com ela para o trabalho dela, eu tinha 5 anos. A patroa apesar de muito rígida e mal-educada com ela me tratava bem.

Minha mãe sempre perguntava se eu podia ficar na sala vendo tv globinho e a patroa dizia que não tinha problema afinal eu era branco e bonito, além de ser quietinho, não era como os filhos das empregadas anteriores dela.

Um dia uma amiga dessa patroa a visitou e eu estava na sala como de costume vendo desenho, ao perguntar quem era esse menino lindo? Dona Lídia respondeu: Meu sobrinho, filho da doméstica que não seria né?

*

Minha mãe biológica trabalhava em uma casa de família em Brasília (acredito que no Gama-DF, que foi onde eu nasci) como empregada doméstica e acabou se envolvendo com o patrão que na época era casado, ela engravidou de mim mas ele não assumiu suas responsabilidades e a tirou da casa dele.

Então quando eu estava com 9 meses ela veio pra São Paulo e me deixou com o irmão dela, pois não tinha condições de me criar.

Doméstica, nordestina, sem casa, sem trabalho, sem dinheiro, sem estudo, como iria cuidar de uma criança?

(moro com meu tio que considero meu pai desde então)

Conheci minha mãe biológica em 2008 apenas e sempre a culpei por não ter sido criada pela minha " verdadeira família", nunca conversamos direito, mas só depois que cresci e amadureci, me tornei feminista, ativista e comecei a enxergar o mundo de outra forma, abri os olhos e abri espaço pra entende-la.

Ano passado conversamos, ela não quis me contar muito sobre o que viveu, diz que meu pai biológico a maltratou demais.

Típico, se ausentou da paternidade, não assumiu a filha da empregada, afinal, não podia estragar o casamento.

Hoje, dele só sei que se chama Paulo, mora em Brasília mas é natural de Minas Gerais, tem um supermercado (algo assim) é casado e tem um filho e algumas irmãs.

Minha única raiva em meio a tudo isso é ele ter seguido com a vida normalmente enquanto uma mulher sem muita instrução pro mundo se virou pra manter viva uma criança que não fez sozinha.

Dizem que me pareço com ele, fisicamente talvez, no caráter, duvido!

*

Minha mãe nasceu no interior do estado e se mudou muito nova com a família pra capital, Fortaleza, e aqui começou a trabalhar como empregada doméstica.

Nos primeiros anos, a primeira humilhação

Por trabalhar na casa de uma tia, ao lado da sua, ela nunca teve grandes problemas com alimentação, locação nem nada, mas certa vez, enquanto ela lavava o banheiro, sua prima parou na porta e disse:

— Tá sujo ali.

— Mas eu acabei de limpar

Então nesse momento ela virou o balde com água suja que tinha próximo a porta e disse

— Limpa de novo. Depois que soube dessa história, nunca mais consegui entrar no banheiro daquela casa.

Nesse momento minha mãe foi contratada para trabalhar como gerente de uma pousada, não revelo onde pois ficaria óbvio demais, e com essa história...

Bom, seguindo.

Essa pousada é de dois tios dela que a contrataram como gerente, e prometeram que, mesmo sem assinar carteira, ela teria todos os direitos trabalhistas, tudo direitinho no fim do mês.

Chega um dia a arrumadeira não vem.

Nem na outra semana

E ela tinha certeza que nem na que vem.

O resultado? Uma única pessoa para arrumar um lugar de três andares + garagem no subterrâneo. E quando aparecem grupos de 70 pessoas ou mais lá?

Tenho certeza que essa mulher deve fazer mais força que um atleta olímpico, adoece, faça chuva faça sol tá lá, pegando no batente desde 5 da manhã até quando a última pessoa dorme.

E ainda teve de vez em que um dos tios a obrigou a se levantar 2:30 da manhã pra atender cliente que acabara de chegar. A pior vingança que ela conseguiu pensar sobre isso foi passar o fim de semana inteiro em casa, já que ela só podia vir na sexta e já voltava no sábado pela tarde.

Eu sinto falta da minha mãe, sinto medo por ela, tão pequenininha e magra cuidando de um lugar pra caravanas enormes de pessoas. A saudades que bate as vezes é insuportável, terminar um namoro de longa data chega a ser uma dor saborosa diante disso.

Eu choro, choro todos os dias, por saber. Choro de saudades, e não tenho coragem de falar pra ela. Quando falo, ela diz que não pode sair de lá, pois precisa de dinheiro.

Se eu que nem sou empregada doméstica e já tô na porta da universidade me sinto assim, fico imaginando como essas mulheres como minha mãe se sentem

*

Minha mãe começou como doméstica desde novinha trabalhou desde a casa de bacana da globo a gente classe media, criou eu e meus dois irmãos sozinha pois temos o pai ja falecido desde pequenos, ela nunca deixou transparecer nada de ruim sempre dizia que as patroas eram boas, eu como única menina ela sempre me levava e eu acabava ajudando, sempre via um mal trato e ela sorrindo me dizia ah liga nao dona fulana e assim msm mas ela e boa comigo, eu como criança não tinha noção do tamanho da humilhacao, escrevo isso agora com lagrimas nos olhos pq acho que eu tinha esquecido tudo isso, mas hoje fiquei o dia todo lendo esses depoimentos e poxa senti necessidade de falar.

No último emprego dela que foi ate 2012,hj eu ja casada com filho, fui a casa da tal patroa, essa sim não e ruim, mas os filhos dela tratando minha mae como um cachorro quase tive um surto, eu disse mãe chega vc não precisa disso, foi ai que pela primeira vez ela me disse algo "essa menina ja até cuspiu em mim" uma menina gorda e arrogante de 13 anos, quase enlouqueci, falei pra minha mãe vc vai embora agora daqui liga pra ela, e ela ligou e foi embora, eu incentivei minha mãe fazer outra coisa, ela sempre cozinhou muito bem, hoje ela e cozinheira de um hotel, ama trabalhar lá, tem registro de cozinheira e ganha bem.

Sou feliz hoje pelos direitos trabalhistas as domesticas, mereciam muito mais que isso.

*

Minha mãe começou a trabalhar como empregada domestica aos 14 anos das muitas situações que ela passou uma das mais tristes para mim era quando ela cuidava de duas garotas que por sinal gostava muito dela mas o pai das meninas fazia questão de ressaltar que minha mãe era empregada da casa. Certa vez minha mãe estava no quarto com as meninas ele chamou minha mãe e mandou que ela saísse do quarto dizendo que quarto de patrão não é lugar de empregado que ela deveria se manter no lugar dela. O que mais me choca nessa historia é que quando minha mãe precisava ficar em casa sozinha com ele, ele assediava minha mãe e dizia que gostava de "trepar" com mulatas também!

PS: Minha mãe não é mais empregada domestica.

*

A ex patroa da minha mãe, comprava tapetes de 5 mil reais, mas na hora do almoço, media tudo que ia ser cozinhado para servi apenas para a família. Inúmeras vezes minha mãe comeu pão com ovo no almoço pois não sobrava comida pra ela.

*

Minha mãe foi doméstica a vida inteira. Há sete anos ela vem trabalhando como "Cuidadora de idosos". Sempre ouvi relatos horríveis de tratamentos desumanos e subjugadores com a minha mãe.

Um que eu lembro agora, foi numa entrevista de emprego, para cuidar de um idoso, em que minha mãe trabalharia por plantão de 48/48h e ganharia um salário mínimo. Já na entrevista, a filha do idoso (que seria a patroa) disse para minha mãe que ela seria a responsável por fazer a comida dos patrões, mas com uma observação: "já vou avisando, que para você, você pode eacolher entre nuggets ou salsicha, para comer com arroz. A comida não será a mesma que a nossa". Minha mãe na mesma hora levantou, agradeceu a oportunidade da entrevista e disse que não ficaria. A mulher perguntou o por quê e minha mãe respondeu "minha senhora, eu não como isso nem na minha casa, porque não gosto desse tipo de comida, não vou vir trabalhar pra senhora pra passar fome aqui, passar bem". Rio de Janeiro/RJ.

*

A mocinha que ajuda meu pai com as coisas, estava tão traumatizada, que no primeiro dia dela, eu estava lá, e a mãe dela que também é empregada foi levar um pão com manteiga e uma garrafinha dessas de mini guaraná com café com leite, e se espantou quando nos viu na mesa e ela tomando café com a gente. Logo em seguida, meu pai foi resolver umas coisas, e ainda faltava tempo pra eu ir trabalhar, então a gente começou a conversar, e eu disse que trabalhava em telemarketing, e comecei a conversar com ela sobre trabalho, estudo, namoro, vida social, onde ir, onde comer, tudo mais, e pedi o WhatsApp dela porque ela é super legal. Ela disse que nunca tinham parado pra conversar com ela. Me partiu o coração… Uma garota tão legal… Eu não queria que as coisas fossem assim.

*

Fui babá com nove anos de idade e empregada com 12 anos. Mas, preciso contar que aos 26 anos, após me formar na UEL, receber uma bolsa importante para pesquisa, em 2005, e não ter apoio nenhum de professores e amigos, fui diarista na casa de uma fisioterapeuta em Londrina/PR. Não sofri nenhum abuso dela, mas da instituição em que seu marido trabalha, o Colégio Marista.

Fui perseguida com mais 8 educadores, da Organização Social Marista, na Zona Norte de Londrina. Ao mesmo tempo em que recebi a Bolsa Vitae de Artes. Precisei realizar a minha pesquisa com a bolsa, enquanto lutava contra um processo de assédio moral da instituição Marista, em 2005.

Meus colegas, um por um, desistiram do processo judicial, fiquei sozinha com o advogado, na época. Principalmente, uma colega negra formada em Sociologia que insistiu para que ficasse no processo com ela, consegui um advogado especialista em assédio moral e ela me deixou sozinha no processo para conseguir uma vaga no doutorado da PUC/SP, que faz parte da rede Marista.

Quem me ajudou a tirar a gestão, que nos perseguiu e aos adolescentes, foi a Psicóloga Christiane Crouciol e a Kátia, na época secretária do Bispo, na cidade.

No fim do ano de 2005, sem recursos, porque a Secretaria de Cultura não aprovou meus projetos, sem apoio do Movimento Negro da cidade, aceitei ser diarista na casa do Educador Moacir, que trabalha para o colégio, enquanto eu era a sua colega que trabalhava na obra social. Durante o processo de perseguição dos gestores da Obra Social, ele me encontrou num mercado da cidade e afirmou que sabia o que estava acontecendo, que havia uma perseguição contra nós. Como agente de pastoral, deu a entender que faria algo.

Nunca mais o vi depois desse encontro, aceitei o serviço porque queria confrontá-lo. Quando me viu na sua casa não teve espanto algum, achou aquilo normal, sabendo de tudo o que eu havia passado. Confrontei ele dizendo que a omissão de pessoas como ele me obrigou a estar naquela condição e que não continuei com o processo de assédio moral, porque meus colegas desistiram, eu disse, não sou sua empregada, trabalho para a sua esposa. Avisa para os irmãos Maristas que trabalho na sua casa agora. Ele passou a não vir mais almoçar em casa e saia antes que eu chegasse.

Somente sua esposa, que não sabia de nada, demonstrou preocupação por eu estar fazendo um serviço que não condizia com meu grau de formação. Disse para ela ficar tranquila, que para mim não havia problema nenhum, não estava fazendo nada inferior e ela estava me dando uma oportunidade, na verdade uma oportunidade de confrontar o seu marido, sem saber. E de pressionar mais a família Marista.

Era uma casa fácil de limpar e me recusei a lavar quintal, não ficaria exposta na frente da casa, depois de tudo que passei com os Maristas.

Depois de duas semanas, resolvi acabar com aquilo, meu objetivo era fazer pressão contra os Maristas, funcionou, todos os gestores que me perseguiram foram demitidos ou remanejados, já que não tinha apoio de colegas, de jornalistas, de ninguém, eu precisava mostrar para algum deles que estava viva e disposta a defender os educandos da obra social, como havia me comprometido com eles, diferente dos meu colegas educadores sociais que se venderam ou saíram com o rabo entre as pernas.

Depois que soube que a diretoria demitiu e remanejou todos os envolvidos no assédio da obra social, graças à pressão que fiz com Christiane Crouciol e a Kátia sobre o diretor do Colégio, resolvi voltar para São Paulo e deixar a cidade racista de Londrina para trás.

Não me envergonho de ter trabalhado naquela casa, foi uma forma de resistência e ter mostrado para a família Marista que eu estava viva e ninguém ia me silenciar.

*

Eu fui a filha dos patrões até o fim da adolescência.

Quando eu tinha por volta dos 16 anos, meu pai estava correndo risco de ficar desempregado, e transferiu para o filho da empregada (que tinha por volta dos 7 anos) toda a amargura e frustração dele. Tratava o menino com desprezo, dizia na ausência da empregada que o menino era mal educado etc

Como eu era muito apegada àquela criança, fui um dia falar com minha mãe para ver se ela resolvia aquela tensão que estava ficando insuportável. Minha mãe disse que veria o que poderia fazer, porque já tinha problemas demais com a família, não iria agora ter mais problema por causa do filho dos outros. Eu rebati dizendo que o menino não era problema. Era uma criança tímida e comportada. O problema era o meu pai, que estava de implicância. A conversa com maior, eu me desmanchei em lágrimas (era muito chorona quando mais nova) e ela me acalmou dizendo que iria resolver esse problema.

No dia seguinte, depois de ver a empregada o dia inteiro calada e magoada, eu entendi tudo: meus pais falaram com ela e proibiram-na de trazer o filho aqui em casa. Não sei que argumento usaram, já que fizeram isso na minha ausência...

Eu lamento profundamente por isso, minha criança... Um dia, assim que tiver condições, eu hei de corrigir.

*

Santista que saiu da zona noroeste, para novas experiências na california. Pois bem eu trabalhava de help (ajudante de limpeza) de uma brasileira, estava tudo caminhando, na medida que fechamos os olhos bem, até eu engravidar. Trabalhávamos em 3 e uma das funcionárias, sobrinha da tal. Me disse, você lava os banheiros no início da gravidez não é bom você inalar essas químicas, vamos trocar vc faz o meu trabalho, para mim okay! Eis que chega a tal, Porque você não está no banheiro ??? Eu respondi. — sua sobrinha disse que poderíamos trocar. Ela responde a patroa sou eu !!! Você volta p banheiro e esse negócio de produto, não tem nada a ver ... Se for da genética do seu filho nascer problemático sera!! Depois dessa voltei aos banheiros, sabe que quem vive fora do país sem família cerca, se submete a muitas coisas com medo de passar necessidades. Pois todos os banheiros que eu entrava p limpar, ela entrava primeiro e colocava no box (tylex e comet) uma mistura de cloro e o sapolio do Brasil, isso é uma bomba. E ela ainda dizia é pra lavar com água quente! Meu marido todos os dias dizia você não precisa disso, ela abaixou meu salário e já não parava para eu comprar comida, eu levava e tinha que comer escondido, pois ela sempre queria me manter ocupada para não comer. Hoje com 10 anos de América, sei de meus direitos, se fosse nos dias de hoje que não tenho medos, seria muito diferente. Isso foi uma violência domestica. Meu filho nasceu perfeito e saudável. Menina Joyce te vi pequena sua tia que tem os gêmeos foi minha vizinha

*

Bom vou contar um relato meu sou empregada doméstica... bem já trabalhava 4 anos para uma família com 2 filhos apartamento enorme. quando fui contratada a patroa disse que colocaria uma diarista de 15 em 15 e eu só teria que conversar ,já tinha uma passadeira já que as roupas eram social (eles advogados) bom a diarista nunca veio ,o patrão só me chamava aos berros tudo eu tinha que levar na cama tudo bem fora isso eram pessoas legais eu podia comer de tudo e meu filho tbm já que ele ficava comigo depois das escola ela me deu essa permissão para ter meu filho perto de mim pois me via agoniada com ele em casa só ... Passei por uma tragédia família eles me foram muito mas solidários... só que um dia aconteceu algo que realmente me tirou dos trilhos... ela a patroa me Deus uma bijus toda embolada disse Rosa vê se vc consegue dezebolar isso e se tem algo que goste se não pode jogar fora ... Eu dezembolei e fiquei com umas pulseiras um brinco rip e um colar ... Um dia ela estava tomando café eu cheguei como sempre e fui fazer meu café ela olhou e me disse eu tenho um colar igual a esse ... Na hora. Respondi vc que me deu naquelas biju embolada ... Tirei do pescoço e devolvi na hora como ela disse foi enganado esse ... Passou um tempo fui ao um show com meu filho e usei o brinco rip no outro dia fui trabalhar com ele... o dia percorreu normal ela na cozinha fazendo as saladas dela e eu preparando as refeições... coloquei a mesa e comecei a servi o almoço dereepente ela me perguntou e esse brinco aí mas várias vezes e eu sem entender direito até que caiu a ficha e eu disse vc me deu junto com as bijus emboladas ... Conclusão ela só falou do brinco e viu na hora que estava todos na mesa .. esteve o tempo todo na cozinha e não viu e o modo como falava dava margem como se eu tivesse pego ... Na hora tirei o brinco e devolvi fui na minha bolsa tinha duas pulseiras que ela avia me dado a poucos dias depoditei tudo na mesa e pedi minha demissão ... Aí ela vei com blá blá patrão tbm... mas não deu mas pois tenho uma coisa que preserva caráter... e minha honestidade... obrigada por poder dividir isso

*

Quero dizer que amei sua página, e te parabenizar por está iniciativa e gostaria de compartilhar também uma triste história como todas as outras.

Minha mãe sempre trabalhou como empregada doméstica e após trabalhar por 14 anos numa casa resolver mudar de emprego em busca de algo melhor. Neste emprego chegou até estranhar o jeito "especial" que era tratada e após o período de "adaptação" começou os pedidos no mínimo absurdos (vou chamá-la de Maria). Sra. Maria não queria mais que minha mãe lavasse as roupas na máquina e tudo tinha que ser esfregado à mão ou tanque e usar a máquina somente para centrifugar segundo ela as roupas duravam mais, após algum tempo lavando roupas, toalhas, edredons tudo a mão minha mãe começou a sentir muitas dores nos ombros e começou a se queixar, isso durou

2 anos e por fim ela começou a notar que os guarda-roupas estavam sendo trancados, ao passar a roupa tinha que deixar tudo em cima da cama e que quando ia embora a Sra. Maria quem se encarregava de guardar tudo numa tentativa de "minimizar" sua dor no ombro, até que um dia chegou ao trabalho e Sra. Maria e seu esposo a aguardavam na cozinha, antes que tirasse a bolsa do ombro foi informada que um par de meias da filha sumiu e que minha mãe era responsável por este sumiço, assim como outras coisas também tinham sido furtados pela minha mãe e como forma justa ela iria descontar os objetos furtados e foi com R$600,00 que ela foi escoltada pelos dois até a portaria.

Eu nunca tinha visto minha mãe chorar e se sentir tão pra baixo, hoje ela precisa fazer fisioterapia para o ombro que sofreu lesões e resolveu ser diarista pra evitar situações como essa, e na época por sermos tão leigas não levamos isso a diante, mas acreditamos na justiça divina.

Muito obrigada por nos ouvir.

*

Há um tempo conhecemos uma senhora que veio trabalhar para minha família. Há uns meses atrás escutei uma conversa entre as moças daqui sobre o que acontecia no trabalho anterior deste senhora que citei. Ela me contou que na antiga casa onde ela trabalhou, sua patroa a fazia usar PRODUTOS QUÍMICOS para a limpeza da casa SEM QUALQUER TIPO DE PROTEÇÃO! Na hora eu fiquei espantada, mas ao mesmo tempo não acreditei que podiam existir pessoas assim....ao ficar sabendo da história e a preocupação desta senhora de não ter provas para mostrar pra justiça (ela foi encorajada aqui em casa a entrar na justiça) eu me prontifiquei a tirar essas imagens do meu celular, e guardar para quando fosse preciso. O estado das mãos e das unhas dela é péssimo, mas o tratamento já está sendo feito (por isso o motivo da preocupação de não ter provas, já que até então ela não tinha tirado fotos).

*

Desde pequenos eu e meu irmão tinhamos babás que moraram com a gente até o início da nossa adolescencia quando a mais nova se casou e mudou de casa. Durante uma viagem, as duas precisaram voltar uma semana antes, acredito que as aulas da mais jovem voltariam nesse período, e no nosso retorno lembro do meu pai estar muito estressado e que envolvia ela. Com o passar dos dias, eu que já era um pouco mais velha, fui entendendo que o VIZINHO do segundo andar resolveu que BATER NA "doméstica" de 20 anos seria um corretivo para algum questionamento que ela tinha feito. Até onde sei ele foi processado, mas não fiquei sabendo do final da história. Nunca mais olhamos pra cara deste monstro, fora que todos no prédio ficaram do lado da vítima.

*

Ouvi de uma prima que a melhor coisa que ela poderia ter feito foi construir um banheiro na area externa da casa, pois era nojento a empregada doméstica usando os banheiros da casa. Impossível não lembrar do filme The Help, que tem uma situação semelhante, e mais impossível ainda é não ficar indignada ao ouvir um absurdo como esse

*

Sou lésbica soro positivo e tenho lesões de câncer de pele em várias partes do corpo, trabalhei durante 6 anos de doméstica onde diziam que eu era parte da família a casa sofreu reformas meu trabalho dobrou os patrões construíram nos fundos mais um salão fui ordenada a lavar o pátio no Sol etc em dezembro de 2018 sofri um acidente no trabalho caindo de uma escada não fui socorrida busquei ajuda por minha conta usei muletas fiquei no INSS por 45 dias dias esses que todos os dias a patroa me mandava mensagem ou ligava querendo saber quando eu iria voltar etc. mesmo com dores e mancando voltei pro trabalho e uma semana depois fiz uma cirurgia na cabeça levei muitos pontos não pudia tomar banho sozinha nem revestir ou medeitar etc e nem um momento os patrões me procuraram pra ver situação e ainda achavam que não teria sutura etc me atormentavam com ligações com pedidos de documentos e tudo mais então pedi auxílio psicológico pois tinha presenciado conversas racistas e preconceituosa da filha deles que era médica e entrei em pânico, terminou meu tempo de repouso e fui falar com ela que não estava bem e contei que era soro positivo ela falou que eu ficaria efetivada na carteira até tentar me encostar pelo estado etc mas na mesma semana me chamou pediu pra devolver as chaves e me demitiu eu moro de aluguel e só tinha essa renda entrei em pânico pensei em suicídio mas minha psicóloga me ajudou passei muitas situações de terror nessa casa humilhações que me diziam que eu nunca iria achar pessoas tão boas como eles .

*

Moro em Brasília vim de uma cidadezinha, interior da Paraíba. Trabalhei como doméstica dos 12 anos até 26 anos, lá é comum as mocinhas trabalhar para o final do mês ganhar 50,00 á 80,00 reais por mês, ate hoje é assim, já vivi muita coisa ruim dentro das casas das madames até tentativa de estupro, quando viajei com uma família para casa de veraneio onde tinha muita gente da família reunida eu tinha que dormir na varanda pq à babá não podia dormir com a família. É claro que passei por mentirosa e ninguém acreditou né estava longe de casa, longe dos meus pais.

Vim para Brasília a procura de melhorias, demorou para arrumar um emprego e fui fazer faxina nessas faxinas da vida encontro com três irmãs duas delas muito boas, mas me convenceram a ir pra casa dessa terceira irmã(essa irmã totalmente diferente, nem as outras irmãs sabiam) por ser carteira assinada seria melhor pra mim, trabalhei por 3 anos lá, entre tantas experiências que passei lá deixo essa, lá eu não podia comer na mesma mesa, não podia comer na mesma hora, lá a porta do quarto dela mesmo que ela fosse só na calçada era fechado na chave ,era assediada pelo marido dela, que era policial e deixava a arma e a carteira com o dinheiro aparecendo por todo canto, escutava que eu não parecia doméstica (pq "tu é branca, tem cabelo liso, falo bem")me falava direto que eu poderia arrancar muito dinheiro dos homens. Isso quando a patroa não tava né, pq quando ela estava eu era destratada, certa vez ele me troxe um presente e eu recusei ,foi ai que o bicho pegou pra mim, não sei qual a história que ele contou pra ela mas, eles passaram a me vigiar, fingiam que estava assistindo mas ficavam me espiando, até água eu tinha que mostrar o copo pra eles terem a certeza que eu ñ tava pegando nada, um dia eles compraram uma melancia bonita daquelas bem apetitosa, eles ficaram na cozinha cortando a melancia e rindo muito cochichando, não dei muita importância terminei meu trabalho e fui embora, no outro dia quando cheguei lá estavam os dois na segunda cozinha e me falaram guadamos uma coisa pra vc esta lá na pia da outra cozinha, era as casca da melancia pra mim comer, esse dia foi o pior, fingi demência e falei assim eu não sei vcs mas eu não tenho o costume de comer a casca das frutas quando eu quero comer alguma eu compro e como não vejo necessidade de vcs guardarem pra mim da próxima vez podem comer, e saí calada, trabalhei o dia todo como se nada tivesse acontecido, no outro dia depois do dia trabalhado dia pedi conta e a patroa fingiu que estava passando mal, falou que eu não podia dar uma notícia dessa desse jeito que eu não podia abandonar ela que eu já era da família que já tinha mais de três anos, e se ela tinha feito algo,(parecia nem ser a mesma pessoa que, me humilhava a todo tempo)nunca mais pisei lá.

*

Minha irmã mais velha era pequena (cerca de 4 anos) morava com ela no cubículo (quarto da empregada) ficava fechada no quarto quando não estava na creche.

Um dia ela foi tomar café, pegou o pão e colocou um pedaço de linguiça blumenau que estava na mesa e a patroa chamou atenção dela dizendo: — A linguiça é comida de patrão, não de empregada.

A partir de então a patroa passou a fazer uma marca na linguiça para ela saber se minha mãe havia comido da "comida dos patrões".

Ela também contou das festas, natal, ano novo, páscoa, que ela ajudava a preparar e a servir, ela recolhia as bandejas vazias ou com carcaças no final da festa e ia fritar um ovo para comer com arroz, porque não sobrava nada para ela e para minha irmã.

Sabe Preta-Rara, hoje eu chorei, porque não entendia por que minha mãe nunca gostou de comemorar natal, ano novo, fazer ceia ou grandes almoços de páscoa, e olha que ela casou de novo, deixou de ser empregada e teve outros filhos... acontece (só hoje ela me contou!) que ela sempre lembra daquelas ceias que ela servia e não podia comer, simplesmente para ela festas de fim de ano e de páscoa trazem essa dura lembrança de quando ela era empregada e aquela era a "festa com comida para patrão"!

*

Comecei a trabalhar em casas de família a partir dos 8 anos de idade, na cidade de malacacheta/MG.

Nunca fui obrigada por meus pais a sair de casa para trabalhar, mas desde cedo eu percebi a necessidade de trabalhar para me manter.

De todas as humilhações que já sofri, e que não foram poucas, as piores são:

Aos 12 ou 13 anos, não me lembro, acordei, em meu quartinho de empregada, com o patrão em cima de mim, me beijando, me lambendo! fiz um escândalo grande, a esposa acreditou em mim, porém nada fez, eu não tive coragem de contar pra minha família, apenas mudei de emprego.

Aos 14 anos, morando em outra cidade, ouvi de uma patroa que eu jamais seria alguém na vida, por ser preta, pobre e arrogante. sai do trabalho e no pagamento, ela ainda descontou até o valor de um presente que havia me dado, de aniversário. sem contar nas diversas vezes em que ficava tentando me empurrar para os irmãos mais velhos dela, ambos na faixa dos 35 a 40 anos.

hoje em dia sou enfermeira e faço faculdade de Direito, faço parte da UNEGRO, o que tem me ajudado muito a superar todos os traumas, pois até recentemente eu só conseguia tomar banho se cobrisse até o vitrô com uma toalha, pendurando uma roupa na fechadura, pra me assegurar de que ninguém estaria me olhando!

Hoje eu não tenho vergonha de relatar esse tipo de situação, felizmente já descobri que a culpa nunca foi minha!

*

Meu nome é J.N, 33 anos, negra, primeira com ensino superior, e neta de empregada doméstica.

Os pais de minha mãe sempre foram muito pobres, moravam em uma favela do Rio de Janeiro, minha avó sempre foi empregada doméstica, analfabeta. Minha mãe sempre teve horror da miséria em que ela vivia com meus avós, por isso trabalhou dia e noite, sem descanço para um dia poder sair da favela, mas nao como empregada domestica, pois ela sabia das humilhações que minha avó passava todos os dias. A gana de vencer na vida levou minha mae a morar em outro Estado, onde ela conseguiu vencer e conseguiu dar a nós, os filhos, uma vida melhor, sem extravagancias, mas com esperanças para o futuro.

Nunca tivemos uma empregada doméstica, afinal, se cinco pessoas vivem numa casa, as cinco podem contribuir.

Eu cresci, fui para a faculdade, tinha um emprego que pagava as minhas contas e as mensalidades com muito custo, me formei, mas nao estava feliz, queria conhecer o mundo e aprender idiomas.

Embarquei num sonho de ir morar nos EUA por um ano e ser babá (aupair) de uma familia brasileira que morava ha decadas nos EUA.

Sempre ouvi gente falando para nunca trabalhar para brasileiros no exterior, porque a pessoa sai do Brasil, mas o Brasil nunca sai da pessoa, especialmente quando sao ricos.

O primeiro dia que cheguei para começar o trabalho, ela olhou pra mim e disse " Nossa, eu não sabia que você era grande desse jeito (gorda e alta)" e pelos anos que morei naquela casa eu dormia numa cama onde o colchao suportava o peso de uma crianca de 40 quilos, e nao um adulto de quase 100 quilos, em um quarto onde as janelas eram enormes e batia muita luz. Uma certa vez quando estavam colocando ventanas em todas as janelas da casa por causa da luz, eu ouvi a avo falando bem baixinho pra minha patroa: Nao precisa colocar ventanas no quarto da babá, você não vai querer uma aupair dorminhoca. E assim foi feito, nunca tive nem cortinas para ter privacidade de trocar de roupa no quarto.

A familia providenciava as minhas refeições, mas com jeitinho, um dia a patroa me disse: "Se voce não se sente a vontade em sentar à mesa com a gente e jantar, vc pode fazer isso depois que a gente terminar, e depois de vc limpar a cozinha" Recado dado, recado entendido. Então, sempre quando eles terminavam eu voltava à cozinha e a patroa dizia: "Ah, desculpa, acho que não fiz comida o suficiente hoje.

E com isso, o problema do colchão pelo menos foi aliviado. Como não tinha comida para a baba, no primeiro mes eu perdi 10 quilos... No final do intercambio, eu estava 30 quilos mais magra. Voltei para o Brasil com deficiencia de ferro e vitaminas e um desvio na coluna.

Mas não foi só isso. Uma vez esqueci de pedir a um menino de 7 anos para colocar a fralda antes de dormir, ele mijou na cama. Na manha seguinte, um domingo, ás 7:00 ela liga no meu quarto aos berros dizendo que eu era um adulto imprestavel, e que por causa de mim, ela ia perder preciosos dez minutos do domingo dela colocando a roupa de cama dele pra lavar...Engoli, assumi a culpa.

Meses depois fui conversar com ela sobre o colchao, e disse que do jeito que estava nao podia ficar, minhas costas doiam... duas horas depois ela me mandou um email dizendo que eu fui muito petulante em pedir a troca de um colchao otimo e carissimo. Nao trocou. Resolvi dar o meu jeito. O quarto de hospedes era no mesmo andar que meu quarto e passei a dormir escondido no quarto de hospedes...ela descobriu, me disse que nao era hospede ali, e nao podia dormir no quarto...

Ela tambem tinha a mae que morava na vizinhança e constantemente ia na casa. A mae da patroa fazia questao de ir no meu quarto e revistar o meu guarda roupa e bolsas quando eu estava no meu dia de folga, e de vez em quando deixava cair uma notinha de 100 dolares dentro de uma caixa de sapato. Uma vez peguei uma nota com a inicial da letra dela dentro do meu guarda roupas, e antes que ela começasse a "procurar pelo dinheiro perdido" eu subi na sala, com todo mundo lá e disse "Fulana, acho que você esteve no meu quarto e deixou cair esse dinheiro la. Eu imaginei que fosse seu pois tem a sua inicial com sua letra"... Os episodios do dinheiro pararam de acontecer.

Os patroes gostavam de viajar, e de vez em quando me deixavam com as criancas, e a avo ficava na casa tbm. Quando a avo chegava, ela pegava parte da comida que estava na dispensa, colocava numa caixa e escondia dentro do quarto de hospedes, e quando ia fazer supermercado trazia comida contada para cada crianca.

O meu patrao era um cara bacana, nunca senti nenhum desdém da parte dele, mas quem cuidava das coisas da casa era a patroa. Uma certa vez quando a patroa foi viajar com as criancas e eu nao estava trabalhando para eles mas estava fazendo um bico que uma amiga me indicou, ele veio até mim e perguntou qual era o valor do pagamento daquela semana. Eu disse que eu estava fazendo outros trabalhos e ele nao tinha que me pagar, e ele me disse:" J, contrato é contrato." Pegou o cheque e me pagou.

Meses depois eles foram passar ferias no Brasil, a patroa disse que ela nao precisaria de mim por dois meses. E aqui você tem que ser paga quando a familia fica todo esse tempo fora, porque eu não tinha autorização legal para trabalhar para outras famílias. Ela não me pagou, disse que eu era gordinha o suficiente para me virar, mesmo que o contrato dissesse que eles deveriam me pagar. Não me pagou...comia no café da manhã e vivia de agua e de vez em quando amigas me convidavam para comer e elas pagavam, e café o resto do dia para poder comer na janta que eu pagava com os bicos que eu fazia ilegalmente. Algum tempo depois eu descobri que o meu patrão assinou os cheques para o pagamento dos dois meses que eles estiveram fora e mandou ela me dar...ela não me deu, guardou na gaveta do escritório.

Continuo sendo babá nos EUA, mas não trabalho mais com brasileiros, lição aprendida. Tive inúmeros patrões depois que sai daquela família, todos eles me tratam e me tratavam de igual para igual. Bom dia, boa tarde, me perguntam se eu me sinto confortavel desempenhando tal tarefa, perguntam como foi o meu final de semana, e se eu tenho planos para o final de semana, valorizam o meu trabalho e eu me sinto valorizada.

*

"Minha falecida mãe, uma certa época, trabalhou de diarista, numa família conhecida, no interior de Santa Catarina, onde vivíamos. Um rapaz desta família, hoje um distinto senhor de meia idade, que atualmente é vereador deste município, tinha o hábito horroroso de limpar a bunda com as toalhas de rosto. Tenho 35 anos, e jamais esqueci dos seus relatos do nojo que sentia ao ter que lavar as toalhas naquele estado".

*

Quando eu estava com 16 anos era baba de 3 meninos filhos de doutores.um dia os meninos queriam coca cola eu servi e coloquei um copo pra mim .O pai deles entrou na cozinha e me proibiu de beber isso na frente dos meninos .ele jogou a minha bebida na pia Sabem o que fiz esperei acabar o que eles tinham na dispensa Fui ao mercado e comprei um grande refri pra mim .tive a sorte de no mesmo dia o doutor veio até a cozinha e foi direto na minha coca cola eu sem medo lhe disse .essa coca cola e minha por favor não pegue. Ele me olhou e largou o copo e ainda eu falei isso e pro senhor ver como também posso comprar fim da história ele começou a tratar melhor eu e a outra empregada ainda trabalhei muito lá.

*

Minha mãe trabalha desde os 11 anos como babá/empregada doméstica. Sim, com 11 anos, sendo uma criança, ela cuidadva de crianças quase da mesma idade que ela. Fazia isso na época apenas por um prato de comida e alguns trocados que ela mesma nunca viu, a questão era que precisava de alguma forma ajudar a criar os irmãos, nem que fosse estando fora de casa para ser uma boca a menos. Com essa idade sofreu de tudo, violência física, tentativa de estupro (já pulou muro de uma casa pra fugir) ... De lá para cá foram tantas histórias de sofrimento que não sei como ela conseguiu ser tão forte a ponto de conseguir transmitir apenas amor para mim. Gente, vocês não têm noção da mãe que eu tenho. Ela quebrou todo um ciclo de sofrimento, ela me deu o seu melhor para que eu não tivesse seu mesmo destino. Deixa eu explicar, minha mãe trabalha para a mesma família que minha bisavó já trabalhava! E ela conseguiu quebrar com isso quando colocou um lápis na minha mão e sentou no chão comigo, mesmo tão cansada, para me ensinar a "desenhar letras"! Hoje eu sonho com o dia que ela não vai mais precisar ir toda semana ficar reclusa numa casa que não é a dela, dormindo num quartinho e a disposição da vontade dos outros, mesmo tendo adquirido até um problema crônico de coluna por tanto trabalho... Tudo que eu quero é terminar a faculdade, que tenho oportunidade de fazer graças ao esforço da minha mãe, e proporcionar a ela dias felizes e de descanso (de corpo e mente) que sei que ela nunca teve.

*

Fui patroa, por muitos anos. Consegui amizades interessantes, laços tão estreitos, que uma viajava comigo, sou madrinha de batismo de criança, madrinha de casamento, e uma delas saiu vestida de noiva da minha casa. Todas comiam o mesmo que nós e na mesa junto.

Com o passar dos anos, junto com a idade avançada, a vida me fez mudar de lado, e me vi empregada em mansões do Alphaville. Foi quando me deparei com todos os maus tratos possíveis e imagináveis.

Assédio moral continuo, desprezo pelo trabalho exercido e momentos em que nem tinha o que comer. Em uma das casas o chuveiro à gás programado, e tinha que tirar o sabonete com água gelada, em dias muito frios. E não adiantava reclamar.

Como dormia no emprego, tinha horário pra começar, mas não tinha para ir para meu quarto.

Em comum, entre todos os patrões, é que os animais eram mais bem tratados, até roupas e alimentos importados, mas nós não tínhamos nenhum privilégio. E como o horário era apertado, nem sair podíamos.

Nos sobrava uniformes velhos, fétidos por tanto uso, e comida só se sobrasse e é alguns casos, nem podíamos comerão mesmo que os patrões.

Tive problemas de auto estima. Depois descobri que ninguém ficava mais que dois meses e esses patrões recorriam a anúncios pela Internet, provavelmente pq já não tinham crédito para conseguir no meio em que viviam.

*

Tempos atrás dentro de um ônibus coletivo em Campinas, ouvi duas senhoras conversando sobre as casas nas quais trabalhavam -e já trabalharam- e suas patroas. Um dos casos especialmente me chamou a atenção. Uma das mulheres relatou que trabalhou para uma senhora na cidade de Valinhos, no condomínio Chácara Flora (sempre que passo em frente a esse condomínio me lembro disso) e no primeiro dia de trabalho a patroa a mostrou os cômodos da imensa casa e os trabalhos que ela teria que fazer. Segundo a senhora, quando chegou na cozinha, a patroa a mostrou um prato notadamente velho, um copo já bem usado, uma colher e uma faca e disse que ela usaria aqueles utensílios para fazer suas refeições e tomar água. No fundo da cozinha, já saindo pra fora da casa, próximo a duas casinhas de cachorro, ficava uma mesinha com duas cadeiras de madeira. A patroa mostrou onde ela sentaria para fazer as refeições e ainda pediu para que ela não jogasse sobra da comida para os cachorros. A senhora trabalhou bastante tempo nessa casa, embora não me recordo mais a quantidade de tempo. Um caso que nunca me esqueci. Todas as vezes, todas mesmo, que passo em frente a esse condomínio, me lembro que lá existe um ser humano tão cruel. O único sentimento que vem é pena. Não tem outro que seja digno dessa patroa.

*

Minha mãe é empregada doméstica e teve uma infância bem sofrida, pois aos 8 anos foi entregue a uma família para ser "cuidada". Ocorre que, ao chegar nesta casa, onde pra ela era esperança de uma vida melhor. Descobriu que na verdade ela estava lá, era pra cuidar de uma outra menina um pouco mais nova que ela e fazer o serviço de casa. Minha mãe conta que o "salário" que recebia ia direto pras mãos da minha vó, que as roupas que ela usava eram sempre sobras de roupas de outras pessoas. Sua comida era separada, e servida em latas de sardinha, sem a sardinha é claro. Minha mãe conta que sua ceia de festas de final de ano era arroz, feijão e o caldo dos enlatados que eram utilizados na casa. Sem falar que não podia estudar, pois tinha que estar sempre a postos para atender as necessidades dos patrões. Inclusive as visitas noturnas do patrão que a "acariciava como se fosse sua filha". E isso durou até minha mãe ter 12/13 anos, onde em uma das visitas a casa da minha vó, se negou a voltar para o trabalho, mesmo após levar uma surra da minha vó. Minha mãe, ainda é empregada doméstica, porém hoje é tratada com o devido respeito. Aprendeu a se impor e sempre diz que não quer que a tratem como da família, pois isso ela sabe que não é. Mas também não aceita ser tratada como inferior pela profissão que exerce. E eu até minha adolescência acreditava que meu caminho seria o mesmo mas graças a uma patroa desequilibrada que tive, quebrei este ciclo. Mas a minha experiência, conto em outro relato.

Muito obrigada pelo espaço, que você está abrindo.

*

Venho de uma família de empregadas domésticas, minhas irmãs, onze irmãs, todas trabalharam de domésticas, minha mãe era lavadeira de roupas. Assim como minhas irmãs não fugi da sina de trabalhar em "casas de família". Nasci numa cidade pequena, colonizada por alemães, onde no comércio exigiam que se falasse alemão para ter emprego, como éramos descendentes de índios e negros, não tínhamos como alcançar esses trabalhos. Lembro que trabalhei em uma casa, onde no primeiro dia preparei um peixe para os donos da casa. Na hora do almoço a patroa convidou-me à mesa, para minha surpresa. Mas para surpresa maior a comida que eu havia preparado não era para mim... sem que eu soubesse havia um arroz com salsichas para as empregadas, eu e uma menina que fazia o serviço "mais leve". Quando nos servimos ela jogou um pedaço de peixe em nossos pratos e falou: — para que as lombrigas não saltem pela boca. Dentre todas as humilhações que passei essa não ficou impune, pois passada uma semana de desaforos eu arredei todos os móveis e molhei toda a casa, depois disse que estava indo embora. Fiquei sem o pagamento, mas saí com o gosto do dever cumprido. Hoje sou formada em direito por uma universidade federal e continuo passando por olhares preconceituosos, por não me encaixar nos padrões impostos e não dar carteiraços. Para mim o respeito não deve ser derivado do que carrego, mas do requisito básico que é a minha humanidade.

*

Por 7 anos fui babá de duas crianças, um menino e uma menina. O que mais me chocava não era o tratamento a mim reservado, mas às outras empregadas da casa. Por ser babá, eu podia entrar nos quartos, sentar no sofá, ficar de sapato na casa, o que as outras nunca puderam. Era como se eu fosse superior, a dinstinção era horrível, e eu era odiada pelas outras! Lembro que um dia da semana era peixe, 'filé de St Peter', que nao era um peixe muito barato na época... a patroa comprava os filés, e so comia peixe, fazia as crianças repetirem pra não deixar sobrar e pra nós os empregados só sobrava arroz e feijão, e ela dizia "elas entendem, é um peixe caro, elas nem vão saber apreciar". Mesmo assim era muito apegada às crianças, amava muito elas... o que me fez levar um choque de realidade foi um dia em uma festa de aniversário, eu me lembro feito hoje, estava comendo uma quiche de espinafre... a menina de 3 aninhos me pediu um pedaço, mas o garçom estava longe... quebrei um pedacinho e dei pra ela! Só vi a patroa vindo feito um raio, furiosa, dar um tapa na mão da criança e me puxar pro canto e falar " nunca mais faz isso! Ñ dê a msm comida que vc tá levando à boca pra minha filha, ñ sei quais bichinhos vc tem que pode pegar nela!! Imagina minhas amigas vendo minha bebê comendo restos da babá!!" " Bichinhos!! "Bichinhos" !!! Gente, fiquei humilhada, indignada, lagrimas presas fizeram minha garganta doer... qria largar tudo e ir emboar... mas aos 19, sem pai ou mãe e o mundo todo me fechando as portas eu achava que era tudo o que me restava... fiquei mais 2 anos, comecei a fazer facu, passei num concurso público e falo: aquele tempo deixou marcas na minha alma, ás vezes tenho esse pensamento e logo peço perdão a Deus, mas volto e meia ele retorna: se um dia tudo der errado, e eu tiver que virar doméstica de novo, EU ME MATO!! Por favor, não me julguem...

*

Minha mãe começou a trabalhar como empregada domestica aos 14 anos das muitas situações que ela passou uma das mais tristes para mim era quando ela cuidava de duas garotas que por sinal gostava muito dela mas o pai das meninas fazia questão de ressaltar que minha mãe era empregada da casa. Certa vez minha mãe estava no quarto com as meninas ele chamou minha mãe e mandou que ela saísse do quarto dizendo que quarto de patrão não é lugar de empregado que ela deveria se manter no lugar dela. O que mais me choca nessa historia é que quando minha mãe precisava ficar em casa sozinha com ele, ele assediava minha mãe e dizia que gostava de "trepar" com mulatas também!
PS: Minha mãe não é mais empregada domestica.

*

Trabalho a vida toda como empregada doméstica, nunca tive a chance de fazer outra coisa, tenho 39 anos, já trabalhei em várias casas, um dos meus primeiros trabalhos foi como baba, eu tinha 14 anos, um dia a mulher chego nervosa em casa grito comigo, (BICHINHOOO,BABA NÃO É SO PRA CUIDAR DE CRIANÇA NÃO, QUANDO EU FALAR COM VC,PEGA AQUILO ALI,VC PEGA NA HORA,NÃO DEIXA PRA DEPOIS NÃO TA BOM), eu fui embora no fim da tarde, e bem mais tarde, porque ela tinha a mania de quando chegar a hora da gente sair, ela invetar alguma coisa pra gente fazer e ai eu saia muito tarde. Mas depois que ela gritou comigo, eu não voltei la, e ela por raiva espalhou que roubei na casa dela, nunca tirei de la nem um biscoito, depois disso trabalhei em outras casas, cuidei de idosos, ate que um dia eu arrumei um emprego numa casa pra cuidar de uma criança e da casa, onde eu trabalhei por 9 anos, fui demitida em agosto do ano passado, eram pessoas que gostava muito de mim, e eu tbem gostava muito deles, mas a menina cresceu, e com os novos direitos trabalhistas, queriam me colocar como diarista, mas eu preferi um trabalho fixo, porque moro numa cidade pequena em minas chamada viçosa é uma cidade universitaria, aqui não se paga bem diaristas, é no 60,por dia, ai procurei outro, achei um como um casal de senhores, já de idade mas não bem de saúde e fortes, a mulher tem fama de gente boa, mas la é tudo separado, copo, prato, talheres, eu tenho que comer a comida do dia anterior, pra não desperdiçar, e tudo la é contado, eles não colocam nada na geladeira, sem contar, teve uma semana do mes passado, que ela passo fora, eu fiquei aqui trabalhando, mesmo ela não estando aqui, eu tinha que ir trabalhar e cumprir horario, e tem uma vizinha, que mora bem enfrente, num prédio, que fica me vigiando a hora entro e saio, e se saio como alguma coisa. Quando ela chego de viajem, ela tiro um dia pra arrumar o guarda roupas, eu percebi que so arrumo os casacos, as joias, os sapatos e as bolsas, ela conto um por um pra ver se tava faltando, ela disse quando minhas férias vai ser descontada, nos dias de folga que tiver, quando ela viaja, estou trabalhando la desde de fevereiro, e pelas minhas conta, eu ja não tenho férias mais, porque vou ter as folgas, dos dias que ela viajo, e eu nao trabalhei. Quando eu esqueço alguma coisa, ela grita comigo, (B. VC NÃO PENSA NÃO?!), ja pensei em nunca voltar a aquela casa mas eu tenho dividas, uma filha, que tem o ensino médio completo, curso de atendente, mas não consegui emprego, porque todos pedem experiencia, e ela não tem, aqui na minha cidade, pessoas como nos so consegui emprego bom se tiver alguma influente, se não, não adianta. Mas eu devo ta passando por isso, porque antes desde trabalho eu fui ver outro, com a mulher se chamava Manuela, parecia ser tão boazinha, mas a casa dela era enorme, enorme mesmo , coisa de cinema ,tudo muito espaçoso,2 andares, era pra fazer de tudo, e ainda cuidar de 2 crianças, admito que me assustei, mas ela me parecia ser uma amor de pessoas(FUI MUITO BURRA)ela mora la no condominio inconfidentes, o marido dela trabalha na petrobrás, ela disse que ia me ligar, mas demoro muito, achei que ela nao ia ligar, ai arrumei outro, esse que eu estou, queria tanto ter a chance de novo de poder ir trabalhar com a Manuela. Eu choro todo dia, e todo dia entre meus choros e minha orações , eu peço a Deus um outro emprego. Espero que leia o meu relato, e quem sabe a Manuela, leia e me de mais chance ne, Beijos no seu coração Joyce, to amando a sua pagina.

*

Minha mãe nasceu na roça, foi morar na cidade com essa família pra poder estudar, só tinha a 4º série, o patrão era Médico prometeu que ela seria enfermeira, então com 15 anos ela aceitou e foi morar com essa família. Tinham dois filhos pequenos, minha mãe fazia tudo sozinha e cuidava das crianças, quando a família saía e a minha mãe não ia junto levavam ela pra casa da avó pra faxinar, não recebia nada pq era um dia de trabalho normal, folga uma vez ao mês. Na casa da avó o chão das salas era lavado de joelho com uma buchinha ou escova de dentes segundo a velha pra tirar o encardido.

Mamãe nunca estudou. Saiu de lá quando se casou, e depois de criar os 4 filhos da patroa (ela teve mais dois).

Minha mãe diz que uma vez eles viajaram e levaram ela pra cuidar das crianças, ela dormiu no sofá da sala, esqueceu de levar creme dental e escova de dentes, a patroa mandou escovar com o carvão do fogão a lenha e usar folha de capim ou de cana como escova. Minha mãe hoje utiliza prótese.

Quando conheceu meu pai só se casou aos 33 anos pq ele era negro e a família não queria deixar (iria perder a empregada neh).

Minha mãe saiu casou, eles ficaram com raiva um tempo. Ela foi trabalhar em outra casa que a patroa tratava ela muito bem, e inclusive deu todo enxoval do casamento, e foi até madrinha dela. Queria que ela estudasse mas mamãe se achava velha pra isso. Pagaram curso de corte e costura e ela teve uma outra profissão.

Não se casou na igreja, saiu da outra casa sem nada, nem carteira era assinada.

Anos depois já com 5 filhos em idade escolar, eis que reaparece a 1º família, prometendo de novo ajuda com os estudos do filho. Papai descobriu doença de chagas parasita alojado no coração. Aposentou-se nunca época péssima, com um salário muito inferior ao que recebia, (nesta época mamãe já estava numa fábrica de costura, papai numa empresa de refrigerante mundialmente conhecida, mas com 5 filhos, precisava trabalhar, mas foi proibido de fazer qq esforço).

Sabendo disso a 1° família hoje com o filho mais velho já formado em medicina assim como o pai, ilude a minha mãe de novo, que até pouco tempo ainda achava que eles eram muito bons. Mamãe saiu da fábrica, voltou a trabalhar pra eles mesma rotina, só não tinham crianças mais. Casa da avó mesma faxina duas vezes por semana a tarde, não recebia a mais.

Nada de escola para os filhos da empregada, davam mochila que ia filhos tinham usado na escola, alguns livros usados pelos filhos da patroa, minha mãe levava a lista, mas não podia escrever nem apagar as respostas que já estavam, e os livros deviam ser devolvidos do mesmo jeito no fim do ano. Os livros que ela não emprestava ficávamos sem ter na escola e cópiavamos dos colegas.

Papai começou a cuidar do jardim deles todas as quintas e sábados quando não tinha festa e jantar, quando tinha mamãe dormia no trabalho pra servir e ajudar a cozinhar. Não folgava, não ganhava a mais, recebíamos as sobras da festa.

Papai sofreu o infarto no dia de trabalho sábado às 09:00 da manhã, não chamaram ambulância, não pediram ajuda. Ligaram pro patrão médico que estava no hospital, soube depois pela boca da avó, que ele demorou 1 hora pra chegar, e qdo chegou meu pau já estava morto, levaram pro IML, pagaram o enterro. Minha mãe pediu demissão. De novo sem carteira assinada, férias 13°. Eu tinha 10 anos.

5 anos depois eles surgiram de novo. Agora querendo que eu fosse mirar com eles pra cuidar agora dos netos, foram a minha casa tentar convencer minha mãe, prometendo estudo faculdade de medicina, disseram que foi um pedido do meu pai qdo estava morrendo, mamãe não deixou, eu não estava em casa estava na escola, mamãe disse que eu não sairia de perto dela, só se eu quisesse. Eu não fui.

Eu já com 17 anos, a avó procura de novo, fala do curso pré vestibular, da faculdade (agora a família tem uma faculdade). e pode me colocar pra estudar. Mamãe diz que eu decido, mas não será fácil. Decido ir. Nada de curso pré vestibular, enquanto sirvo o suco para as visitas neste entra e saí, ouço a velha falando de mim, o que me prometeu, e diz que eu não tenho berço pra isso. Ela me fazia limpar o chão com escova de dentes de joelho. Preparar a comida, mas eu não podia comer, me pagava 5 reais por dia, pq dizia que estava guardado pra assim que eu começasse a estudar, e teoricamente seria em dois meses. Fui pra casa no fim do dia chorando, contei pra minha mãe que até então não sabia, (eu estava me esforçando e não reclamava). Só aí ela me contou tudo que já tinha passado com eles.

Fui embora nunca mais voltei lá. Passei na faculdade da família deles por sinal, pedimos descontos, lembrando dos anos e das promessas feitas, mamãe ouviu deles foi a seguinte resposta: conversa com ela, tira isso da cabeça dela já que vcs não tem dinheiro pra pagar, ela tem que entender e já que quer estudar, escolha um curso mais fácil de passar num lugar que seja de graça. Faculdade de saúde é pé quem tem berço, e ela é neguinha igual ao pai.

Eu já trabalhava tinha o dinheiro, mas o desconto já ajudava tbm.

Eu já tinha dado o dinheiro pra pagar o semestre adiantada pra minha mãe. Ela disse que se raiva, pegou o dinheiro jogou em cima da mesa, e mandou fazer minha matrícula que ela iria pagar o semestre todo a vista.

Me formei em biomedicina com louvor, não precisei de nenhuma esmola deles, pagamos com o suor do nosso trabalho. Todos os filhos hoje são formados, somos, Biomédica, advogados, administradores de empresa.

O avô a 3 ano atrás (pai da antiga patroa, marido da veia) ficou muito doente, já tinha 90 anos, pediu pra ligarem pra minha mãe ir vê-lo no hospital. Pediu perdão, disse que pagaria os estudos de todos os filhos, ela disse que não precisava, que todos já estavam com seus diplomas e trabalhando. Minha mãe ía todas as tardes ficar com eles no hospital por 5 dias, até que ele morreu.

A patroa NUNCA mais falou com a minha mãe, a avó volta e meia ainda liga, querendo que minha mãe volte a trabalhar pra ela, diz que as empregadas de hoje não lavam o chão direito, já está bem velha, quando ouço minha mãe tá falar o nome dela no telefone e perguntar como ela está eu tomo o telefone e desligo na cara da veia, isso quando não sou eu ou meus irmãos que atendemos e dizemos que mamãe está morando em outra cidade.

Mamãe já está na idade de aposentar, mas não consegue por que foram mais de 20 anos trabalhando pra essa gente sem carteira assinada.

Hoje faço questão dela ficar em casa. Cuidando das coisas dela, e pago tdo pra ela, só pra não voltar aquela casa, nem pra visitar.

*

P. saiu de Belém-PA para trabalhar em Natal-RN como cuidadora de idosos.

Ela cuidava de duas senhoras com Alzheimer em um bairro muito nobre da cidade. Nos finais de semana, em suas folgas, ela ia para casa da minha mãe.

Ela contava que a filha de uma das senhoras dava apenas asas e pés de frango para ela comer e que graças a Deus que minha mãe a recebia nos finais de semana, pois só assim, ela comia bem. Ela não podia falar, só com permissão, e elevador social nem pensar.

Mesmo com o apoio da família, P. não aguentou tantas humilhações e voltou para Belém, onde tem sua casa própria.

A última vez que falei com ela, ela me disse que não sairia mais de sua casa por dinheiro nenhum. "Minha flor, minha dignidade não está a venda." Hoje ela trabalha em uma padaria e está muito bem, obrigada.

*

Aos 12 anos fui trabalhar em uma casa de família, pai, mãe e filhas, uma de 5 e outra de alguns meses. Como a dona da casa dormia até mais tarde, devido aos cuidados noturnos com a bebê, não havia o hábito do café da manhã na casa, apenas a alimentação matinal da criança de 5 anos. Com minha chegada para trabalhar na casa resolveram que me deixariam, na mesa da cozinha, algumas moedinhas para que eu comprasse o meu pãozinho ao chegar. Alguns centavos para 1 unidada de pão francês, todas as manhãs. Como o ponto de ônibus era em frente à padaria, a 3 quarteirões da casa, resolvi q compraria o pão com parte do dinheiro da passagem ao chegar, completando com as moedas q estariam na mesa da cozinha para meu pãozinho. Assim fiz por alguns dias, até que as moedas não foram deixadas mais. Agora na mesa, um pãozinho me esperava. Alguns dias depois ouvi da criança de 5 anos.

"- mamãe deu dinheiro pra você comprar pão e você roubou o dinheiro."

Levei um susto. Na minha mente infantil busquei onde havia errado.

Expliquei nos mínimos detalhes Meu raciocínio, não fazia sentido caminhar 3 quarteirões, pegar as moedas e fazer o caminho de volta para comprar 1 pão. Ouvi de uma patroa muito sem graça que a criança de 5 anos inventou tudo isso.

*

Tenho 40 anos e sempre trabalhei como secretaria executiva. Como assessoro executivos, já presenciei diversos casos de humilhações a empregados domésticos. Gritos com empregadas, xingos a motoristas, reclamações e até acusações de roubos atribuídas a elas. Um absurdo.

Certa vez precisei me ausentar da minha mesa por alguns segundos e pedi se a copeira da empresa que estava próxima poderia atender a alguma ligação caso o telefone tocasse. Conclusão: recebi uma bronca em alto e bom som do meu diretor, na época, porque ele não queria que "ESSA GENTINHA QUE TEM SOTAQUE NORDESTINO" falasse ao telefone da empresa (isso palavras dele). Argumentei dizendo que eu também era nordestina. A resposta dele foi: "mas você não tem esse sotaque feio, sabe falar!"

Eu e a copeira fomos demitidas logo depois desse incidente. Confesso que agradeci e hoje não aceito mais qualquer tipo de discriminação ou preconceito.

Sou negra e presenciar isso dói, fere, é revoltante, nos faz chorar e pensar se a escravidão realmente acabou?

Obrigada por criar um pagina tão significativa!

*

Minha mãe trabalha a muitos anos na casa de uma família com 4 filhos, ela passou por muitas situações constrangedoras com essa sua patroa, porém às vezes a mãe dessa patroa ia passar uma temporada na casa dela e minha mãe dizia que ela gostava de se meter em tudo e fazer comentários bizarros, um certo dia minha mãe chegou toda feliz no trabalho, pois minha irma recém formada em Direito conseguiu passa no exame da OAB em sua primeira tentativa, a mãe da patroa dela virou para as pessoas que estavam na sala e disse: " estão vendo, até a filha da empregada consegui passar no exame, mas Fulano (referindo- se a um de seus netos) fazem três anos que é formado em uma das melhores faculdades da cidade reprovou pela terceira vez." Em outro episodio minha mãe comprou uma cafeteira italiana tipo moka em uma loja de departamento que é imitação de uma marca famosa italiana que custa caríssimo no Brasil, o patrão da minha mãe tinha essa cafeteira da marca original, mas ele não permitia que ninguém fizesse café nela, certo dia minha mãe levou sua cafeteira para fazer café para ela e moça que passava as roupas, a mãe da patroa pensou que minha mãe tivesse usado a cafeteira do patrão e foi fazer fofoca para sua filha, minha mãe disse que estava lavando o banheiro e ouviu quando a patroa disse " mas essa

Maria è muito petulante mesmo como ela pode usar as coisas do meu marido assim" e gritou para minha mãe ir o mais rápido possível até a cozinha e perguntou o porque ela usou a cafeteira, minha mãe olhou para ela e respondeu " mas essa cafeteira é minha, eu comprei e trouxe para fazer meu café, a patroa olhou para a cafeteira e respondeu " Eu bem vi que essa cafeteira estava muito vagabundinha para ser a do meu marido" virou as costas e saiu andando como se nada tivesse acontecido, sem nem um pedido de desculpas, eu fiquei com essa estoria na cabeça, alguns anos depois , quando eu fui fazer intercambio na Itália , passei em um mercado e comprei a bendita cafeteira da marca original e dei de presente para minha mãe, porque é empregada mas também tem direito de desfrutar e produtos de boa qualidade, ver seus filhos virarem doutores e acima de tudo ser tratada com respeito

*

Quando eu era bem pequena minha tia trabalhava como empregada na casa de um casal com duas filhas (uma da minha idade e outra da idade da minha irmã mais velha) e eu adorava pq ela sempre voltava pra casa com uns brinquedinhos e roupas delas, minha tia dizia que era presente da patroa. Um dia fui trabalhar com ela, a mulher quando me viu ficou chocadíssima, não conseguia acreditar que uma criança branca era sobrinha de uma mulher negra, me pegou pelo braço e me levou no quarto das filhas e me vestiu com várias roupas das filhas dela (uma mais cara que a outra), depois de ficar uma meia hora nisso (e eu toda empolgada com aquilo) ela virou e disse "pena que sua família não tem onde levar vc com essas roupas bonitas, sua mãe deveria dar você pra mim. Neidinha, vc não quer falar pra mãe me dar essa menina? eu posso criar melhor que vocês, pelo menos aqui uma menina bonita dessas não anda no meio da sujeira".

Depois disso a minha irmã (que é negra) foi lá um dia também, voltou sem nenhum presente e me contou que a patroa da minha tia não acreditou que fossemos irmãs, não deixou ela brincar com nenhum brinquedo das filhas dela e nem entrar nas áreas de convivência da casa, só da cozinha pra dentro e com a recomendação pra minha tia não levar mais ela lá.

Nós nunca andamos no meio da sujeira, íamos pra escola e nossa mãe e tia cuidavam muito bem de nós.

Essa patroa dizia que minha tia era como da família.

*

Minha mãe começou a trabalhar com essa professora universitária há 28 anos atrás.

Começou fazendo faxina, depois começou a trabalhar a semana inteira. Cresci vendo minha mãe correndo para pegar o ônibus e não atrasar. Cresci com traumas das tal férias que minha mãe achava, férias de 15 dias sem remuneração nenhuma, ainda lembro que quando minha mãe falava que iria tirar férias, eu ia para o quarto chorar, pois era a semana que mais passávamos necessidade. Pois minha mãe entrava de férias e nunca vi o dinheiro dessas férias. E a coitada da minha mãe ficava preocupada de voltar a trabalhar logo para receber. Mas para isso tinha que trabalhar na semana para então pegar o dinheirinho que a tal patroa citava sempre.

Hoje adulta eu fui ver o direito da minha mãe sendo pago depois da Pec das domestica, e ainda por cima minha mãe foi humilhada pelos direitos que foi conquistado. Pois a patroa falou a ela que só iria assinar sua carteira quando a imenda da Pec fosse realmente votada no congresso. E se essa lei não fosse aprovada que as coisas continuariam do jeito que estão. Sem carteira assinada, sem remuneração nas férias, sem 13 final do ano. E assim com muito pesar a tal patroa assinou a carteira da minha mãe, com muita fúria, e com pesar. E para não ficar no prejuízo como alega colocou 5 cachorros para minha mãe responsabilizar pelo cuidado deles. Vê se pode!!!!? Pedi minha mãe para sair fora desse lugar, mas hoje ela alega que ela iria jogar 28 anos na lata de lixo?

*

Como várias mulheres negras neste país, venho de uma família de mulheres negras empregadas domésticas, de carreira ou com passagens esporádicas. Eu acabei sendo o "ponto fora da curva", apesar de ter trabalhado durante 1 ano como empregada, eu fazia paralelamente cursos de formação. Não lembro de nenhum situação de abuso, eu acabava ficando muito tempo sozinha nos apartamentos que eu tinha "herdado" da minha mãe para fazer a limpeza.

Com o tempo acabei arrumando outro emprego, fui para faculdade, fiz mestrado e doutorado fora da cidade onde cresci, onde a população negra é pequena, pobre e com pouquíssima mobilidade social. Uma cidade considerada europeia, como várias do também negro sul do país!

Como ficava a maior parte dos ano fora da cidade, o doutorado foi em São Paulo, alguns vizinhos eventualmente perguntavam por mim!

Em uma dessas ocasiões, quando eu ja estava a muito tempo longe, no bairro periférico onde a minha família reside e onde os poucos brancos são os donos do comércio, um deles comenta com o meu pai que a tempos não me vê e manda a seguinte pergunta:

— Em qual casa de família ela esta trabalhando e morando?

Simples assim, como a maior partes da mulheres negras, eu SÓ poderia estar trabalhando como empregada! Meu pai ficou muito incomodado!

É sintomático, os papeis nesta sociedade estão "definidos" e não são muito diferentes da época da escravidão!

*

Esse caso aconteceu com meus país no começo dos anos 90 mais ou menos.

Nós moramos em um sítio, interior do estado de SP, naquela época os direitos dos trabalhadores quase não existiam, hoje ainda é assim né? Mas de uma forma mais velada pelo que vejo.

Morávamos nesse sítio, meu pai cuidava das plantações e áreas externas e minha mãe era empregada deles. Eu e meu irmão vivamos brincando pelo espaço que tinha.

Certa vez minha mãe veio conversar comigo e com meu irmão e avisou que nós dois não podíamos mais brincar na "frente da casa grande" pois os filhos dos patrões brincavam lá e a patroa não queria que a gente se misturasse pois sempre vinha os amiguinhos deles e não ia "ficar bem filhos dos empregados brincado lá". Meus pais ganhavam muito pouco, e nós estávamos numa situação de passar fome, minha mãe não podia comer na casa da mulher, nem beber água na verdade, quando ela queria água ela tinha que ir até em casa e beber, ou seja, muitas vezes ela ficava o dia todo sem tomar água. Meu pai vendo aquela situação da gente passando fome, pegou mandioca (nesse sítio tinha uma plantação imensa, que meu pai quem plantava e colhia) e levou dois daqueles ramos pra casa pra minha mãe fazer pra gente, quando a patroa descobriu ela demitiu meu pai, pois ele era proibido de fazer isso. Detalhe é que nunca falaram isso pra ele e muitas vezes jogava fora, pois não vendia tudo e a família de patrões dele não consumia, ou seja, ela preferia jogar fora a deixar a gente comer.

Nós somos brancos, não que isso tenha algum fator determinante, mas queria deixar exposto que o preconceito não é apenas o racial, minha mãe e meu irmão são brancos de olhos verdes, eu e meu pai que somos mais "moreninhos", várias vezes já perguntaram para minha mãe se sou adotada, pois puxei pro lado da família do meu pai que tem histórico de negros, escravos mesmo. Graças ao apoio deles eu hoje estou me formando engenheira, fiz o curso todo como bolsista. A faculdade também não foi fácil, afinal estava em uma faculdade particular sendo pobre, os dois primeiros anos foram um inferno, pois eu era realmente discriminada, mas Deus colocou pessoas lá na minha vida que me ajudaram a passar por isso.

Hoje quando vejo algum tratamento assim fico revoltada, várias vezes quando vou algum lugar e vejo patrão maltratando funcionário eu falo, falo que não volto mais e que vou avisar os outros a não frequentarem também.

Infelizmente esse mundo é injusto e causa nojo. Não sei o que está acontecendo com a humanidade, mas tenho esperanças que possamos conseguir viver um dia em igualdade, afinal somos humanos.

*

Minha mãe tinha uns 10 ou 11 anos e era empregada doméstica. Na casa também tinha cozinheira e babá. No almoço os patrões e as empregadas comiam arroz e ovo ou arroz e salada apenas. A patroa era que fazia o prato delas pra ninguém comer demais e dizia que não tinha condições de fazer carne pra todo mundo, então minha mãe ajudava a cozinheira a preparar a janta, na janta sim tinha carne, afinal, as empregadas não estariam lá para comer. O "salário" da minha mãe era um saco de roupas que a patroa separava por não querer mais e comida velha que sobrava das refeições, quando estava no ponto de jogar fora, ela dava pra minha mãe. Quando fazia suco para as crianças, o que sobrava a patroa conferia se era mesmo jogado fora e falava que não era pra ninguém ficar mal acostumada bebendo suco natural. Essa patroa marcava os frascos de produtos de limpeza com esmalte pra conferir se estavam gastando demais.

Em uma outra casa, no primeiro dia o patrão insistiu para que minha mãe comesse junto com eles na mesa. Minha mãe constrangida aceitou, ai ele disse que ele tava fazendo isso pra ela ver o quanto ele era legal, afinal, estava tratando ela como se fosse gente.

*

Vi um relato sobre ser empregada nos EUA e resolvi dividir algumas coisas que passei e que algumas amigas passaram tb. Babá nos EUA nem sempre é tratada com respeito e dignidade. Fiz isso durante um tempo pra melhorar meu inglês. O acordo que existia era cuidar dos filhos de um casal e receber uma quantia determinada em dólar, comida e moradia já estava incluso (porque eu morava no serviço e isso já era descontado, se eu morasse fora ganharia mais porque os patrões não custeariam a comida nem a moradia). Como eu morava na casa, ajudava nos afazeres, mas a patroa passou a fazer uma lista de coisas absurdas que nem ela mesma fazia quando não tinha babá pq ela achava que eu não trabalhava o suficiente cuidando dos filhos dela (eu era babá e não 'housekeeping' que é quem faz serviços de limpeza). Me pedia pra ir tirar a mancha das roupas das crianças, na água fria, em uma pia que tinha na garagem, em pleno inverno, e quando o marido a questionava sobre o frio, ela dizia que eu estava de casaco (um moletom!) e que não tinha problema. Uma amiga recebeu um recado da chefe dizendo que ela precisava alisar o cabelo, pq ela morava em um bairro rico e a chefe dela não queria ela desfilando com um cabelo crespo. E tem tantas outras histórias de constrangimento e humilhações, precisar comprar um copo pq não podia usar o copo da família, família viajar e trancar a geladeira com cadeado, assédio sexual dentro da casa que trabalha pq a imagem da mulher brasileira é sexualizada o tempo todo etc. Hoje não trabalho mais como babá mas é impossível esquecer o que passei, primeiro mundo é só pra quem tem dinheiro.

*

Minha mãe trabalhou como doméstica dos 9 aos 30 anos, até quando os três filhos a impediam de ficar o dia inteiro fora em faxinas. Ela então passou a lavar e passar roupas para fora.

Pois bem, numa dessas casas onde ela pegava as roupas, um dia mandaram uma cortina de uns cinco metros de comprimento, pesada. Lá foi a minha mãe lavar essa cortina num tanque minúsculo, e pendurar no varal foi difícil. Ela ficou torta de dor de coluna, mas mesmo assim passou a bendita.

Entregamos numa sexta feira e na segunda, ao buscar a próxima bolsa, a dona da cortina destratou a minha mãe, dizendo que foi mal passada e ela descontaria metade do valor da próxima semana.

Minha mãe, que não tinha a obrigação de lavar aquele trambolho, cortina não era roupa, começou a chorar e a dizer que não dava para deixar esticadinha uma cortina daquele tamanho, que lhe custou dias com dor na coluna, e a mulher a discutir. Eu, com uns nove anos me lembro de puxar a minha mãe pelas mãos e chorando também, pedia para ir embora, e ela não pegou a roupa para lavar por fim.

Me senti humilhada pela humilhação que minha mãe passou. Não desejo que isso se repita com ninguém. O assédio moral acontece nos meios mais frágeis de relação de trabalho.

*

Sou filho de uma empregada doméstica, ela criou eu e meu irmão tralhando em várias casas, alguns patrões bons, outros nem tanto.

Quero mandar pra vocês o que mais me marcou até agora.

Minha mãe estava trabalhando na casa de um médico da minha cidade, são borja/RS, ele pegou sua carteira de trabalho para assinar, até aí tudo bem, ao menos iria pagar o que lhe é de direito.

Ela ia aos finais de semana dar comida para seus cães quando eles viajavam, lavava até o carro dele e de sua e esposa.

Minha mãe acabou descobrindo que estava com leucemia, e precisou se afastar do trabalho por conta disso.

Para nossa surpresa, esse MÉDICO, entregou sua carteira de trabalho, passaram-se 3 meses dela trabalhando na sua casa, e disse que pela lei não era obrigado a assinar.

Ainda disse que a doença de minha mae não era grave, que ela iria ficar bem.

Como na cidade a burguesia se protege, quase nenhum advogado quis pegar a causa, incluindo um amigo meu que é advogado e disse que não poderia se indispor com um médico conhecido na cidade, orientou a deixar, pois isso o médico pagaria na justiça divina, oi?

Felizmente um advogado pegou e a causa está tramitando na justiça trabalhista, minha mãe está fazendo o tratamento e está bem, inclusive trabalhando de diarista.

Me formei e sou pós graduado, trabalho, porém ainda nao tenho condições de lhe tirar dessas condições.

Espero que meu relato sirva para mostrar o quão suja e nojenta a burguesia é e sempre será.

*

Hoje tenho 30 anos, antes dos 20 anos, precisei trabalhar de empregada doméstica ´para poder me manter, lembro que a casa era enorme, com 2 andares, tinha que lavar, passar, cozinhar, cuidar de cachorro e ainda do filho deles, por 70 reais(incluindo passagem e almoço nesse valor) por semana, sendo ia trabalhar todos os dias, de segunda a sexta, era um casal jovem, sem contar quando brigavam ela tirava todas as roupas dela do armário, ameaçando que ia embora, e advinha quem tinha que arrumar tudo no dia seguinte? sai, não aguentei, fui para outra casa, tão grande quanto a primeira(esse era 3 andares),pagava 300 reais por mês ,para ir todos os dias, arrumar, lavar, passar, cozinhar, atender telefone, anotar recado, cuidar do filho mimado(fazia questão de dizer para todo mundo eu era empregada dele) me apresentava assim: Essa aqui é Lid a minha empregada,(isso uma criança de 8 anos),sem contar as investidas que tinha que ´´aguentar´´ dele e de alguns amigos dele(ele era solteiro).Desses 300 reais, pagava um quarto para moças, para poder morar, pois foi uma época muito difícil da minha vida, vou contar uma coisa, A sociedade é escravocrata sim, não perdoa quem precisa e tenta se aproveitar ao máximo, explorando, o tal do: A pessoa fez a proposta aceitar quem quer...Vou te dizer o que é aceitar quem quer: Eu uma menina de 15 anos na época, sai de uma cidade pequena por violência sexual no lar, denunciei, vim para o Rio de Janeiro, precisava trabalhar para poder comer e dormir, então o aceitar quem quer, é não se submeter a ter homem para sustenta (sim recebi inúmeras propostas,15 anos e sozinha, os homens aproveitam) fui trabalhar de empregada doméstica para me manter, no mínimo que você espera é que o contraente te trate com respeito no pagamento(porém quase nunca é assim),mas nunca é assim. Sou Cristã em uma minhas orações, pedia a Deus pudesse apenas estudar, hoje sou formada em Odontologia, estudo Latim, Inglês, Francês, estudo a fundo a história da população Negra e a escravidão, e te falar? O Ser humano tem pensamento e atos escravocrata sim.

*

Com 14 anos minha mãe começou a trabalhar e morar em casas de família, algumas ela conta que foram boas mas uma das histórias me fica na cabeça até hoje. A patroa contava os pedaços de carne que ela teria que cozinhar, para ter a certeza de que ela não comeu nenhum e minha mãe só comia o que sobrava. Ela era encarregada de tudo na casa, até do banho do cachorro. Certo dia enquanto limpava a sala as duas filhas da patroa ficavam passando correndo e atrapalhando, ela pediu para que parassem, as meninas não gostaram, foram até o quintal encheram as mãos de terra e passaram jogando em tudo. Minha mãe ficou extremamente nervosa e gritou com as meninas. A patroa ouviu, a chamou na cozinha e disse que ela tinha até a tarde para arrumar suas coisas e sumir dali. Minha mãe tinha 14 anos e nenhuma familia na cidade, nenhum lugar pra ir, ela entrou em desespero e se ajoelhou nos pés da patroa implorando perdão. A patroa não aceitou e mandou ela sair dali. Mais tarde ela se arrependeu e disse que ela podia ficar mais uns dias, mas minha mãe ja tinha sido humilhada demais e saiu naquele dia a noite. Uma amiga a acolheu até o dia em que ela achou que o marido tava olhando demais pra minha mãe e a tocou também.

*

Quando minha mãe venho pra Porto Alegre Rio Grande do Sul o primeiro trabalho foi de doméstica e a patroa dela fazia ela comer sentada na porta dos fundos e quando ela não secava o chão direito apanhava com o pano molhado.

*

Sempre trabalhei em indústrias. Havia muito cansaço sim, pois quem trabalha em produção não é fácil, mas era um cansaço mais físico. Era chegar em casa após longas horas a fio trabalhando tomar um banho e descansar. Pra no outro dia começar tudo novamente. Passaram-se 11 anos resolvi sair dessa área pois já queria alçar outros vôos em minha vida. Fui estudar, na área da saúde eu me realizo, foi a enfermagem que escolhi. E foi por meio dela que vim pra esse lugar onde estou. Sou cuidadora mas na minha carteira está empregada doméstica. Nada contra, se eu realizasse esse serviço que por si só já é bastante cansativo. Mas aqui onde estou fui contratada pra cuidar de uma senhora que tem Alzheimer e diabetes, ela já está fora de seu juízo perfeito. É muito agressiva, desobediente e gosta de me humilhar sempre que pode, principalmente na frente de seu filho, que é o que me levou a relatar meu caso. Um patrão muito grosso, ignorante e opressor. Fui contratada como cuidadora mais ao longo do tempo como não sou de ficar parada fui realizando os afazeres de casa mesmo não dando esse o combinado. A cada é uma casa grande com dois pisos e sombria. É essa impressão que tenho um clima muito ruim. Antes de mim passou pelo menos umas 6 pessoas. Ninguém ficava mais do que 4 meses.

Todas pediam a conta, porque esse filho da senhora é muito opressor ele gosta de falar coisas pra humilhar as pessoas. Palavras de ofensa, atitudes rudes etc. Não sei até quando ficarei aqui mais o que sei é que estou cansada psicologicamente. Quando chega o dia de vir pra cá me dá vontade de chorar. Não posso pedir a conta pois devido essa crise o serviço não está fácil. Mas o que sei é que estou exausta!! Até acusada de roubo eu já fui não diretamente, mas com insinuações isso me dói na alma, pois nunca precisei pegar nada de ninguém. Peço ajuda a Deus pra me tirar deste tormento!

*

Meu primeiro emprego foi de doméstica. Sem carteira assinada, obviamente. Foi muito antes da Lei Complementar 150. Ganhava um salário mínimo e dormia no emprego, em um quartinho minúsculo que servia também como depósito. Eu arrumava o apartamento, cozinhava, lavava, passava. Limpava por fora as janelas do décimo quarto andar me equilibrando sobre um banquinho. E tinha um cuidado natural com as crianças. Um dia servi a merenda delas e sentei-me à mesa para explicar determinada matéria à menor. A minha ex-patroa logo me mandou levantar porque, segundo ela, empregada não se senta à mesa com os patrões. Quando saí do emprego ela revistou a minha mala para ter certeza de que eu não estava roubando nada.

*

Desde os 13 anos fui colocada pra trabalhar em casa de família, de lá pra cá já passei por inúmeras situações constrangedoras, que me feriram no corpo e na alma. Desde ser proibida de comer, proibida de tomar banho, comer só depois de tudo limpo e o que sobrasse dos patrões, ser acusada de furto, não receber pagamento. Mas o pior de tudo foi nessa primeira casa, próximo a essa idade meu genitor me colocou pra fora de casa e pedi abrigo na casa da minha patroa, desde o primeiro momento fui avisada que como moraria lá não receberia mais pagamento, fui colocada pra dormir no porão da casa (era um sobrado) um lugar sujo, cheio de tralhas, e o cachorro da casa que era enorme tinha passe livre pra entrar lá e eu morria de medo. Um dia acordei com alguém mexendo na coberta, nesse dia descobri que minha patroa apesar de já ter sido casada e ter filhos era lésbica, não preciso dizer o que houve, mas eu não tinha pra onde ir nem a quem pedir socorro, depois de um tempo o filho sacou o que acontecia e também fez comigo coisas que não preciso dizer. Fugi de lá, a rua foi a melhor opção, mais de 30 anos se passaram e eu sinceramente espero que a lei do retorno seja bem severa com eles.

*

Olá, sou neta de uma índia com um mecânico. Minha avó foi retirada dos pais muito cedo com a desculpa de "estudar" foi dada a uma outra família em são Paulo. Ela não tinha nem 7 anos e já tinha que ser responsável por toda a casa e de três crianças. Ficou nessa casa por dez anos. Ela sempre comentava das surras e de como ela queria poder ter estudado. Quando ela conheceu o meu avô, mesmo ele mal falando português, ela preferiu a companhia de um jovem viúvo com 4 filhos a ficar na mesma casa dos "patrões" em que o sinhozinho já tinha tomado umas liberdades bem indevidas com ela. Ela escolheu a segurança.

Quando eles se casaram, ela pode voltar a estudar pelo MOBRAL. Conseguiu terminar a 4a série. Desistiu no meio do caminho porque é complicado demais ter que lidar com casa, marido machista que batia nela, crianças em casa e a doença do marido.

Quando meu avô ficou doente, ela teve que voltar a trabalhar, deixando minha tia de dois meses em casa. Ela levava a minha mãe e as minhas tias mais velhas para ajudar nas faxinas. Elas faziam em média uma casa por dia na época das aulas e três casas por dia nas férias. Uma vez, a minha mãe, que tinha 8 anos na época, quebrou uma taça de cristal. A patroa viu e fez a minha avó trabalhar sozinha e de graça por um mês pra "cobrir o prejuízo". Tem muita história pior, mas dá um nó na garganta de lembrar.

A maior alegria da minha avó foi ver que nenhuma das filhas/ enteadas ter sido empregada doméstica. Ela fez a gente prometer que ninguém ia fazer a gente de escravo como ela foi. Pra ela, patrão que te tratava como escravo era só empresa.

*

Eu mesmo sendo formada porém desempregada a crise chegou em SP e eu fui encarar as diárias…peguei casas num condomino de alto padrão onde meu marido era segurança, em uma das casas eu comia os restos depois que os patrões comessem e somente depois deles saírem da mesa, tinha dias q era 15:00 horas e eles estavam lá de papo na mesa, qdo os restos chegavam já estava gelado, talheres e pratos eram separados, pão só podia comer o dia anterior, eu queria levar minha marmita mas ela questionou q tinha comida na casa e que pobre tinha mania de encher barriga. Cansei e sai de lá, depois fui para outra que me humilhava sempre dizendo q a casa não tinha ficado limpa ou q a roupa não estava bem passada, ela dava gritos com o filho, mas eu sentia q a vontade de gritar era comigo, nesse eu era obrigada a levar refeição porque ela dizia que não era obrigada a dar comida p empregado, dentre outras humilhações, dia de frio ela me fazia passar roupas e mais roupas e depois lavar a garagem porque segundo ela estava muito suja, mas não tinha nada sujo... Era só p mostrar quem mandava... Ficou só a mágoa ser diarista, empregada doméstica não é fácil, é muita humilhação, é servir gente que se acha melhor por estar pagando nosso salário!! Q infelizmente por tantas vezes o dinheiro é pago com tanta dó com tanta má vontade que não paga nossas lágrimas nem nosso suor.

*

Minha mãe ficou viúva cedo, não tinha estudos, estava longe da família e, para criar 4 filhas fazia faxina e lavava roupa "de ganho".

Ela tem muitas histórias tristes para contar, mas eu preferi lembrar de uma que me marcou pelo tratamento positivo que recebemos certa vez.

Um dia minha mãe foi chamada para fazer faxina numa casa e levou a mim e a minha irmã para ajudarmos. Eu tinha uns 9 anos. O patrão estava em casa, trancado no escritório enquanto nós trabalhávamos. A certa altura ele fez um refresco de laranja, tomou um copo e, antes de por a jarra na geladeira, ele disse: "podem se servir à vontade". Claro que eu e minha irmã não tivemos medida. Quando ele voltou a jarra estava quase vazia. Ele tomou o último copo, fez mais uma jarra e disse: "podem se servir à vontade". E nós nos servimos à vontade, durante todo o dia. Sempre que acabava ele fazia mais e nos oferecia novamente. Não bebi água naquele dia, só suco!

Não passávamos fome nesta época. Laranja fazia parte da nossa dieta. Era barato, até! Não é o valor monetário que contou para mim, e sim a atitude daquele homem em servir a quem o estava servindo. Fazer um agrado desinteressado. Ele não se aproximou de mim ou da minha irmã, não nos ofereceu nada diretamente, não nos abordou (antes que alguém imagine que era algum abusador). Simplesmente ele viu que as crianças gostaram do suco e ofereceu todo o suco que conseguimos tomar!

Minha mãe era disputada naquela vizinhança. Ela trabalhou em praticamente todas as casas do condomínio. Não me recordo de como foi em outras casas, mas esta foi diferente para mim!

*

Estava dando comida ao filho da patroa e ele nao quis comer, cuspiu na comida dele e começou a fazer muita birra, então guardei a comida dele e fiz um miojo (trouxe de casa) para eu poder comer. Ele me viu fazendo miojo e pediu a mãe dele para comer miojo, ela olhou no armário e viu que nao tinha e ao invés de me mandar comprar um, disse: "Dá o seu miojo pra ele."

Respondi: "Ele cuspiu na comida dele (mostrei o prato)

Ela: é pq ele quer o seu miojo, e eu to te pagando pra você alimenta-lo."

*

A tia de minha avó foi empregada doméstica quando tinha 20 e poucos anos, agora tem 70. Durante os anos em que trabalhou, sofreu vários tipos de coisas e viu acontecer inúmeras com suas colegas de trabalho. Uma dessas coisas ela sempre conta para nós, que não foi com ela, mas com uma babá que trabalhava com a cunhada de sua patroa. Isso aconteceu em Candelária, cidade pequena no do Rio Grande do Sul. Os patrões dela e da babá, iam todo final de semana para um sítio, e elas tinham que ir junto, claro. Porém um dia, a babá foi liberada pela patroa dela, ela disse que não iria precisar de sua ajuda e que poderia ir para casa, entretanto a patroa da tia (vou chamar de B.V) não gostou nada disso e falou:

— Onde tu ta indo? Quem é que disse que tu pode ir embora?

A guria respondeu:

— Minha patroa disse que posso ir pra casa, que não vai precisar de mim.

— Mas nem pensar, pode entrar no carro que tu vai junto pro sítio e eu to mandando.

Como a patroa dela havia dito que podia ir pra casa, ela saiu correndo sem saber o que fazer e a B.V foi atrás, deu um tapa na cara da guria e teria batido mais se o marido não tivesse segurado, dizendo para deixar a menina em paz.

Isso que B.V nem era patroa da guria, pensem o que teria acontecido com a tia de minha vó caso ela recusasse ir junto. É assustador.

*

Eu sou aluna da UFRJ, uma das minhas colegas de classe é uma senhora de 60 anos, ex empregada doméstica. Hoje tivemos uma conversa muito emocionada, ela chorou. Me contou que parece que está sonhando, que faculdade era um sonho impossível para ela, disse que já até apanhou de um patrão, que já passou fome por esquecer de levar o próprio talher, sofreu com xingamentos e humilhações. Tudo para se sustentar e sustentar os filhos. Mas que agora ela está satisfeita pois pode retomar os estudos, seus filhos puderam estudar também e pretendem fazer faculdade.

*

Bom lendo estas histórias lembrei de quando um dia fui me arrisca em ser empregada domestica (odeio serviço domésticos) a necessidade me obrigou ... enfim, consegui um emprego em um apto na área nobre de BH, pra começar a mulher queria q eu pegasse serviço as 6:00 da manhã, fiquei feliz, pois precisava ajudar meu esposo e ti amos um filho pequeno.

No segundo dia de trabalho, a patroa veio com uma conversa que estava falalando 02 copos de açúcar na lata dela, isso msm 02 copos de açúcar. Eu Ariana porreta, fui logo perguntando se ela achava q eu havia pego o tal copo de açúcar! Ela por sua vez, disse que os filhos não mexem em nada, ela e o esposo saiam para trabalhar... então fui na minha bolsa, peguei R$10,00 joguei em cima dela e disse: vai la e compra 02 pctes de açúcar, não preciso disso.

Peguei minha bolsa virei em cima da mesa e disse olha se to levando alguma coisa sua , pois estou indo embora.

ela disse pra eu não gritar com ela q eu esteva dentro da casa dela.

Eu disse: Grito com quem e onde eu quiser...

Fui embora e nunca mais me arrisquei em trabalhar em casa de família.

Roubar 02 copos de açúcar, pelo amor de Deus né!

*

Bom por onde eu começo, tenho 28 anos e trabalho em casa de família desde os 19 anos, fui mãe aos 17 e pra sustentar meu filho aceitei a primeira oferta de emprego que me apareceu, afinal ninguém queria contratar alguém sem experiência. Logo na primeira casa que trabalhei fui vítima de assédio por parte do patrão, eu dormia lá e em uma das noites ele tentou entrar a força em meu quarto pedi demissão no dia seguinte e nunca falei o motivo. Passei por outras residências até chegar na casa de uma Madame, ouvia chigamentos, ameaças, assédio moral na cara dura, ela foi capaz de descontar 1kg de arroz do meu salário porque infelizmente ao fazer o almoço deixei queimar, tenho crises de ansiedade desde dessa época, até que fui parar numa casa onde fui muito bem tratada minha ex chefe, como ela gostava de ser tratada, não queria que eu usasse uniformes em festas, na verdade ela sempre contratava pessoas pra isso eu era mais uma convidada, foi a primeira a me incentivar a voltar aos estudos e pensando nisso fiz alguns cursos e fui atrás de outras oportunidades, gastei a sola da sapatilha (e ainda gasto) batendo em porta de agências procurando um emprego quando finalmente consegui uma entrevista mais aí vem um tapa na minha cara, a selecionadora ao ver minha carteira de trabalho foi bem direta, chegando a ser grosseira, vou usar as palavras

Que ela usou: "Sua carteira só tem registro de doméstica? Olha infelizmente não posso ajudar você, como vou te enviar pra uma entrevista com a carteira suja desse jeito? No momento em que você deixou assinar você rebaixou sua carteira, não posso fazer nada por você"

Fiquei com essas palavras ecoando na minha mente, fui vítima de preconceito, fui isso mesmo? Como se alguém que já trabalhou faxinando casas de madames por aí não tivesse competência pra fazer outra coisa!!! Agora estou sem trabalhar e sinceramente, não vou desistir dos meus objetivos, não depois de tudo o que passei.

*

A minha tia começou a trabalhar de empregada em 1980, quando tinha 10 anos. Nessa época ela se mudou pra casa dos patroes e só tinha folga aos domingos, que era o dia de ir pra casa dela entregar metade do salario aos pais.

Ela engravidou dos patão aos 13 anos e quando a patroa descobriu deu uma surra nela e a colocou pra fora de casa embaixo de xingamentos e tapas.

Hoje minha tia diz que na época nao sabia direito o que acontecia porque nao era habitual que conversassem sobre sexo com meninas e ela sequer entendia o que significava quando o patrão, de madrugada, ia pro quartinho do lado de fora e que nem tinha banheiro em que ela dormia e a estuprava.

Minha avó, ao descobrir que a filha estava gravida, tambem a espancou e a culpou por, aos 13 anos estar gravida do patrão. Hoje a minha tia relata isso com muita dor pois ela nao teve apoio algum quando sequer sabia o que estava acontecendo com seu corpo.

A minha tia teve o bebe e o patrão nao assumiu a criança. Quem criou ao menino foi minha avó enquanto a minha tia "voltava a trabalhar" de empregada domestica pra receber ao salario e "sustentar ao filho que fez".

Depois de ter o bebe ela só arrumou novo um novo emprego em outra cidade porque a patroa espalhou que ela havia seduzido ao seu marido, nao sabia quem era o pai da criança e tentava enganar a todos dizendo que era dele, mas que isso era mentira. Por conta disso, nenhuma das "boas casas" quiseram contrata-la e ela teve que se mudar pra trabalhar de empregada em uma outra cidade ainda mais distante.

Isso aconteceu ha quase 40 anos e ate hoje ela relata com amargura sobre essa familia e esse episodio.

O menino nao a chama de mae, visto que foi criado pelos meus avós. E ela ainda hoje trabalha como domestica.

*

Minha mãe sempre me conta que trabalha de doméstica desde os 09 anos de idade para ajudar a minha avó. Meu avô era caminhoneiro e o dinheiro que ganhava era jogado fora em bebedeiras e farra com outras mulheres. Certa vez ela trabalhava na casa de uma mulher que não permitia que ela comesse nada de dentro da casa mesmo trabalhando lá o dia todo. Ela lembra até hoje do dia em que havia um bolo simples de fubá e a minha mãe estava com muita fome. Conta que cortou uma fatia quase transparente do bolo para matar a fome. Ela sempre diz que nunca esquecer o gosto daquele bolo. Na minha visão é gosto do desprezo e da humilhação

*

Minha mãe foi trabalhar em "casa de família" muito cedo. Ainda na Bahia, cidade em que nasceu, foi trabalhar na casa dos patrões do meu avô que morava e trabalhava numa fazenda no interior baiano. Ela saiu da escola cedo por conta disso, mas conseguiu aprender a ler e a escrever. Ela é uma mulher inteligente e batalhadora, mas infelizmente colheu dessas coisas podres que há nessa sociedade racista e escravista.

Quando minha mãe chegou em São Paulo, foi trabalhar numa casa indicada por uma tia. Trabalhava de Segunda a Sábado, começava às 5:30 e não tinha horário para terminar. Era cozinheira, arrumadeira, faxineira e babá das crianças mesmo com a patroa o dia inteiro em casa de pernas para o ar.

Quando os patrões mudaram para um apartamento num bairro pomposo na Zona Sul de São Paulo ela foi junto. Ela dividia um quarto de empregada minusculo com outra moça, uma prima distante. Quarto que eu acabei por dividir com a minha mãe por 18 anos.

Até os meus 10 anos, mais ou menos, o quarto foi divido por nós três. Tinha uma beliche e uma cama de criança que abria no "corredor" do quarto para eu dormir. Uma vez aberta a cama não havia como ninguém sair da beliche. Não havia espaço nenhum.

Mas acho que deveríamos ser gratos pela patroa ter deixado a empregada e mãe solteira viver com o filho naquele quartinho por 18 anos, não? Ela deu comida, brinquedos, pagou curso de inglês e até deu acesso a internet... Enfim, tudo aquilo o que o catolicismo convicto dela obrigava-a a fazer e que só pude compreender depois de mais velho.

Mas ela não esqueceu, é claro, de separar os talheres, os pratos e os copos... Eles ficavam inclusive em gavetas e armários diferentes para não dar muito na cara e não misturar de jeito nenhum. Também não podia deixar de lembrar a empregada que ela não deveria deixar o filho brincar com os outros meninos ricos do prédio, afinal, eu ia "ficar querendo coisas" que não estavam ao meu alcance, "que não eram para mim". Ela também lembrou minha mãe que eu estava "sonhando demais" ao querer fazer faculdade e que eu deveria já estar procurando trabalho aos 13, 14 anos.

As humilhações do dia-a-dia foram muitas e tenho certeza que minha mãe escondeu várias de mim para que eu não sofresse as crises de enxaqueca com ela, ou a depressão que ela desenvolveu com os anos. Minha mãe aguentou ter sua moral testada para ver se não roubava nada (como as notas de R$100,00 que ficavam nos bolsos das roupas, por acaso...). Aguentou ter sua higiene questionada sem nenhuma cerimônia. Aguentou uma campainha eletrônica que tocava na cozinha para que ela fosse até o quarto da patroa no andar de cima para ver o que a "sinhá" precisava. Ela aguentou a patroa jogando na cara dela as coisas que fazia por mim (a moradia, a comida, o cursinho de inglês que não fazia nem cócegas no bolso dela), chamando minha mãe de mal agradecida e ingrata quando ela ousava pedir para sair para ir ao médico ou ir a uma reunião de pais na minha escola.

Minha mãe aguentou muito por mim para que eu pudesse morar ali e estudar numa escola pública privilegiada em comparação com a educação precária oferecida nas periferias da cidade. Aguentou cuidar do filho dos outros e deixar a minha infância um pouco de lado. Minha mãe aguentou, mesmo cansada e depois de trabalhar o dia inteiro sem nem uma hora para almoçar, me ajudar nas lições de casa que ela podia, quando podia. Isso entre "preparar o cafezinho da tarde" e ir "servir a janta". Ela aguentou humilhações calada, teve sua saúde mental e física afetada e vive as consequências disso até hoje.

Qual não foi a surpresa quando ela, depois de mais de 20 anos trabalhando com essa "família", foi dispensada sem parcimônia nenhuma. Isso apenas porque ela teve a audácia de ter construído a sua própria casa, só por ter ousado querer ir e voltar todo dia para o seu próprio lar, porque ousou não querer mais dormir no trabalho e servir de escrava 24 horas por dia para o conforto da casa grande. Só porque o filho dela teve a audácia de passar no mesmo curso que a patroa havia se formado, na melhor e na mais elitista Universidade do estado.

A casa grande vai cair e vocês vão ter que aprender a limpar a própria merda, queridos.

Vai ter preto e pobre nas "suas" Universidades, nos "seus" espaços e onde mais a gente quiser e não adianta surtar porque nós vamos continuar ousando muito mais.

*

Eu venho de uma família muito batalhadora, minha avó e minha mãe me criaram e desde cedo me ensinaram a ser forte minha avó é faxineira e tem orgulho disso já passou por muitas coisas e minha mãe é formada e conseguiu isso com muita dificuldade, foi humilhada diversas vezes pelo fato de ter vindo do Maranhão para o RS, eu sou Paraense e negra com muito orgulho sou monitora de crianças especiais e nos horários livres faço faxinas em um escritório lá todos tem muito respeito por mim, e com esse dinheiro que ganho que pago meu aluguel e minha faculdade que não é nada barato, diversas vezes minhas colegas me olhavam torto por eu fazer faxinas pois tenho apenas 19 anos e tenho 3 empregos, na faculdade elas não são acostumadas com isso pois ganham tudo de seus pais. Eu me orgulho muito de tudo que sou hoje, pois foi graças a minha mãe e minha avó que estou aqui batalhando e estudando, sempre trabalhei desde os 12 anos e não me arrependo disso, graças às minhas experiências de vida que sou essa mulher que me tornei hoje, uma vez eu aceitava tudo o que os patrões me mandavam fazer, hoje eu já não aceito mas injustiças de jeito nenhum.

*

No final de semana geralmente a família toda ia para um sitio, para o tradicional almoço de domingo em família. Para começar o almoço era somente servido a partir das 2h. É ate um horário legal para eles que estavam rodeados de comida como churrasco, caranguejos, entre outras comidas e bebida. No meu caso era diferente, ninguém me oferecia nada, ate vinha carne para eu dar para as crianças. Passava fome mesmo. E quando chegava esse horário de 2h ou 2:30 nem tinha mais força para brincar com as crianças.

Depois que o almoço era servido, me chamava para almoçar. Não se engane pensando que eu tinha o direito de fazer o meu prato. Pois a avó das crianças fazia, e sabe como ela fazia? Ela me perguntava bem alto isso:

_ você quer isso minha filha? No caso sobre uma comida boa. Mas na realidade ela coloca outros pedaços e em pequena quantidade. Depois perguntava:

_ quer mais minha filha?

Então ia almoçar junto com outras empregadas, em uma cozinha que além de feder era cheia de mosca. Muitas vezes nem tinha coragem de comer certas coisas. Tinha um detalhe, você não podia vacilar se não ela colocava sombra dos outros, porque dizia que não gostava de estragar comida. E pra finalizar nem tinha cadeira para sentar. Depois que arrumei outro trabalho, sai desse sem pensar duas vezes.

*

Á poucos dias fui trabalhar para a dna da casa que alugo. tenho uma filha de cinco anos para sustentar e emprego nao está fácil, pedi uma chance. Combinamos a diária de 80,00 pois seria diarista. Ela me fez eafregar bombril pra tirar os riscos limpar, secar, e encerar o chão dos três quartos (dois deles eram de visitas),esfregar calçada branca por três vezes pq na cabeça dela a calçada desencardiria com detergente, além de lavar, passar, cuidar do cachorro, limpar fezes e urina do marido idoso dela. tudo em um dia e meio. No dia de pagamento ela resolveu que o valor seria baseado no salário mínimo, ou descontado no aluguel que eu devia a ela mesmo ela sabendo que eu precisava comprar comida pra minha filha e eu.

Inventei que já teria que começar o estágio no curso técnico que inicio em agosto agora. Ela me pediu pra nao fazer o curso nem estagiar pq "gostou muito" da minha limpeza! Até hoje nao recebi e ela não deu desconto no aluguel.

*

Minha mãe é e sempre foi empregada doméstica. Trabalhou muito tempo para uma mesma família, do tipo que trata os funcionários "como se fossem da família" mas não querem nenhum contato além do extremamente inevitável. Deixou de ser uma regular depois de dar a luz aos meus irmãos, mas ainda comparecia esporadicamente, quando a patroa solicitava. Foi numa dessas faxinas que o relato a seguir se passa.

A família em questão tinha um cachorro, bastante arisco e irritável, que não se dava bem com desconhecidos. Nunca foi tomada nenhuma providência da parte da família para que o cachorro fosse preso durante o tempo que minha mãe ficava na residência, apesar das várias vezes em que o animal se portou agressivamente com ela. Era, alegavam, a personalidade do animal, e minha mãe estava se preocupando em exagero. Só que ela não estava. Num dos descuidos dos donos, o cachorro atacou minha mãe, ferindo o seu braço ao ponto de você conseguir reconhecer o tom amarelado do tecido adiposo abaixo da pele — o que por si só não é o motivo da minha indignação: não é como se o animal soubesse o que estava fazendo, e acidentes acontecem. O que eu não consigo engolir foi a reação da patroa, que ao saber do ocorrido, perguntou a minha mãe (que havia levado cinco pontos!) O QUE ELA HAVIA FEITO AO CACHORRO.

Minha mãe, claro, nunca mais voltou lá. Saiu sem nenhum direto e ainda foi a ingrata da história.

*

Minha mãe sempre foi empregada doméstica e no tempo que não estava no emprego formal fazia faxina para ajudar os filhos a se manter na faculdade.

Em uma dessas casas em que trabalhava com faxineira a patroa fez uma reforma e deu a ela um quadro, enfim essa patroa sempre a pagava com cheque na sexta-feira e nunca deixava alimento para ela, sempre ia almoçar fora. Quatro anos após ter dando o maldito quadro ela ordenou que minha mãe devolvesse o quadro dela no outro dia. — eu pago a gasolina dos teus filhos, mas quero meu quadro amanhã aqui em casa.

Já estava formada, meu irmão no último semestre, não suportava e não suporto que minha mãe passe por mais por humilhações em serviço. Devolvemos o quadro e ela não faz mais faxina na casa de ninguém desde o pedido do quadro. Ficou somente como empregada doméstica na casa que está há mais de 30 anos e não é como se fosse da família, é empregada e seus filhos tem muito orgulho da profissão que os manteve.

*

Minha mãe é empregada doméstica a 27 anos na mesma casa, na casa da minha avó (sim eu chamo de avó).

Meus avós(patrões) contrataram minha mãe desde o momento em que minha avó descobriu uma doença cronica que a impede de cozinhar e lavar, meu avô na epoca era professor em uma universidade e não estava muito em casa, daí a necessidade de alguem para ajudar em uma casa com 5 filhos.

Em momento algum minha mãe foi desrespeitada. Quando minha mãe engravidou de um homem casado que a enganou, minha vó foi buscar ela e tirar ela das mãos desse canalha. Minha avó me viu nascer, literalmente, e sempre me tratou como neta, cuidou de mim por um ano e meio quando minha mãe engravidou da minha irmã.

Quando meu avô se aposentou, fazia muitos trabalhos domesticos, até que adoeceu e veio a falecer uns anos depois. Hoje, minha mae continua trabalhando lá (não moramos mais lá desde 2014, porque conseguimos alugar uma casa), e eu queria dizer que sim, é uma relação familiar, a minha mãe só é empregada devido aos problemas graves de saude da minha avó. Nós nunca fomos tratadas diferentes, ela acolheu eu e a minha irmã como netas, nos ama como tal.

Minha mãe tem a carteira assinada e todos os direitos. Recebe em dia. Recebe carinho tbm.

Recebe amor.

É a única forma de sustento da minha mae, ja que apesar dos esforcos dos meus avos, ela não quis continuar os estudos.

*

Sou filha de uma empregada doméstica. Decidi compartilhar um relato da minha mãe, pois só agora entendo pelo que ela passou.

Certo dia minha mãe, que é mãe "solteira" de dois filhos saiu para trabalhar em um casa na qual ela ja trabalhava há muito tempo e todos a amavam. Ao meio dia ela caiu e machucou, sentiu uma dor tão forte que quase desmaiou, mas voltou a trabalhar, porque precisava do dinheiro. Assim trabalhou até dez horas da noite, por fim já não conseguia nem mais torcer um pano. Quando sua patroa chegou ela contou o que tinha acontecido e então ela disse "não foi nada, amanhã melhora" e deu um Gelol vencido pra minha mãe. Minha mãe voltou para casa e no outro dia foi à um hospital público, quase não tinha dinheiro para passagem então uma vizinha nossa lhe ofereceu uma carona. Chegando no hospital fez os exames e descobriu que havia fraturado o pulso. "Não é nada, amanhã melhora" disse a patroa, mas não foi bem assim.

Minha mãe ao saber da notícia, chorou na sala do médico e disse "Doutor eu preciso trabalhar". Voltou para casa e não sabia como contar aos seus filhos que iam passar por dificuldades.

Sobrevivemos por um mês com apenas 50 reais por semana e a ajuda de parentes, graças a Deus sobrevivemos. Minha mãe não guarda nenhum rancor dessa patroa.

Hoje sei porque minha mãe aceitou sofrer tanto, hoje sei que ela é minha heróina e tenho muito orgulho da profissão dela.

*

Sou homem, negro e pobre, maioria das mulheres da minha família trabalharam como empregada domestica. Mas o relato que quero compartilhar não é de uma das mulheres da minha família, mas de uma senhora que ouvi em um ônibus.

Hoje moro em um bairro onde muitas famílias tem empregadas domesticas, e o ônibus que tomo para vir ao trabalho é o mesmo que estas senhoras, outro dia não pude deixar de ouvir o que uma contava para sua amiga.

Eu fui contratada para trabalhar meio período na casa dele (o patrão), não sou registrada e ganho um salario minimo, mas então ele começou a pedir por favor que eu fosse as vezes limpar o escritório no outro período (por favor, isto mesmo sem nenhum acréscimo) e isto acabou se tornando rotina, hoje eu trabalho todos os dias de manhã na casa deles e depois do almoço vou para o escritório e ele só dobrou meu VT.

Mas isto não esta certo amiga, você tinha que ganhar o dobro! — Respondeu a outra empregada domestica com quem conversava.

Mas se eu cobrar algo ele me mandar embora, e você sabe que hoje não esta fácil arrumar emprego.

É de partir o coração de qualquer um que tenha.

*

Minha Avó foi empregada domestica por muitos anos, hoje graças a Deus já é aposentada, mas a ultima patroa dela fazia com que ela cuidasse ate do cachorro dela que era enorme e vivia dentro do apartamento, tinha que dar comida catar as fezes etc.. tinha que dar comida na boca do filho dela que já era bem grande, não dava nada para ela comer se quisesse tinha que levar comida ficava o dia todo lá, além de não dar o que comer a mesma comia a comida e as frutas que minha avó levava para comer, deixava as frutas apodrecer e falava para a minha avó que ela não podia comer nada.

*

Quando tinha uns 19 anos mais ou menos trabalhei para uma família muito rica em Belo Horizonte, morava na casa deles de segunda a sexta, e no sábado bem cedinho ia pra casa dos meus familiares.

No início fui tratada super bem, porém com o passar do tempo onde foram convivendo mais comigo, fui notando que a maneira que era tratada foi mudando. Por exemplo:

Nas horas das refeições, tinha que servi-los na mesa e somente quando terminavam de comer e que eu podia recolher e me alimentar daquilo que sobrava nas louças." Ela "a patroa fazia questão de dizer: agora você pode comer o que sobrou!

E isso se repetiu por umas três vezes até que comecei achar um abuso, quando ouvia isso me sentia quase que como um "bicho" comendo os restos da mesa "real".

Mais o fim da picada mesmo foi quando sumiu um relógio da filha dela na casa, e ficavam falando baixinho pelos cantos que poderia ter sido eu,e falaram isso até para outras pessoas. Como tinha certeza absoluta que estava ali com dignidade e jamais seria capaz de cometer tamanho absurdo, chamei ela para conversar e disse que não ficaria mais ali. Resumo: algum tempo depois quando já nem mais trabalhava para eles uma filha encontrou o tal relógio dentro do próprio carro!

E uma pena que situações como esta ainda aconteçam!! Mais ainda sim acredito que existem sim patrões que são bons e tratam suas empregadas domésticas com dignidade. Não podemos generalizar. Assim como existem profissionais do lar que são excelentes pessoas, e que são sim consideradas como família e trabalham por anos em um mesmo lugar. Hoje sou assistente administrativa em uma grande empresa, mais me orgulho em dizer que já fui empregada e conto sempre para as pessoas como um aprendizado em minha vida, e como exemplo de vida.

*

Minha mãe é o resultado de um aborto não sucedido, foi adotada com dias de vida. Toda sua infância foi ser escravizada pela minha avó, senhora branca e extremamente preconceituosa. Ela fazia todos comerem e oque retava dos pratos seria a refeição da minha mãe, sempre fazendo questão de frizar que "não tenho obrigações com você, já que não é minha filha." Minha mãe comia chorando, isso com 8 anos. Era responsável por pegar água numa bica longe de casa (ela era conhecida como a Menina da Bica) como não havia encanamento, todos tomavam banho de balde e a água resultado desse banho era usada para minha mãe se lavar. Minha avó só dava paz pra ela quando estava tão doente a ponto de não levantar da cama. As roupas eram sobra dos irmãos. Uma das madrinha, com pena dava roupas boas para ela e toda vez que chegava para visitar as roupas estavam no corpo da minha tia (eram 3 meninos e o xodó, que era a minha tia). Aos 4 anos minha mãe não andava ainda, um médico disse que por consequências da tentativa de aborto, ela devia usar uma bota que iria corrigir o defeito nos ossos, minha avó tinha condições de pagar, mas se negou. Hoje minha mãe tem um pé diferente do outro. Minha avó vivia dizendo que ela "iria para a sarjeta com filho nos braços.". Com medo de que isso se tornasse realidade, minha mãe casou virgem. Perto do mês do casamento, minha avó espalhou para o bairro inteiro que ela iria se casar por que estava grávida, os meses passaram e nada de barriga, então todos viram que era mentira. Minha mãe conta que nunca tinham pão e um dia meu avô comprou e minha avó deu aos filhos e mandou minha mãe limpar o banheiro, ela foi e pediu insistente para que minha avó guardesse um para ela, quando ela chegou, minha avó havia arrumado um pão extremamente duro e já passado, minha mãe teve que molhar ele na água para poder comer. Os anos passaram, vieram meu irmão e depois eu, mas o preconceito e relação de inferioridade com que a família materna sempre nos tratou era notório. Aos poucos meu irmão deixou de frequentar os eventos da família, depois eu e mais tarde minha mãe, que sempre acho que tinha um dívida por eles a terem criado. Hoje, sinto em minha mãe as consequências devastadoras da falta de amor, de toda humilhação. Sonho em dar uma vida de rainha que ela nunca teve e tento suprir esse buraco criado por aquela gente. Ela encontrou em Deus o amor de pai que sempre faltou, até hoje vivemos um dia após o outro e sinto que até eu tenho reflexos dos traumas de infância que era ser taxada como a que tinha as piores roupas, a que nunca tinha dinheiro para comprar um presente ao aniversariante ou que não tinha dinheiro para comprar um ovo de páscoa.

Certa vez me lembro de ouvir minha tia falar para minha prima mais nova que não devia se reparar no presente que eu desse, pois ela depois compraria um presente descente para ela ou da vez que minha tia pediu para que uma de suas filhas me desse uma caixa de bombons, pois haviam comprado ovos de páscoa a todos sobrinhos, menos para meu irmão e eu.

*

Há 15 anos, minha mãe trabalha como diarista, e algumas vezes fui trabalhar junto com ela, e hoje, me lembro de um dia que fomos limpar uma casa vazia, para a família realizar a mudança no outro dia, trabalho pesado mesmo, nos empolgamos na faxina, e quando eu vi, já era 14h e não tínhamos almoçado ainda, liguei e pedi um marmitex, paguei do meu bolso, sentamos no chão e comemos, o "patrão" sempre aparecia de vez em quando para conferir o andamento do serviço, enquanto comia, ele apareceu na sala e disse — "Ah, vcs estão comendo, fiquei preocupado que já são quase 15h, e ainda não terminaram." Minha mãe disse para ele ficar tranquilo que o serviço seria terminado. Só hoje vejo o quanto essa cena foi absurda.

Comecei a escrever esse e-mail para relatar um outro acontecimento, anos depois, eu formada em Design de Interiores, fui atender a solicitação de uma cliente, que reclamava que após a laqueação das portas do seu apartamento, o marceneiro deixou o papel de parede do lavabo manchado. Agendei com o instalador de uma loja super conceituada para avaliar os danos. O mesmo constatou que era sujeira, que uma simples esponja úmida tirava a "mancha". Esperei a cliente chegar, expliquei o ocorrido, e perguntei se ela tinha alguma outra observação. Ela disse que não acreditava, pq a ajudante dela já havia higienizado o lavabo. Pedi então uma esponja, umedeci, e limpei uma das manchas na frente dela é disse é apenas sujeira mesmo. Vi que ela ficou furiosa, me olhou de cima a baixo e perguntou

— Você é arquiteta?

— Não, sou Designer de Interiores.

— Ah tá. Bom eu estou de saída, a minha ajudante vai te levar até a porta.

E com essa frase, ela se dirigiu até o elevador privativo que ficava dentro da sala e eu fui conduzida pela sua ajudante até a saída de serviço.

Agora vocês vão me questionar por onde eu entrei, sim foi pelo elevador de serviço, pois estávamos acostumados a visitar os outros apartamentos em obras, e na maioria das vezes entravamos com materiais e realmente tínhamos que utilizar essa entrada. Quando cheguei no escritório perguntei para as outras funcionárias (todas arquitetas) se elas já haviam passado por isso com essa cliente, e elas disseram que não, sempre desceram pelo elevador social.

*

Minha mãe, empregada doméstica até se aposentar aos 60 e poucos anos, conta que certa vez uma patroa lhe disse o seguinte: Eu, meu marido e meus filhos comemos arroz, feijão e carne; você e meu cachorro comem polenta com bofe." E que a senhora fez, mãe? Eu precisava trabalhar pra sustentar vocês...

*

Estava namorando um cara e acabei engravidando, eu morava no serviço aqui em São Paulo, sou da Paraíba. Fui contar para a minha patroa que estava grávida e ela mandou eu aborta, já que não tinha lugar pra morar a não ser na casa dela.

Disse que eu não abortaria, passou quase dois meses me humilhando, quando num dia ela viu que estava com dor no estômago e resolveu ser gentil comigo, e fez um chá e eu tomei.

Horas depois senti uma cólica muito forte por horas me deu uma diarréia muito forte e eu acabei perdendo meu filho.

Dias depois ela com um sorriso no rosto disse que salvou minha vida, falando que aquele chá que eu tomei era de uma erva abortiva que a vó dela tinha ensinado.

Isso aconteceu em 2014 e sou mega destruída ao lembrar disso, infelizmente eu continuo sendo doméstica e nunca contei pra ninguém da minha familia essa história e não tenho filhos.

EU EMPREGADA DOMÉSTICA

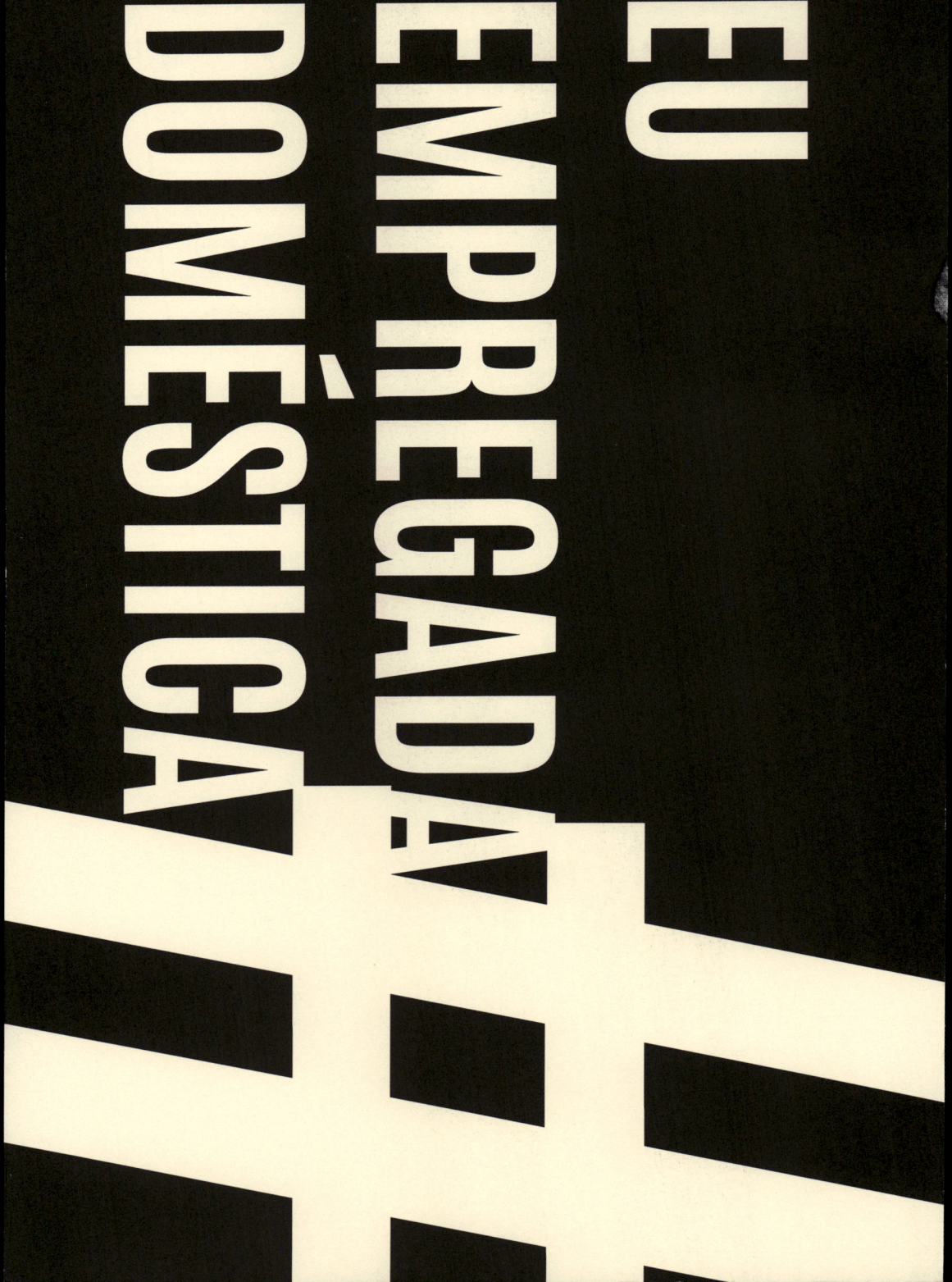

PRETA
PARA

FSC
www.fsc.org
MISTO
Papel | Apoiando
o manejo florestal
responsável
FSC® C092828

2023
CARBON NEUTRAL
SAVE Cerrado

editoraletramento
editoraletramento
grupoletramento

editoraletramento.com.br
company/grupoeditorialletramento
contato@editoraletramento.com.br

casadodireito.com
casadodireitoed
casadodireito

Grupo
Editorial
LETRAMENTO